형성권 연구

김 영 희

景仁文化社

서 문

　이 책은 필자의 박사학위논문의 주제였던 형성권에 대한 재검토를 내용으로 하고 있으며, 모두 4부로 구성되어 있다. 제1부에서는 형성권 개념의 정립 과정을 다루고 있다. 형성권이라는 개념이 독일민법학에 생겨나 권리체계 안에 정립되는 과정이 고찰 대상이다. 굳이 이 부분을 재고하는 이유는 필자가 개념이나 체계 같은 법학의 기초 영역에 관심을 두고 있기 때문이다. 제2부에서는 형성의 소라는 제도가 독일 민사소송법학에 등장하는 배경을 다루고 있다. 이 부분은 형성권이 법률행위를 통해서뿐만 아니라 소송을 통해서도 행사될 수 있다는 점에서 실체법과 절차법의 연관성이라는 고전적인 문제를 되돌아보게 한다. 제3부에서는 형성권의 양도성에 관한 독일 민법학상 논의를 다루고 있다. 도구개념에 불과하다고 말할 수도 있는 형성권이라는 유개념을 실무적으로 의미가 있는 것으로 변용시키려는 독일 법조계의 노력이 드러나는 부분으로, 로마법을 독일의 법으로 바꾸어 놓은 로마법의 현대적 관용이라는 것이 이렇기에 가능하였을 것이라는 단상을 남기는 부분이기도 하다. 제4부에서는 독일 민법학상 개념인 형성권이라는 법 개념을 오늘날 우리 민법학에서 고찰하는 의미를 다루고 있다. 이 부분에 실은 2편의 논문은 그 의미 찾기를 위한 필자 나름대로의 시도에 해당한다.

　원고를 넘기고 책이 완성되어 가는 과정을 보고 있자니 넘겼던 원고의 무게가 책임의 무게로 변환되어 돌아오는 것 같다. 부디 이와같은 학자로서의 일상을 통해 필자의 사고가 넓고 깊어졌으면 하는 바람이다.
끝으로 필자를 법학자로 길러 주신 스승들께 이 책을 바친다.

2007년 4월
연세대학교 법과대학 연구실에서
김영희

〈인용 일러두기〉

1. 이 책에서 사용하는 독일어 약어는 H. Kirchner, Abkürzungsverzeichnis der Rechtssprache, 4 Aufl., de Gruyter, 2001을 따른 것이다.

2. 이 책에 인용된 독일 민법 번역문은 그것이 총칙·채권·물권 부분에 속하는 것인 경우에는 양창수 역, 2005년판 독일민법전, 박영사의 것이다. 다만 필자가 표현의 일관성을 위해 최소한의 변경을 가한 경우가 있다.

3. 독일 Kommentar들의 인용은 "Kommentar 이름 약어/집필자, (해당 권 간행 연도), 해당 조문 번호, 난외 번호"로 하였다. 1900년대 초반에 간행된, 난외 번호를 사용하지 않았던 판본들은 면수로 인용하였다. Staudinger Kommentar가 판(Auflage) 수가 아닌 간행 연도 인용 체계를 채택한 것을 고려해, 여전히 판 수 체계를 따르고 있는 다른 Kommentar의 경우에도 간행 연도 인용 체계를 적용하였다. 간행 연도에 괄호를 사용한 이유는, 드물기는 하지만, 해당 권 간행 연도와 해당 조문 부분의 집필 연도가 다른 경우도 있기 때문이다. 그러한 경우에는 도서검색의 편의를 위해 해당 권 간행 연도를 따랐다.

4. 같은 사람의 문헌이 여럿인 경우 상황에 따라 혹은 관행에 따라 판 수(Aufl.), 권 수(Bd.), 간행 연도, 또는 제목에 들어있는 주제어 등으로 구분하였다.

〈차 례〉

제1부 형성권 개념의 정립 과정

제1장 형성권 관련 논의의 현황

1. 형성권이란

　형성권(形成權, Gestaltungsrecht)은 어떤 구체적인 권리를 지칭하는 것이 아니라, 일정한 특질을 가지는 권리들을 통칭하는 유개념(類概念)의 법률용어이다. 형성권에 속하는 것으로 분류되는 권리들이 공통적으로 가지는 일정한 특질이란 그 권리들이 일방적으로 행사됨으로써 법률관계에 변동을 가져올 수 있음을 말한다. 그런 까닭에 형성권은 흔히 일방적인 법률행위를 통해 법률관계에 변동을 가져오는 힘을 그 내용으로 하는 권리라고 정의된다.[1] 형성권에 속하는 대표적인 권리로는 해제권, 해지권, 취소권 등을 들 수 있다.

---

1) Emil Seckel, Die Gestaltungsrechte des bürgerlichen Rechts, FG f. Richard Koch, 1903, S.211.

2. 독일 민법학상 형성권론

형성권 개념은 독일에서 만들어졌다. 그렇지만 독일 민법전에 형성권이라는 용어 자체는 포함되어 있지 않다. 사실 형성권 개념은 민사법 영역에서 사용되는 다른 기초적 법개념들에 비해 비교적 늦게 생겨났다. Emil Seckel(1864-1924)에 의해 Gestaltungsrecht로 작명된 1903년을 기준으로 하면 독일 민법전보다도 늦게 등장했다. 여러 자료들을 참조해 거슬러 올라간다고 해도 독일 민법학사에 형성권 관련 개념이 등장한 것은 19세기 후반에 이르러서이다.

주지하다시피 독일 민법은 독일이 단일 국가를 이룬 직후에 계획되어 1900년부터 시행되었다. 독일 민법이 시행되면서 로마법은 공식적으로 현행법으로서의 지위를 잃었다. 사실 판덱텐 시기이든 그 이후 시기이든 독일 민법학의 기초에 로마법이 자리 잡고 있다는 점에는 변함이 없다. 그럼에도 불구하고 새 민법이 불러온 변화는 단호했다. 민법 시행 이전에는 참고해야 할 로마법 사료들은 많았지만 독일의 법률가들을 직접 구속하는 민법 규정은 없었던 반면, 독일 민법이 시행된 이후부터는 그들을 구속하는 것이 현존했다.[2] 독일 민법이 로마 민법학 특히 판덱텐 민법학의 산물임은 분명했지만 로마 제국의 것이 아닌 독일 제국의 것으로 만들어진 이상 독일 법률가들은 로마법이 아닌 독일 민법을 기반으로 민법 체계를 재정립해야 했다. 독일의 법률가들에게 민법 체계의 정립은 민법전을 준비하는 동안뿐만 아니라 민법전이 시행된 이후에도 당분간은 초미의 과제였다.

Seckel의 형성권론이 나온 1903년도 바로 그 즈음, 즉 민법 체계의 정

---

2) Ugo Mattei, Why the wind changed: Intellectual leadership in western law, American Journal of Comparative Law, Vol.42, 1994, p.215.

립이 독일 법률가들의 임무였던 시기이다. Seckel은 민법상 권리들을 일별하는 과정에서 형성권이라는 용어를 만들어 냈는데, 그의 형성권론은 형성권 개념 자체의 효용성을 떠나 독일 법조계의 환영을 받았다. 그의 형성권론이 환영을 받았다는 것은 그의 작업이 그 시대의 요구사항이었던 민법 체계의 정비, 특히 그 중에서도 기초라고 할 민법상 권리체계의 정비에 일조하였다고 평가받았음을 의미한다. 게다가 Seckel은 자신의 형성권론에 형성소권론도 포함시켰는데, 이 또한 절차법과 실체법이 법체계적으로 연결되어야 함을 강조한 셈이어서 법조계로부터 좋은 평을 얻게 하였다. 로마법 전통상 한 지붕아래 있던 절차법학과 실체법학이 중세 이후 차츰 이론적으로 분리되어 가기는 했지만, 1879년부터 독일 민사소송법이 시행되고[3] 1900년부터 독일 민법이 시행되면서 입법적인 분리로 촉진된 독자성에 대한 강조가[4] 법조계의 우려를 사는 면이 있었기 때문이다.

형성권이 독일 민법학상 권리를 분류하는 도구개념으로 고안된 때문인지, 1903년 이후 초반기에는 형성권이라는 표현이 주로 독일 민법 이론서의 권리체계 부분에 등장하였다. 그러다가 1920년대 후반에서 1930년대 초반에는 형성권의 양도성이나 형성권 행사의 철회가능성 여부 같은 형성권의 법적 성질과 관련된 논제들이 빈번히 다루어졌다. 형성권에 관한 연구는 이후 1940년대까지 주춤했다가, 1950년대 후반에 이르러 재개되었다. 1957년에 Hans Dölle는 형성권 개념을 근대 독일이 이루어낸 위대한 법학적 발견들(juristische Entdeckungen) 중의 하나라고 치하하였는데,[5] 마치 이에 반응하듯 1960년대와 1970년대 초반은 형성권 연구의 전

---

3) 독일 민사소송법 입법사에 관한 요약으로 MünchKommZPO/Lüke, 2 Aufl., 2000, Bd.I, Einleitung, Rn.40f.를 참고하라.

4) 민법주해/호문혁, [VIII], 채권(1), 전론[채권과 청구권의 관계], 박영사, 1995, 37면.

5) Hans Dölle, Juristische Entdeckungen, Verhandlungen des 42sten DJT in Düsseldorf 1957, Bd.II, Teil B, Festvortrag, 1958, S.B10. 같은 발견 급에 놓였던 것이 계약

성기를 이루었다. 이 시기에는 형성권과 관련하여 일반론적인 논제는 거의 모두 다루어졌다. 특히 형성권과 청구권의 관계 그리고 형성권과 형성소송의 관계 등으로 형성권 논의의 폭이 상당히 넓어지는 양상을 보였다. 1980년대와 1990년대에는 한편으로는 민법상 형성권을 포괄적으로 정리하는 일반론적인 논문들이 여전히 나오고, 다른 한편으로는 소비자보호법이나 강제집행법상 형성권과 같이 형성권 관련 영역을 새로이 확장시키는 전문적인 논문들이 나왔다. 이러한 추세는 2000년대 들어서서도 마찬가지이다.[6]

3. 우리나라 민법학상 형성권론

우리나라의 경우에도 민법전을 보면 해제권, 해지권, 취소권 같은 개별적인 형성권 제도들이 마련되어 있으나, 형성권이라는 용어 자체는 포함되어 있지 않다. 형성권이라는 용어가 대부분의 민법 교과서에 등장하며,[7] 형성권이라는 용어를 사용한 판결문이 종종 나온다는 점도[8] 독일의 경우와 비슷하다고 하겠다.

여기서 우리나라 민법학상 형성권 관련 논의의 전개 상황을 살펴보자.

체결상의 과실(culpa in contrahendo)과 적극적 채권침해(positive Vertragsverletzung) 등이다.

6) 이 부분의 시대적 개관은 필자가 법학박사학위 청구논문에서 소개한 형성권 관련 참고문헌들을 시대 순으로 재배열시킨 후 통계한 결과에 의존한 것이다. 김영희, 독일 민법학상 형성권에 관한 연구, 서울대학교 대학원 법학과 박사학위논문, 2003, 285~295면 참조.

7) 예를 들어 곽윤직, 민법총칙 제7판, 박영사, 2002, 53면; 이영준, 한국민법론 총칙편, 박영사, 2003, 42면; 이은영, 민법총칙 제3판, 박영사, 2004, 112면.

8) 예를 들어 대법원 2002.9.4.선고 2002다28340판결(공2002.10.15.(164), 2334).

우선 눈에 띄는 점은 형성권이라는 제목을 단, 그러니까 형성권을 정면
으로 다룬 문헌이 매우 적다는 사실이다. 우리나라 민법학계에 형성권개
념을 도입했을 것으로 추정되는 김증한 교수도9) 처음에는 1967년에 나
온 그의 법학박사학위 청구논문인 소멸시효론의 일부로서 형성권을 다
루었다가,10) 1968년에 법정이라는 잡지에 7회 연재할 때 비로소 형성권
과 제척기간이라는 제목을 달았다.11) 그렇기에 우리 민법학상 형성권에
관한 논의 상황은 인접 주제어들을 이용한 검색을 거쳐야만 어느 정도
파악할 수 있다. 검색의 결과물을 가지고 그 동안 우리나라 민법학계에
서 형성권 관련한 논의가 실질적으로 어느 정도로 행해졌는가를 살펴보
면, 관련 문헌들은 크게 형성권적 성질을 가지는 청구권에 관한 것, 제척
기간 또는 소멸시효에 관한 것, 그리고 형성의 소에 관한 것으로 분류된
다. 첫 번째, 형성권적 성질을 가지는 청구권에 관한 논의들은, 필연적으
로 청구권 개념과 형성권 개념에 대한 고찰을 요구하는데, 우리 민법상
권리체계를 정비하는 차원에서 행해지고는 한다.12) 두 번째, 제척기간
또는 소멸시효와 관련된 형성권 논의들은, 우리 민법 문언이 해당 권리
의 법적 성질이나 해당 권리의 행사 기간을 분명히 하고 있지 않아 문제
시되는 경우가 종종 있는데 그 경우 중의 일부가 형성권 개념을 빌어 해
결될 수 있기 때문에 행해진다. 예를 들어 형성권은 소멸시효가 아니라
제척기간에 걸리므로13) 법문언이 법적 성질을 분명히 하고 있지 않은

---

9) 김증한 교수가 후대에 미친 학문적 영향에 대해서는 황적인, 김증한 교수의
   민법학—그의 주장과 영향—(I)/(II), 사법연구 제4집/제5집, 1999/2000, 1~14
   면/1~14면을 참조하라.
10) 김증한, 소멸시효론, 서울대학교 대학원 법학과 박사학위논문, 1967.8. 서언
    부분을 제외한 60면 중에서 형성권에 관한 부분이 약 27면을 차지한다.
11) 김증한, 형성권과 제척기간, (구) 법정, 제23권 제1·2호—제8호(제211-217호),
    1968.1, 3~8면.
12) 김증한, 소멸시효론, 48면 이하.
13) 곽윤직, 325면; 이영준, 675면; 이은영, 782면 이하; 김증한, 소멸시효론, 50
    면; 김증한/김학동, 민법총칙, 제9판, 박영사, 1995, 514면.

문제의 권리가 형성권적 성질을 가진다면 그 권리의 행사 기간을 제척 기간으로 해석해 규율하는 것이 가능해 진다. 세 번째, 형성의 소와 관련된 논의들이 있는데, 이는 형성권과 형성의 소라는 용어 자체가 명백히 견련성을 보이고 있기 때문에 행해진다.[14] 이렇게 보면 우리나라에서도 형성권론이라고 드러내든 드러내지 않든 형성권론이 어느 정도 활성화되어 있는 셈이다. 그렇다면 이제는 형성권 제도에 대해 전반적으로 고찰할 때도 되지 않았나 싶다.

민사 실무 분야에서도 마찬가지로 형성권 제도를 전반적으로 고찰할 필요는 요구되고 있는 것으로 보인다. 우리 민사 판결들을 살펴보면 근래 들어 형성권이라는 용어를 사용한 판결문이 늘고 있다. 예를 들어 대물변제예약 완결권이나[15] 집합건물 재건축 참가자의 매도청구권[16] 등은 형성권에 해당되므로 제척기간에 걸린다고 한다. 그런데 해당 판결문을 살펴보면 조금씩 아쉬운 점들이 드러난다. 어떤 권리가 제척기간을 가지는 이유는 그 권리가 형성권이기 때문이라는데, 형성권이 꼭 제척기간을 가져야 하는가라는 문제는 차치하더라도,[17] 정작 그 권리가 어떤 점에서 형성권적 성질을 가져 형성권에 해당한다는 것인지 설명이 없다. 또한 예를 들어 형성권이라는 용어가 등장하는 대법원 판결문 중에는 법률의 규정에 의해서가 아니라 당사자의 합의에 의해 형성권(일방 당사자의 형성권적 지위)이 성립함을 확인해 준 것,[18] 형성권(해제권)이 형성권자뿐만 아니라 형성상대방도 구속한다는 것[19] 등도 있다. 그런데 이 판결문

---

14) 강현중, 민사소송법, 제5판, 박영사, 2002, 272면; 송상현, 민사소송법, 신정3판, 박영사, 2002, 263면; 이시윤, 신민사소송법, 박영사, 2002, 170면; 호문혁, 민사소송법, 제2판, 법문사, 2002, 251면.

15) 대법원 1997.6.27.선고 97다12488판결(공1997.8.15.(40), 2359).

16) 대법원 2000.6.27.선고 2000다11621판결(공2000.8.15.(112), 1757).

17) 형성권과 제척기간과의 관계에 대해서는 김영희, 형성권 논의의 의미, 비교사법 제11권 제4호, 2004, 16면 이하를 참조하라.

18) 대법원 2002.9.4.선고 2002다28340판결(공2002.10.15.(164), 2334).

19) 대법원 2001.6.29.선고 2001다21441,21458판결(공2001.8.15.(136), 1735).

들이 밝히고 있는 바는 모두 형성권의 본질에 관한 일반론에 속하는 내용들이다. 만약에 형성권에 관한 포괄적인 법이론이 제공되어 있었더라면 이 사건들은 대법원까지 올라오는 사회적 비용을 들이지 않았을 수도 있을 뿐더러, 법원은 이 문제들을 보다 명쾌히 해결할 수 있었을 것이다.

필자가 생각하기에 학문적으로든 실무적으로든 민법을 다루는 사람이라면 형성권 제도를 전반적으로 고찰할 필요가 있다는 것에 대해서는 전반적으로 수긍을 하리라고 본다. 그럼에도 불구하고 필자가 형성권 연구를 시작하기 전에 머뭇거렸던 것은 도구개념으로서의 유개념에 대한 연구는 이론 위주로 빠질 위험이 매우 크기 때문이었다. 대륙법을 계수했다는 역사적 배경으로 인해 그렇지 않아도 개념법학적인 요소가 많은 우리 민법학에 극도로 개념적인 어떤 하나를 보태는 것이 아닌가 하는 염려를 하지 않을 수 없었다. 게다가 연구 결과로서 이 독일 태생의 법개념이 독일에서는 유용할지 모르나 우리나라에서는 유용하지 않은 법개념인 것으로 드러날 가능성 또한 배제할 수 없었다. 전자의 염려와 관련해서는, 우리 민법학이 개념법학적인 요소를 많이 가진다면 그것은 현실이다. 연구자가 최대한 주의하는 것으로 대책을 세웠다. 후자의 염려와 관련해서는, 형성권 개념이 유용한 것일지 무용한 것일지는 연구를 해보기 전에는 말할 수 없다. 어차피 우리나라가 독일식 민법체계를 취했다고 할 때 독일 민법학에 버젓이 존재하는 개념을 아예 사용하지 않으면 모를까, 애매하게 사용하는 상황이 계속되는 것도 문제이다. 연구 결과가 유용하면 그래서 좋은 것이고, 무용하다면 여러 훌륭한 학자들의 귀중한 시간 낭비를 방지할 수 있으니 그 또한 실익이 있는 것이다.

제2장 형성권 개념의 기원

1. 로마법

형성권 개념과 관련된 논의가 시작된 시기를 대략 19세기 후반으로 보는데, 이 시기는 이른바 판덱텐 법학 시대에 해당한다. 형성권에 관한 논의가 판덱텐 법학 시대에 시작되었다고 하면 형성권 개념의 기원이 로마법에 있을 것이라고 생각하기 쉽다. 그러나 사실은 그렇지 않다. 로마법은 일방적인 법률행위에 의한 권리형성이라는 사고를 가지고 있지 않았다. 형성권에 대응되는 포괄적 개념은 말할 것도 없고, 형성권에 속하는 개별적 권리들도 인정하지 않던 것이 많았다. 우선 형성권의 대표적인 예로 들어지는 취소권은 로마법에 없던 제도이다. 물론 로마법은 일정한 경우에 법률행위가 완전히 무효로 되거나, 법률행위의 효과가 그저 감소되는 것을 인정하였다. 그러나 그 양상은 너무나 다양하여 무효인지 취소인지조차 가리기 어려웠으며,[1] 취소권이라는 독립된 제도로 포괄하여 파악하려는 시도는 없었다.[2] 로마법에는 또한 독립적인 법

---

1) 현승종, 로마법, 중판, 일조각, 1987, 86면. 예를 들어 계약의 중요부분에 중대한 착오가 있으면 취소를 할 수 있는 것이 아니라, 중대한 착오로 인해 아예 합의라는 것이 존재하지 않게 되므로 계약 자체가 무효로 된다. 현승종/조규창, 로마법, 박영사, 1996, 735면.

2) Walter Richter, Studien zur Geschichte der Gestaltungsrechte des deutschen bürgerlichen Rechts, 1939, S.75, SS.148-149; Manfred Harder, Die historische Entwicklung der

제도로서의 해제권이나 해지권도 없었다.[3] 일단 해제의 가장 일반적
인 경우라 할 수 있는 채무불이행으로 인한 해제권이 인정되지 않았
다.[4] 채무불이행이 있으면 채무의 영속성이라는 관념에 따라 손해배
상채무가 존속하는 것으로 구성했기 때문이다. 따라서 로마법상 해
제가능성을 확보하기 위해서는 계약체결을 할 때 해제 목적의 별도
의 약정(conventio)을 하든지, 해제유보의 약정으로 해석되는 실효약관(lex
commissoria)을 붙이든지 하였다.[5] 그리고 해지에 관하여 살펴보면, 로마
법은 해지가 문제될 수 있는 가장 일반적인 경우인 소비대차나 임대차
에서도 해지권을 인정하지 않았다. 어쩌면 존속기간이 정해지지 않은
조합과 위임의 경우 당사자 일방의 행위를 통해 그 법률관계가 해소될
수 있었다는 데서 해지권의 기원을 찾을 수 있을지도 모른다.[6] 하지만
일방적인 행위로 조합이나 위임의 해소를 가져온다고 할 때 그 행위
(renuntiatio, revocatio)는 법률행위가 아니라 단순한 절연선언(Lossagung)에
지나지 않았다.[7] 즉 상호간의 철저한 신뢰에 바탕을 두는 로마법상 조합
이나 위임의 본질상 조합원 중 1명이나 위임관계의 일방 당사자가 그 법
률관계에서 사실상 이탈할 때 그 이탈을 막을 수 없으므로 결과적으로

Anfechtbarkeit von Willenserklärungen, AcP 173, 1973, S.210.

3) Richter, S.107.

4) Richter, S.128, S.149; Hans Georg Leser, Der Rücktritt vom Vertrag, 1975, S.1f.;
   Dagmar Kaiser, Die Rückabwicklung gegenseitiger Verträge wegen Nicht- und
   Schlechterfüllung nach BGB, 2000, S.13.

5) 최병조, D.18.1.6.1 (Pomp.9 ad Sab.)의 釋義 - 로마법상 매매실효약관(D.18.3)
   의 법리 -, 현대민사법연구(일헌 최병욱교수 정년기념 논문집), 2002, 640면.
   로마법상 해제유보의 약정에 대해서는 Max Kaser, Das Römische Privatrecht, Bd.I,
   2 Aufl., 1971, SS.257-258, S.561f.를 참조하라.

6) 여기서 무엇보다 중요한 사실은 로마법이 해지권이나 해제권을 독자적인
   법제도로 생각하지 않았다는 사실이지, 로마법학자들이 이론적으로 해지나
   해제의 법적 구성을 취할 수 있음을 전혀 몰랐다는 것은 아니라고 하겠다.
   Walter Immerwahr, Die Kündigung, historisch und systematisch dargestellt, 1898,
   S.2, S.7.

7) Kaser, Bd.I, S.575, Fn.35, S.578, Fn.18.

조합이나 위임이 해소되었던 것에 불과하다.[8] 요컨대 로마법에서는 오늘날의 형성권에 속하는 권리들이 대부분 인정되지 않았었다.

2. 게르만법

포괄적인 형성권 개념은 게르만법에도 존재하지 않았다. 그렇지만 게르만법은 형성권에 속하는 개별적인 권리 중 몇 가지의 초기 형태를 가지고 있었다.[9] 취소권 제도는 로마법이 그러했듯 게르만법도 인정하지 않았다. 하지만 게르만법은 일방적인 법률행위에 의한 해제나 해지라는 개념을 어느 정도 의식하고 있었다. 물론 원칙적으로는 게르만법도 로마법과 마찬가지로 해제를 위해 해제권 유보의 약정이라는 방법을 사용했다. 그러나 게르만법에서는 특별한 약정이 없다고 하더라도 특히 채무불이행을 이유로 일방적으로 해제하는 것을 인정했다.[10] 아울러 게르만법은 소비대차관계에서 해지기간설정 제도를 인정하고 있었다.[11] 게르만법에 기초한 해제나 해지는 판덱텐 법학 시대의 독일 법실무도 인정하는 제도가 되었다. 그렇지만 같은 시대에조차 로마법이 영향력을 발휘하던 독일 법학계에서는 그 인정 여부가 계속 다투어졌다.[12] 그럼에도 불

---

8) Richter, S.106f.
9) Neubecker의 표현에 따르면, "파기할 수 있는 행위들에 대한 자주적이고 자율적인 파기라는 것은 게르만적인 사고이다; 국가의 도움이라는 관료주의적 필요조건은 … 로마적인 것이고, 로마법에 의해 로마법계의 법들에 이전된 것"이라고 한다. F.K. Neubecker, Vertragslösung, 1908, S.42 zu N16a (Rolf Steiner, Das Gestaltungsrecht, 1984, S.160과 Richter, S.145에서 재인용).
10) Richter, S.131.
11) Immerwahr, S.21f.; Richter, S.108.
12) 현승종/조규창, 게르만법, 제3판, 박영사, 2002, 404면.

구하고 지방특별법이라 할 란트법은 게르만법 기원의 해제, 해지 제도를 완전히 인정하는 단계로 나아갔다. 결국 해제, 해지 행위는 19세기를 거치면서 독립된 법률행위로 간주 받게 되었다. 그리하여 오늘날 독일 민법상 해제, 해지 제도는 상대방에 대한 무방식의 일방적인 의사표시로 행해졌다는 게르만법상 해제, 해지가 받아들여진 것으로 평가된다.13)

3. 독일 민법전 편찬 작업의 산물

독일에 형성권 개념의 직접적인 단초가 등장한 1870, 1880년대는 로마법대전에 묶인 판덱텐 법학에서 법전화로 넘어가던 시기라는 데 주목할 필요가 있다. 그 즈음은 우선 독일의 민법학계가 민법의 법전화를 위한 기초 작업을 하던 시기였다.14) 그런데 그 즈음은 다른 한편으로 독일 민사소송법의 법전화 작업이 마무리되던 시기였으며, 동법이 시행된 1879년 이후로는 동법의 이론적 보강이 이루어지고 있던 시기이기도 했다. 이러한 상황에서 1887년에 나온 독일 민법 제1초안이 취소권(독일 민법 제119조, 제123조 등)과 해제권(독일 개정 전 민법 제325조 등) 같은 오늘날 (좁은 의미의) 형성권에 해당하는 권리들과 소송을 통해 형성을 이루어야 하는 권리(형성소권)들을 규정하고 있는 것으로 밝혀졌다. 이는 바로 전 시대인 1860년대에 지금의 독일에 속하는 작센이나 바이에른 같

---

13) Richter, S.128f.
14) 독일의 민법전 제정 과정에 대해서는 Hans Schlosser, Grundzüge der neuern Privatrechtsgeschichte, 3 Aufl., 1979와, Werner Schubert, Materialen zur Entstehungsgeschichte des BGB, 1978을 참조하라. 독일 민법전 제정과정에 참여했던 법률가들의 연대기와 관련해서는 Rosemarie Jahnel, Kurzbiographien der Verfasser des Bürgerlichen Gesetzbuchs, *in* Werner Schubert ed., Materialen zur Entstehungsgeschichte des BGB, 1978, SS.69-124를 참조하라.

은 란트들의 민법이나 독일(연방)보통상법전이 이들 권리들을 실체법 안에 규정한 것과는 다른 상황적 의미를 가졌다.[15] 통일된 독일 제국이 입법권을 발휘하여 만든 법들은 체계적 정합성을 갖추고 있을 필요가 있었기 때문이다. 일방적으로 법률행위를 통해 그러니까 소송에 의하지 않고도 법률관계에 변동을 일으킬 수 있다는 사고가 명문으로 실체법질서 안으로 들어왔으므로 이제 그에 관한 정당화가 실체법적 측면에서 그리고 소송법적 측면에서 요구되었다. 그러자 로마법에 경도되어 로마법에 기원을 두지 않은 것에 우호적이지 않았던 학계로서도 현실적인 문제로[16] 대두된 형성권을 더 이상 피해갈 수 없었다. 그리하여 학자들은 형성권을 포함하여 다양한 권리들에 적용이 가능한, 그러면서도 되도록이면 로마법을 바탕으로 설명할 수 있는 통일적인 규율을 만들어 내려고 노력하게 되었다. 따라서 로마법에 기원을 두지 않는 형성권에 대한 연구도 고도의 추상적인 도그마를 추구하여 설득력이 있는 이론 체계를 세우는 로마법학적 작업 태도를 취하게 되었다. 요컨대 형성권에 속하는 개별적 권리들은 게르만법 전통의 실무에 기원을 두지만, 형성권 자체는 로마법에 강하게 정향되어 있던 19세기 후반과 독일 민법전 시대를 맞이한 20세기 초반의 독일 민사법학계에 의해 개발되고 검증받은 법개념이라고 말할 수 있다.

---

15) 결과적으로 보면 오늘날 형성권에 속하는 제도들이 실체법상 권리로 발전하게 된 데에는 독일 제국의 법전화 이전에 이루어진 독일 란트들의 법전화 사업이 중요한 역할을 하였다. 예를 들어 취소권 제도는 1860년 작센민법 제2초안 준비과정에서, 해제권 제도는 1861년 독일(연방)보통상법전 안에서 실체법으로 들어왔다. Richter, S.75, SS.148-149. 이들 법전화 사업이 독일 법전화에 미친 영향에 대해서는 Franz Wieacker, Privatrechtsgeschichte der Neuzeit, 2 Aufl., 1967, S.462f.를 참조하라.

16) 로마법에 바탕을 두는 판덱텐 법학 시기는 독일사적인 측면에서 보면 역설적이게도 사회적 급변이 일어난 산업혁명시기이기도 했다. 판덱텐 법학의 현실연관성과 관련하여 김형석 역, 프란츠 비아커, 판덱텐 법학과 산업 혁명, 서울대학교 법학 제47권 제1호, 2006, 341~367면을 참조하라.

제3장 Emil Seckel 이전의
형성권 관련 논의

1. 형성권 관련 논의의 단초

(1) Friedrich Carl von Savigny

지금 사용하는 형성권 개념이 1903년에 행해진 Seckel의 정의에 바탕을 두는 것이고, Seckel의 논문을 역추적하면 관련 논의가 대략 19세기 후반에 있었다는 것까지는 비교적 정확하게 밝혀 낼 수 있다. 그렇지만 형성권 논의가 정확히 언제 누구에 의해 시작되었는지는 알 수 없다. 이런 상황에서는 보통은 근대 독일 민법학의 중심인물이라 할 수 있는 Friedrich Carl von Savigny(1779-1861)에게서 혹시 그 단초를 발견할 수는 없을까하고 탐색해 보게 된다.[1] Savigny의 대표작으로서 1840년부터 나오기 시작한 "System des heutigen Römischen Rechts(이하 System)"를 살펴보면,[2] 형성권 개념의 성립과 굳이 잇자면 이을 수 있는 사고의 편린이 존재하기는 한다. 예를 들어 비록 Savigny는 자신의 법률행위론[3](=법적사

---

1) 실제로 독일 민법학에 취소가능성(Anfechtbarkeit) 개념을 도입한 사람이 바로 Savigny이다. Savigny의 취소가능성 이론에 대해서는 Friedrich Carl von Savigny, System des heutigen Römischen Rechts, Bd.IV, 1841, S.538을 참조하라.
2) Savigny의 System des heutigen Römischen Rechts와 관련하여 양창수 역, 사비니, 「현대 로마법 체계」, 서언, 서울대학교 법학 제36권 제3·4호, 1995, 172~189 면을 참조하라.

실들에 관한 이론)에서 주로 법률관계의 적극적인 측면을 강조하고 있지만, "법적사실들에 관한 이론의 소극적인 측면(die negative Seite der Lehre von den juristischen Thatsachen)"에 대해서도 의식하고 있다. Savigny가 System 제3권 §104에서 언급했던 법적사실들에 관한 이론의 소극적인 측면은 법률행위가 무효로 되는 다양한 경우들을 말하며, 구체적으로 제4권의 말미인 §202 이하에 서술되어 있다. 여기서 Savigny는 특히 상대방의 의사는 아무런 영향을 미칠 수 없는, 일방 당사자의 임의(Willkühr)에 의한 법률행위의 무효화를 지적하고 있다.[4] 그러나 형성권론의 전개와 관련하여 Savigny는 별로 기여한 바가 없는 것으로 평가받는다.[5] 그 이유는, Savigny는 기본적으로 물건이나 사람의 행위만을 권리의 대상이 된다고[6] 보고 있기 때문이다. 즉 Savigny가 이해하는 권리 개념은 1차적 권리라 할 지배권들로 제한되어 있으므로, 그의 권리 체계를 바탕으로 해서는 형성권처럼 권리 내지 법률관계같이 어떤 추상적인 것을 그 대상으로 삼는 권리 개념이 나오는 것이 불가능하기 때문이다.

(2) Alois Brinz

Savigny 이후의 학자들 중에서 형성권 논의의 시작과 상당히 밀접한 관련을 갖는 것으로 추정되는 사람이 바로 Alois Brinz(1820-1887)이다. Brinz는 1857년에 낸 "Lehrbuch der Pandekten" 제1판에서 실체법상 권리를 설명하면서 법적 가능에 대해 언급하고 있다. Brinz에 따르면 실체법상

---

3) Savigny, Bd.III, §104, SS.6-8.
4) 이러한 점에서 Steiner는 Savigny가 "원－형성행위(Ur-Gestaltungsgeschäft)"라는 초석을 놓고 있다고 평가하고 있다. Steiner, S.85.
5) Seckel의 형성권론에 Savigny는 전혀 언급되어 있지 않다.
6) Savigny, Bd.I, §58, S.387; §56, S.373. Savigny가 권리의 대상을 한편으로 물건과 다른 한편으로 타인의 행위로 나눈 것은, 그가 로마법학자로서 대물소권과 대인소권이라는 로마법상의 엄격한 구분을 따랐기 때문이다.

권리는 법적 허용(rechtliches Dürfen)과 법적 가능(rechtliches Können)이라는 요소를 가진다고 한다. 그 근거는 로마법 개소들이다. 로마법 개소들을 살펴보면 권리의 내용은 우리가 어떤 행위를 할 수 있도록 허용[licere: 허용하다(dürfen)] 해 주든지, 어떤 행위를 할 수 있도록 가능하게[posse: 할 수 있다(können)] 해 주든지, 허용과 가능을 둘 다 포함하고 있는 것으로 드러난다는 것이다.[7] 이와 같은 생각은 1873년에 나온 그의 "Lehrbuch der Pandekten" 제2판에 한층 구체화되어 있다. 여기서 Brinz는 앞서 전거로 삼았던 로마법 개소를 구체적으로 소개하고 있다. 그것은 법의 작용에 관한 Modestinus의 개소인 D.1.3.7.이다.

D.1.3.7. (Modestinus libro I regularum) Legis uirtus haec est imperare uetare permittere punire. 법의 힘은 명령하는 것, 금지하는 것, 허용하는 것, 그리고 처벌하는 것이다.

Brinz는 이 개소를 근거로, 법규정은 사람들이 해야 하는 것(sollen), 하도록 허용되어 있는 것(dürfen), 할 수 있는 것(können), 하도록 허용되어 있지 않은 것(nicht dürfen), 할 수 없는 것(nicht können) 등을 포함하고 있다고 보았다.[8] 법규정이 포함하고 있는 그러한 것들을 재분석해보면, 권리의 내용이란 바로 그 법규정을 통해 다스리고자 하는 인간의 행위와 관련된 법적 허용과 법적 가능이 된다고 보았다.[9] 사실 Modestinus의 위 개소는 법의 힘(작용)을 말하고 있는 것으로, 엄격하게 해석하면 Brinz가 말하려는 바인 권리의 내용과 직접 연결되지는 않는다. 이렇듯 직접적인 연관성이 떨어짐에도 불구하고 Brinz가 이 개소를 인용하고 있는 이유는, 어떤 주장을 펼칠 때는 가능한 한 로마법 개소를 전거로 하여야 한다고 여기던 당대의 학문적 풍토 때문이다. 어쨌든 Brinz는 D.1.3.7.을 전거로

---

7) Alois Brinz, Lehrbuch der Pandekten, Bd.I, 1 Aufl., 1857, SS.48-50.
8) Brinz, 2 Aufl., S.90.
9) Brinz, 2 Aufl., S.213.

삼아 권리의 내용으로 법적 허용과 법적 가능을 추출해 냈다. 그 다음
단계는 그 각각의 요소에 대한 고찰이었다. Brinz가 생각하기에 법적 허
용은 인간의 행위(법률행위 포함)에 선재하는 권능(Befugniss)이고, 법적
가능은 법으로 정해진 목적 또는 효과를 지향하는 행위에 선재하는 법
적 힘(Macht)이었다. 따라서 법률행위를 할 수 있는 법적 힘(법적 가능)이
존재하는 경우 대개 거기에는 법적 권능(법적 허용)도 존재하게 된다.[10]
이렇게 하여 다다르게 된 Brinz의 결론은, 사법상[11] 권리는 법적 허용과
법적 가능이라는 요소를 가지는데, 어떤 권리가 법적 허용이나 법적 가
능 중 한 가지 요소를 가지는 것이 아니라 두 가지 요소를 모두 가지고,
이 두 가지 요소가 서로를 보충하여 하나의 완전한 권리를 만들어 낸다
는 것이다. 그러니까 Brinz의 견해에 따르면, 법적 허용(Dürfen)인 권능
(Befugnis)과 법적 가능(Können)인 법적 힘(rechtliche Macht)이 합쳐진 것
(Collectivbegriff)이 바로 권리(Recht)가 된다. 그러므로 예를 들어 법적 힘
(법적 가능)이 없는 법률행위는 무효가 된다. 그리고 법적 허용이 없는
물리적 가능(physisches Können)은 불법행위가 된다.[12]

　　이처럼 Brinz는 권리에서 법적 허용과 법적 가능의 요소를 구분하기는
했지만, 형성권론의 전개에 직접적으로 기여한 바가 없다고 평가받는
다.[13] 그 이유는 Brinz가 법적 가능(Können)이 아닌 법적 허용(Dürfen)을
권능(Befugnis)과 연결시켰던데 반해, Brinz 이후의 학자들은 법적 허용
(Dürfen)이 아닌 법적 가능(Können)을 권능(Befugnis)과 연결시켰고,[14] 바로
그 법적 가능 혹은 권능에 관한 논의가 이후에 형성권론으로 이어졌기

---

10) Brinz, 2 Aufl., S.212.
11) 공법 차원에서 또는 공법과 사법을 아우르는 차원에서 법적 가능과 법적 허
　　용을 설명한 문헌으로는 Georg Jellinek, System der subjektiven öffentlichen
　　Rechte, 1 Aufl., 1892를 참조하라.
12) Brinz, 2 Aufl., S.209, S.212.
13) Brinz 또한 Seckel에 의해 인용되지 않았다.
14) 법적 가능(Können)을 권능(Befugnis)과 연결시킨 대표자는 다음에 소개할 Thon
　　이다. 자세한 것은 본 제1부, 제3장, 2. August Thon의 권능 부분을 참조하라.

때문이다.[15] 이렇듯 Brinz가 일찌감치 법적 가능이라는 용어를 사용했어도, Brinz의 법적 가능 개념은 후대의 가능권 개념(=후대의 형성권 개념)에 이어지지 않는다고 하여 오늘날에는 많이 인용되지 않는다. 결과적으로 법적 가능에 관한 이후의 논의가 Brinz가 생각한 방향으로 전개되지 않았으므로, Brinz를 형성권 관련 논의에서 의미 있는 역할을 한 법학자로 평가해주기는 곤란하다. 하지만 후대의 기준으로 볼 때 비록 잘못된 이해라 하더라도 Brinz의 법적 가능 개념을 논박하는 과정에서 가능권(=후대의 형성권)에 관한 논의가 활성화되었다는 점은 부정할 수는 없다. 이런 이유로 필자는 형성권 관련 논의가 시작될 즈음의 Brinz의 의미를 상당한 것으로 인정해 주어야 한다고 생각한다. 무엇보다 로마법대전에 들어 있던 법적 허용과 법적 가능 요소를 끌어내 판덱텐 법학 시대에 다시 등장시킨 Brinz의 근본적인 공헌은 재평가를 받을만하다고 생각한다.

(3) Seckel의 형성권론에 등장하는 학자들

다음에서는 Seckel이 자신의 형성권 논문에 언급해 놓은, Seckel 이전 시대나 Seckel과 동시대에 활동했던 법학자들의 형성권 관련 논의들을 관련 저서의 출간 연대별로 살펴보겠다.[16] 그러나 엄밀히 말하면 그들은 형성권이라는 용어를 사용하지 않았을 뿐만 아니라, 형성권 관련 논의를 독립적으로 펼치지도 않았다. 여기서 말하는 형성권 관련 논의란 그들의 저서에서 드러나는, 오늘날 기준에서 볼 때 형성권 논의에 포함시킬 수 있는 단편적인 법적 사고들을 모아 놓은 것을 말한다. 그런 까닭에 여기서는 여러 법학자들의 논의가 시대 순으로 이어지고 있지만, 그 당시에

---

15) 예를 들어 권능과 관련하여 Bernhard Windscheid, Lehrbuch des Pandektenrechts, Bd.I, §37, Fn.3, 6 Aufl., 1887, S.100; 9 Aufl., 1906, S.161을 참조하라. 그러나 필자는 Brinz의 생각이 잘못된 것이라기보다는, 같은 어휘를 사용하기는 하지만 Brinz와 후대의 학자들 사이에 용법이 다른 것이 아닌가 한다.

16) 형성권 개념의 이론사적 고찰을 위해서는 특히 Steiner를 참조하라.

각 이론이나 개념들이 유기적으로 밀접한 관계를 가지면서 한 단계씩 발전해 나갔으리라는 보장은 없다.[17] 차라리 "법적 가능" 또는 "가능권 (=후대의 형성권)"이라는 확립되지 않은 법적 개념을 두고 여러 법학자들이 30~40년에 걸쳐 다양한 편차를 가지고 펼쳤던 법적 사고들의 나열이라고 보는 편이 옳을 것이다. 그렇지만 이렇게 다양하게 전개된 논의가 Seckel의 형성권론에 수렴되어 있으므로, 역으로 Seckel의 형성권 개념을 기준으로 Seckel 이전의 여러 학자들의 형성권 관련 논의들을 재정리하는 것도 필요하다. 왜냐하면 그 과정에서 Seckel의 형성권론의 정확한 위치와 진정한 의미를 발견할 수 있을 것이기 때문이다.

2. August Thon의 권능(Befugniss)

Thon(1839-1912)은 1878년에 나온 자신의 저서 "Rechtsnorm und subjektives Recht" 중 권능(Befugnis)을 설명하는 부분에서 법적 가능(rechtliches Können)이라는 개념을 등장시키고 있다. Thon은 앞서의 Brinz를 비판하면서 자신의 권리론을 편다. 그에 의하면 Brinz가 로마법대전에 있는 Modestinus의 개소를 전거로 해서 법의 작용으로 명령, 금지, 허용을 나란히 위치시킨 것은 잘못된 것이라고 한다. 명령이나 금지는 그 자체 독립적으로 법명제를 이루지만, 허용 자체만 포함된 법규정은 없다는 것이다. 인간의 행위는 따로 허용이 필요하기 보다는, 금지되지 않은 것으로 충분하기 때문이다.[18] 이런 이유로 Thon은 권리의 요소 중에서 허용보다 가능(권

---

17) Seckel도 각 학자들의 시기적 선후와 그 연결 의미를 전혀 고려하지 않고 인용하고 있다.

18) August Thon, Rechtsnorm und subjektives Recht, 1878, S.346, Fn.50. 이에 관한 현대적 해석도 마찬가지이다. 심헌섭 역, 한스 켈젠, 법의 효력과 실효성,

능) 쪽으로 관심을 돌린다.

Thon이 보기에 私法 질서는 개개인의 이런 혹은 저런 행위에 이런 혹은 저런 법적 효과를 연결시키는 역할을 하고 있다. 그런 점에서 사법 질서는 행위자에게 이런 혹은 저런 법적 효과를 가져 올 수 있게 하는 법적 가능(ein Können rechtlicher Art)을 부여해 주고 있다고 말할 수 있다. 그 가능으로 인해 개개인은 자신의 행위를 통해 법이 명령하는 바의 발효와 소멸의 전제요건을 만족시키는 힘을 가지는 것이다. 이러한 법적 힘은 권능(Befugniss)으로 표현된다. Thon에 의하면, 권능이란 법질서에 의해 권리자에게 부여된 법적 힘(rechtliche Macht)이다.[19] 그러니까 다시, 이 법적 힘의 행사, 즉 권능의 행사가 바로 법률행위가 된다.[20] 그리고 법규정은 이 법률행위가 이런 혹은 저런 법적 효과를 가지도록 해 준다.[21] 법질서가 권능을 부여해 놓고 그 권능의 사용을 금지하는 일은 거의 없다.[22] 그리고 금지되지 않는 한 허용이 따로 필요한 것은 아니다. 따라서 법질서가 권능을 부여한 경우에 중요한 것은 법적 허용이 아니라 법적 가능(rechtliches Können)이다.[23] 그러니까 법의 내용이라는 측면에서 보면 법적 허용이나 법적 당위와는 별도로 법적 가능 개념을 전제로 하는 법질서가 존재한다고 말할 수 있다.[24]

서울대학교 법학 제44권 제4호, 2003, 368면.

19) Thon, S.343.

20) Thon, S.350.

21) Thon은 법률행위는 권리의 성립, 변경, 소멸을 위한 것이라는 Windscheid의 정의에 명시적으로 의거하고 있다. 그 결과 Thon은 법적 가능의 힘은 법률 관계를 "발생시키거나," "변경시키거나," "소멸시키는 데" 있다고 보았다. Thon, S.352.

22) 권능의 행사는 금지될 수도 있다. 금지에도 불구하고 행해진 권능의 행사의 예로는 불법행위를 들 수 있다. Thon, S.344.

23) 그럼에도 불구하고 법적으로 허용된 가능(erlaubtes Können)이라는 의미에서 법적 허용은 가능하다. Thon, S.343, Fn.41.

24) 동시대의 저명한 법실무가 겸 공법학자였던 Georg Jellinek는 자신의 저서 System der subjektiven öffentlichen Rechte, 1892, S.42ff., S.45, Fn.1에서 Thon의

물론 Thon이 법적 가능을 독자적 권리 개념으로 확실하게 독립시킨 것은 아니다. 그럼에도 불구하고 형성권 개념사에서 Thon이 중요한 것은, 법질서가 개개인에게 법적 허용이나 법적 당위 외에 법적 가능을 부여해 주고 있다고 보아, 법적 가능(→가능권)을 법적 허용(→허용권)이나 법적 당위(→당위권)와 병렬된 권리 개념으로 다루게 할 기초를 제공했기 때문이다. 실제로도 1878년에 개진된 Thon의 법적 가능 개념은 Windscheid 와 Zitelmann에게 영향을 줌으로써 가능권(형성권) 이론사에 합류되었다. 즉 1887년에 Windscheid는 권리 체계를 정리하면서 법적 허용이나 법적 당위를 전제로 하는 제1부류의 권리 외에, 제2부류의 권리가 있음을 주장하였다. 그리고 제2부류의 권리의 대표적인 예로서 해제권, 해지권, 그리고 Thon이 말한 처분권능(처분권)에 주목하였다.25) 그 이후 1898년에 Zitelmann은, Windscheid의 권리 2분에 영향을 받아, 그 어떤 법적 가능에 대한 힘을 보장하는 공통점을 가지는 2차적 권리군을 발견해냈다. 1차적 권리군은 법적 허용이나 법적 당위의 속성을 가지는 데 비해, 2차적 권리군은 법적 가능이라는 법적 힘을 가진다는 것이다. Zitelmann은 이 2차적 권리군을 가능권(Recht des rechtlichen Könnens)이라고 불러 드디어 가능권의 독자적 체제를 성립시켰다. 이후 가능권은 고유의 의미의 권리인 허용권 그리고 당위권과 나란히 독자적인 권리로서 한 위치를 차지하게 되었다. 그리고 Seckel 시대에 이르러 형성권(Gestaltungsrecht)이라는 명칭을 얻게 된다.

그럼에도 불구하고 Thon의 권능(≒법적 가능) 이론과 관련하여 Seckel 은 자신의 형성권론에서, Thon이 법적 가능이라는 권리의 구체적인 예로서 (Seckel이 문제로 삼지 않는) 권리자의 처분권능만을 다루었기 때문에 Thon의 법적 가능(≒권능) 이론은 형성권 논의에 별로 기여하는 바가 없다고 평가한다.26) 그러나 이는 Thon에 대한 지나친 저평가라고 하겠

법적 가능 개념을 좋게 평가하고 있다.

25) Windscheid, Bd.I, §37, 2., 6 Aufl., S.98; 9 Aufl., S.156.
26) Seckel, S.208, Fn.2.

다. 비록 Thon이 허용권이나 당위권과 구분되는 "(나중에 형성권과 이어
지게 되는) 가능권"이라는 표현을 사용한 것은 아니지만, 그의 법적 가
능(늑권능) 이론에서 후대의 가능권 개념이 비롯되었다는 점에서 Thon은
형성권 개념 마련에 의미 있는 기여를 했다고 봐야 한다.

3. Bernhard Windscheid의 제2 부류의 권리(Recht der zweiten Art)

　Windscheid(1817-1892)는 독일의 판덱텐 법학의 발전은 그를 빼고 논할
수는 없다는 평가에 걸맞게 형성권 개념의 역사에서도 한 자리를 차지
한다. 하지만 Windscheid 자신이 독립적인 형성권론을 펼친 것은 아니다.
형성권론에 대한 그의 영향은 좀 더 근본적인 것이다.[27] Windscheid는
1862년부터 나오기 시작한 자신의 "Lehrbuch des Pandektenrechts"에서 법
학적 개념들을 새로이 규명하는 시도를 하고 있다. 그 대표적인 예가 권
리 개념의 정의이다. 그는 법질서에 의해 부여된 의사력 또는 의사의 지
배가 바로 권리이며, 권리자의 의사는 법질서에 의해 허용된 명령에 의
해 관철되는 것으로 보았다.[28] 그리고 이렇게 정의된 권리 개념을 바탕
으로 개별적 권리들을 가능한 한 완전한 하나의 체계 안에 서술해 넣고
자 했다. 그러기 위해서는 다양한 권리들 사이에 경계를 긋고, 그에 상응

---

27) 형성권을 상세히 논하거나 작명을 한 이도 아니지만 Windscheid의 공은 크
　　다. Gerhard Jooss, Gestaltungshindernisse und Gestaltungsrechte, 1967, S.1; 이에
　　비해 Seckel은 형성권론과 관련하여 Windscheid를 별로 중요시하지 않았다.
　　Seckel, S.208, Fn.2를 참조하라.

28) Windscheid, Bd.I, 5 Aufl.(1879), SS.92-94; 6 Aufl.(1887), SS.97-100; 9 Aufl.(1906),
　　SS.155-156.

하여 각 권리의 범주를 구분해내는 것이 필요했다. 이와 같은 Windscheid
의 권리 개념 정의와 권리 분류 작업은 다른 학자들로 하여금 권리의 체
계에 관심을 가지게 만들었다.

형성권과 관련하여 Windscheid가 다른 학자들에게 미친 보다 직접적인
영향은 그가 고안해낸 실체법상 청구권(Anspruch) 개념으로 인해서이
다.29) 전통적으로 로마법에서는 소권으로서의 actio를 가져야 소송을 할
수 있었고,30) 소송을 할 수 있는 권리가 있어야 결과적으로 자신의 실체
적 권리도 인정받는 것으로 구성되었다.31) 즉 로마법에서는 권리를 궁극
적으로 소송에서 관철시킬 수 있는 법적 보호를 받는 자격으로 생각했
다. 따라서 로마법에서는 actio를 가지는가, 가지지 못하는가가 중요했
다.32) 그런데 Windscheid는 이 actio를 소권과 소송을 통한 관철가능성을
뺀 측면인 청구권으로 분해하였다.33) 거꾸로 표현하면, 실체법상 권리인
청구권과 소권(법원을 전제로 하는 청구권)의 합을 로마법상 actio라고

---

29) Windscheid가 actio에서 Anspruch(청구권)을 도출하는 과정에 대한 비판과 대
   안적 견해에 대한 소개와 관련해서 Jürgen Schmidt, "Actio", "Anspruch",
   "Forderung", FS. f. Günther Jahr 70 Geb., 1993, S.401f.를 참조하라. 우리나라
   자료로는 호문혁, 19세기 독일에 있어서의 청구권 개념의 생성과 변천, 민
   사소송법연구(I), 법문사, 1998, 103~121면을 참조하라.
30) 로마법상 actio에 관한 간략한 정보를 위해서는 민법주해/호문혁, [VIII], 채
   권(1), 전론[채권과 청구권의 관계], 36~37면과, Jörs, Kunkel & Wenger/
   Honsell, Mayer-Maly & Selb, Römisches Recht, 4 Aufl., 1987, S.218, 그리고 Kaser,
   Bd.I, S.223f.를 참조하라. 그리고 자세한 내용을 위해서는 Bernhard Windscheid,
   Die Actio des römischen Civilrechts, 1856과, Ernst Immanuel Bekker, Die Aktionen
   des römischen Privatrechts, Bd.I/Bd.II, 1871/1873을 참조하라.
31) Windscheid, Bd.I, §43, 2 Aufl., S.95f.; 5 Aufl., S.102f.; 6 Aufl., S.111f.; 9 Aufl.,
   S.182f.
32) 최병조, 로마법강의, 박영사, 1999, 525면.
33) Windscheid가 청구권 개념을 고안해 낸 것은 미시적으로 잘라서 보려고 그
   리했던 것이 아니라, 오히려 물적인 권리든 인적인 권리든 절대적인 권리든
   상대적인 권리든 상관없이 인간이 타인의 의사에 복속하게 되는 법적 상황
   을 통틀어 설명하려고 하는 의도에서였다. Windscheid, Bd.I, 9 Aufl., S.182f.

설명한 것이다. Windscheid는 청구권은 일방 당사자가 타방 당사자에게 무엇인가를 요구할 수 있는 권리라고 정의했다.[34] 하지만 이 정의보다 중요한 것은 청구권이 가지는 실체법상 권리 그 자체로서 보호 가치 측면이다. 이제 권리자가 소송(법원)을 통하지 않고 법률행위를 통해 자신의 의사 즉 자기 권리를 관철할 수 있는 길이 열리는 계기가 마련된 것이다. 형성권론 초창기에 형성권에 속하는 많은 권리들이 소송 밖에서 행사되어 실현되는 것이 가능하다는 점이 부각되었던 것은[35] 이러한 역사적 배경 때문이다.

또한 Windscheid의 청구권 개념은 결과적으로 형성권에 속하게 되는 권리들의 기능적 특성을 추출하는 데도 일조하였다. 앞서 설명한 로마법상 소송법적 개념인 actio에는 exceptio가 대립해 존재했다.[36] 주로 소송법적으로 설명되었을 actio와 exceptio의 대립이, 16세기 후반에 이르러 Donellus가 실체법적 권리 개념을 강조한 이후, 실체법 체계 내에서의 actio와 exceptio의 대립으로도 설명될 기반이 갖추어졌다. 그러다가 19세기 후반에 이르러 Windscheid가 actio를 소권과 실체법상의 권리(청구권)로 나눈 것이 인정을 받으면서, actio의 대립 개념인 exceptio도 절차법적으로 작용하는 권리(抗辯(權))와 실체법적으로 작용하는 권리(反權,[37] 실체법상 항

---

34) Windscheid, Bd.I, §43, 2 Aufl., S.95f.; 5 Aufl., S.102f.; 6 Aufl., S.111f.; 9 Aufl., S.182f.

35) Seckel, S.211.

36) 로마법상 exceptio에 관한 간략한 정보를 위해서는 Jörs, Kunkel & Wenger, S.553과, Kaser, Bd.I, S.223f.를 참조하라. 그리고 자세한 내용을 위해서는 Otto Lenel, Über Ursprung und Wirkung der Exceptionen, 1876; Moriz Wlassak, Der Ursprung der römischen Einrede, 1910을 참조하라.

37) 여기서 말하는 반권(反權, Gegenrecht)이란 실체법상 항변권의 대항적 특성에 착안해 사용된 항변권의 또 다른 명칭이다. 물론 이 당시 모든 학자들이 반권이라는 용어를 사용한 것은 아니다. 더욱이 이 반권이라는 용어는 Crome가 오늘날 형성권에 해당하는 고유용어로 사용한 반권(反權, Gegenrecht)과 동일한 의미가 아님에도 불구하고 Gegenrecht라는 동일한 단어로 표현되기 때문에 유의할 필요가 있다.

변권)로 나뉜다는 것도 받아들여지게 되었다.[38] 로마 소송법적 차원에
서 actio와 exceptio 사이의 대립이 이제 실체법적 차원에서 權利(청구권)
와 反權(실체법상 항변권)이라는 대립구도로 나타난 것이다.[39] exceptio의
실체법적 측면인 反權 개념은 후대의 학자들에 의해 소극적 형성권(소
멸형 형성권)으로 이어졌다. 요컨대 형성권 개념에 대한 논의가 계속될
수 있었던 것은 소송법적 의미의 actio와 exceptio를 실체법적으로 파악하
는 사고의 전환이 있었기 때문이고, 그 과정에서 결정적인 역할을 한 것
이 바로 앞서 설명한 Windscheid의 청구권 개념인 것이다.

게다가 Windscheid의 청구권 개념은 형성권 개념의 정립을 진척시킨
결과를 가져오기도 했다. actio에서 실체적 권리 부분인 청구권을 도출해
낸 Windscheid는 모든 실체적 권리가 청구권에 해당하는 것은 아니라는
사실을 간파하고, 따로 청구권에 해당하지 않는 권리군을 분류해 냈다.
이 권리군이 바로 제2부류의 권리(Recht der zweiten Art)로, Windscheid는
이 용어를 1887년에 나온 "Lehrbuch des Pandektenrechts" 제6판에서야 비
로소 설명하고 있다. Windscheid에 의하면, 청구권이 제1 부류의 권리라
면, 청구권에 해당하지 않는 제2부류의 권리가 있다고 한다. 여기서 제2
부류의 권리는 제1부류의 권리의 성립이나 소멸이나 변경과 관련될 뿐
이므로, 제2부류의 권리는 제1부류의 권리를 목적으로 한다고 한다.[40]
Windscheid가 말하는 이 제2부류의 권리는 후대의 학자들에 의해 2차적
권리로 받아들여지고, 이는 다시 2차적 권리로서의 형성권 개념으로 이
어지게 된다.[41]

---

38) 항변 또는 항변권과 관련한 복잡한 용어들과 관련해서는 김상일, 항변
(Einrede, Einwendung)과 항변권(Einrede), 비교사법 제8권 제1호(상) (통권14호),
2001, 121~174면을 참조하라.
39) Seckel의 형성권론이 나올 즈음의 문헌으로 Eduard Hölder, Über Ansprüche und
Einreden, AcP 93, 1902, SS.1-130을 참조하라.
40) Windscheid, Bd.I, §37, Fn.3, 6 Aufl., S.100; 9 Aufl., S.161.
41) 2차적 권리 개념은 Windscheid에서 시작하여, Regelsberger, Thon, Enneccerus,
Zitelmann, Hellwig, Kohler, Seckel 등으로 이어졌다. Andreas von Tuhr, Der

Windscheid는 구체적으로 제2부류의 권리로서 해제권, 해지권, 그리고 소유자의 처분권 등을 예로 들었다.[42] 처분권에 주목했다는 점에서 Windscheid는 처분권능에 주목했던 Thon과 비슷한 생각을 가지고 있었던 것으로 보인다. 그러나 자신이나 타인의 권리를 처분하는 권리는 필연적으로 일방적인 의사표시에 의해 행사되는 것은 아니므로 처분권(및 처분권과 유사한 권리들)은 형성권과 구분된다. 이런 이유에서 Seckel은 Windscheid가 (형성권에 해당하는) 해제권이나 해지권이 청구권과 다른 부류임을 인식하고 있으나, 제2부류의 권리 개념을 도출해 내는 귀납이 빈약하고, (Seckel 자신이 보기에 형성권에 해당하지 않는) 처분권과 혼용하였으므로 결국 형성권의 종류에 대한 심오한 통찰을 망쳤다고 평가하고 있다.[43]

4. Ernst Immanuel Bekker의
소극적 권리(Negatives Recht)

Bekker(1827-1916)가 활동하던 시대에 독일 민사법학계와 실무계 모두에 해결해야 할 현안으로 떠오른 문제 중의 하나는 란트법상 시효의 완성을 소송상 직권으로 고려해야 하는가 여부였다.[44] Bekker는 처음에는

Allgemeine Teil des Deutschen Bürgerlichen Rechts, Bd.I, 1910, S.159, Fn.86과 Fn.1 사이의 Fn.*(별표); Ludwig Raiser, Der Stand der Lehre vom subjektiven Recht im Deutschen Zivilrecht, JZ, 1961, S.466.
42) Windscheid, Bd.I, §37, 2., 6 Aufl., S.98; 9 Aufl., S.156.
43) Seckel, S.208, Fn.2.
44) 이때까지의 법적 상식은, 입법자는 권리자가 권리를 행사하는 것을 경우에 따라 금지시킬 수는 있어도, 행사하지 않는 권리를 행사하도록 강요할 수는

이 문제를 해결하기 위하여 로마법상 exceptio 이론을 연구하기 시작하였다. 그러다 Bekker는 로마법상 exceptio 이론만을 가지고는 "exceptio에 의해 저지된 권리(durch Exceptionen gehemmtes Recht)"와 "(어떤 원인에 의해서) 더 이상 존재하지 않는 권리(nicht vorhandenes Recht)" 사이의 차이를 명료히 설명할 수 없다는 생각에 이르렀다. 그리하여 Bekker의 exceptio에 대한 연구는 이제 소극적 권리(negatives Recht)라는 새로운 권리 범주에 대한 연구로 방향이 바뀌었다.45)

Bekker의 소극적 권리에 대한 연구의 성과는 1886년과 1889년에 나온 그의 "System des heutigen Privatrechts"에 실리게 되었다. Bekker는 소극적 권리(negatives Recht)란 다른 적극적 권리(positives Recht)들에 끼어들어서 그 권리의 작용을 저지시키거나 그 권리를 완전히 소멸시켜버리는 등의 negative한 효과를 가져 오는 권리라고 보았다.46) 그렇다고 소극적 권리가 그 존재만으로 negative한 효과를 가져 오는 것은 아니었다. 그러기 위해서는 소극적 권리자의 권리 행사가 요구되었다. 그리하여 일단 소극적 권리가 존재하면 적극적 권리의 완전한 효과의 발생 여부가 소극적 권리자의 임의에 달리게 된다. 소극적 권리자는 적극적 권리자를 공격하여 그 권리 행사를 저지할 수 있다는 점에서 소극적 권리는 exceptio와 비슷한 역할을 한다. 반면 소극적 권리의 행사는 적극적 권리를 소멸시킬 수도 있다는 점에서 소극적 권리는 exceptio와 다르다. 즉 Bekker가 보기에, exceptio에 의해 저지된 권리와 소극적 권리에 의해 저지된 권리, 그리고 소극적 권리에 의해 더 이상 존재하지 않게 된(소멸된) 권리의 상황을

없다는 것이었다. Ernst Immanuel Bekker, System des heutigen Privatrechts, Bd.I, 1886, S.90, Fn.k.

45) Bekker, Bd.I, S.91f.

46) 로마법상 exceptio가 actio와 뗄 수 없는 연관을 가지듯, 소극적 권리는 적극적 권리와 뗄 수 없는 연관을 가지고 존재한다. Bekker, Bd.I, S.92. 여기서 Bekker는 소극적 권리(negatives Recht)와 동의어로 반권(Gegenrecht)이라는 표현을 사용하기도 했다. Bekker, Bd.I, S.90, Fn.i.

구분하는 것이 가능하므로 소극적 권리와 exceptio는 별개의 개념으로 정립될 필요가 있었다.

오늘날 형성권론 입장에서 볼 때 Bekker가 주장하던 소극적 권리 개념은 오늘날 인정되는 형성권 중에 negativ한 효과를 가져 오는 소멸형 형성권 개념에 상응한다. 그런데 이러한 점은 오늘날 형성권 중에 중요한 대부분은 소멸형 형성권이라는 점에서 Bekker는 형성권 개념의 핵심에 가까이 가 있었다고 평가할 수 있다.

5. Ernst Zitelmann의 가능권
(Recht des rechtlichen Könnens)

1898년에 나온 "Internationales Privatrecht"에서 Zitelmann(1852-1923)은 권리의 체계를 수립한다는 취지에서 권리들의 포괄적인 관련을 논구하고 있다.[47) 이 과정에서 Zitelmann은 본원적 권리(1차적 권리)의 존재를 전제로 하는 파생적 권리(2차적 권리)를 도출해냈다. 이 2차적 권리가 가지는 법적인 힘은 1차적 권리가 가지는 법적 허용(Dürfen)이나 법적 당위(Sollen)와는 다른, 법적 가능(Können)이었다. 그 2차적 권리군은 어떤 법적 가능에 대한 힘을 보장한다는 공통점을 가지는 권리들이라는 특성에 착안해 Zitelmann은 이들을 가능권(Recht des rechtlichen Könnens＝Kannrecht)이라고 불렀다. Zitelmann이 구체적으로 가능권이라고 열거하고 있는 종류는 다음과 같다. (a) 취소권; (b) "법적 가능"을 나타내는 여타의 권리들(상속승인권과 상속포기권, 선매권과 환매권, 하자담보를 이유로 하는 해제권, 추인권, 해제권); (c) 선점권(Zitelmann 자신은 부정); (d)

---

47) Ernst Zitelmann, Internationales Privatrecht(＝ IPR), Bd.II-1, 1912(1898), S.19, S.32.

권리에 대한 권리; (e) 기대권(Zitelmann 자신은 부정).[48]

Seckel은 Zitelmann의 가능권에 대해 자신이 형성권이라고 부르는 권리들과 대체적으로 일치한다는 평가를 내렸다. 하지만 Seckel은, Zitelmann의 가능권에는 법적 가능의 권리들뿐만 아니라 법적 허용의 권리들과 법적 당위의 권리들이 모두 내재되어 있다는 내적 결함을 가진다고 보았다.[49] 그러나 오늘날에도 어떤 권리가 형성권에 해당하는 권리인지 아닌지가 다투어지고 있다는 사정을 감안하면, Zitelmann과 Seckel 사이에 가능권(형성권)에 해당하는 구체적 권리의 종류를 두고 불일치한다는 것은 Zitelmann의 가능권 개념의 커다란 결함은 아니라고 해야 한다. 그러므로 Seckel의 저평가에도 불구하고, Zitelmann의 가능권 개념이 오늘날 형성권에 대체로 일치한다는 점에서 Zitelmann의 의미를 찾아야 한다.

6. Konrad Hellwig의 변동권
(Recht auf Rechtsänderung)

Hellwig(1856-1913)는 1900년에 그의 저서 "Anspruch und Klagerecht" 중 법률관계에 대한 서설 부분에서, 법률관계를 권리자의 힘이라는 측면에서 파악하는 작업을 하였다. 그리고 이어, 권리를 권리자의 의사의 힘의 작용에 따라 구분하였다. 이 과정에서 Hellwig는 Zitelmann의 가능권(Recht des rechtlichen Könnens) 개념과 용어를 물려받아 사용했다. Hellwig는, 가능권은 그 권리자에게 의사표시를 통해 법적 효과를 가져 올 수 있는 힘을 주어 권리자 자신이 관여하고 있는 타인의 법률관계를 성립

---

48) Zitelmann, IPR, S.32f.
49) Seckel, S.209; Oskar Bülow, Klage und Urteil, ZZP 31, 1903, S.209.

시키거나, 변경시키거나, 소멸시키는 것을 가능하게 한다고 보았다. 즉 가능권을 가지는 자는 어떤 경우든 자신의 의사표시를 통해 누구에 의해서든 인정받을 수 있는 법적 효과의 기초를 세우는 힘을 가지는데, 그 것은 의사표시 자체로 충분하든 아니면 법원을 통한 판결을 필요로 하든 마찬가지라고 보았다.50) 한편 Hellwig는 Zitelmann의 가능권 개념 외에 Bekker의 소극적 권리(negatives Recht) 개념도 빌렸다. 구체적으로 Hellwig 는 Bekker가 말한 바가 있는 소극적 권리의 공통 속성을 도출해내면서, 소극적 권리의 행사로 인해 초래되는 소멸 효과에 관심을 두었다. 그 결과 Hellwig가 도달한 결론은, 가능권의 핵심은 법적 효과를 제거하는 권리인 소멸권이고, 그 소멸권에는 취소권, 해제권, 철회권, 해지권, 상계권, 이혼권, 상속포기권 등이 속한다는 것이었다. 그리고 항변권 또한 급부의 거절을 통해 청구권을 소멸시키는 것이나 마찬가지이므로, 실체법적인 의미에서 가능권(≒소멸권)에 해당한다고 보았다.51)

1900년의 저서에 비해, (1902년에 쓰여) Seckel의 형성권론이 나온 1903년과 같은 해에 조금 먼저 출간된 "Lehrbuch des deutschen Civilprozeßrechts" 에서 Hellwig는 지금의 형성권론에 조금 더 접근하고 있다. 이 1903년의 저서에서 Hellwig는 가능권(Recht des rechtlichen Könnens)이라는 표현보다 변동권(Recht auf Rechtsänderung)이라는 표현을 주로 사용하고 있다. 이 저서를 보면 Hellwig는 소멸형 변동권과 성립형 변동권을 구체적으로 구분하고 있으며, 아울러 법률행위에 의한 권리변동의 초래와 소송에 의한 권리변동의 초래도 구분하고 있다.52) 종합적으로 볼 때 1903년의 저서에 나타난 Hellwig의 변동권 개념은 Seckel의 형성권 개념과 거의 동일한 모습이다.

---

50) Konrad Hellwig, Anspruch und Klagerecht, 1900, SS.2-3.
51) Hellwig, Anspruch, S.9.
52) Konrad Hellwig, Lehrbuch des deutschen Civilprozeßrechts, Bd.I, 1903, §34, §35, S.233f.

7. Carl Crome의 반권(Gegenrecht)

1900년에 나온 Crome(1859-1931)의 "System des deutschen Bürgerlichen Rechts" 제1권에 의하면,[53] 권리란 법질서에 의해 인정되는 방식으로 목적을 실현하는 법적 힘이요 지배이다. Crome의 권리 체계 속에는 의사표시를 수단으로 타인의 권리를 소멸시키거나 자신의 의무를 면하게 하는 그러한 힘을 가지는 권리도 포함되어 있었는데, 그것은 곧 반권(反權, Gegenrecht)이라고 명명되었다.[54] Crome는 1차적 권리를 가지는 자는 상대방의 반권이 자신의 1차적 권리에 미치는 영향을 감수해야만 한다고 보았다. 그리고 반권을 특히 효과라는 측면에 맞추어, 1차적 권리의 법적 효력을 소급적으로 소멸시킬 수 있는 것 (예를 들어 취소권), 1차적 권리의 법적 효력을 장래를 향해 효과가 없도록 하는 것 (여타의 경우들), 그리고 자신이 지고 있는 의무임에도 불구하고 1차적 권리에 순종하기를 거부할 수 있도록 하는 것(항변권)[55]으로 나누었다.[56]

Crome는 Zitelmann의 가능권(Recht des rechtlichen Könnens) 개념을 기본적으로 옳기는 하나 너무 추상적이라고 보고, 그 자신이 반권(Gegenrecht)이라고 불렀던 권리의 범위를 Bekker의 소극적 권리(negatives Recht)처럼

---

53) Carl Crome, System des deutschen Bürgerlichen Rechts, 1900, Bd.I, S.176f.
54) Crome 이전에도 이후에도 항변권(Einrede, 로마법상 exceptio)과 동의어로 Gegenrecht(반권)이라는 용어가 사용되고 있다. 항변권이 형성권에 속한다는 것이 통설이라 할 때, 항변권을 지칭하는 반권과 Crome가 형성권의 前 단계 용어로 사용한 반권은 구분됨에 주의하여야 한다.
55) Crome에 따르면, 청구권의 존재에도 불구하고 반권에 의해 청구권의 관철이 저지되는 경우 비로소 항변권 개념이 들어선다. Crome는 자신의 시대의 항변권(실체적 의미의 exceptio)은 로마법상 exceptio보다 그 의미가 좁다고 평가하고 있다. Crome, S.183.
56) Crome, S.177f.

좁게 규정지었다.[57] 그러나 Seckel은 Crome의 반권 개념이 한편으로 적극
적 성격의 형성권들을 제외시키고 있기 때문에 너무 좁고, 다른 한편으
로 (Seckel 자신이 형성권으로 인정하지 않는) 항변권을 포함시키고 있기
때문에 너무 넓다고 비판하였다.[58] 그렇지만 필자는 형성권에 포함시키
는 범위의 넓고 좁음은, 특히 Crome가 형성권(가능권)이 아닌 반권이라
는 구별되는 용어를 사용하고 있음을 고려할 때, 그다지 큰 비판거리가
아니라고 생각한다. Crome가 의도했던 것이, Bekker와 마찬가지로, 형성
권(가능권)의 핵심 부분에 해당하는 소멸형 형성권(소극적 권리)에 대한
강조임을 감안할 때 더욱 그러하다. 오히려 Crome의 반권 개념의 단점은
그가 사용한 반권이라는 용어가 혼동을 일으킬 소지를 지니고 있었다는
데 있었다고 해야 한다. 그 자신이 반권의 하부 종류로 포함시켰던 항변
권을 그 당시 사람들이 흔히 반권이라고 불렀기 때문이다.

8. Seckel 이전에 행해진
형성권 관련 논의의 종합

(1) 형성권 관련 논의(= 가능권론)

19세기 독일 판덱텐 법학 시대를 거치면서 해제권, 해지권, 취소권 등
형성권의 핵심적 종류를 이루는 개개의 권리들이 독립적인 법제도로 인
정받게 되었지만, 이들을 하나로 묶어서 형성권이라는 유개념으로 파악
하지는 않았다.[59] 형성권에 해당하는 권리들을 구체적이면서도 종합적

---

57) Crome, S.177, Fn.5.
58) Seckel, S.209, Fn.1.
59) 김증한, 소멸시효론, 45면.

으로 파악할 바탕이 마련된 것은 Thon이 "법적 가능(rechtliches Können)"
과 "권능(Befugniss)"에 대해 언급한 1878년경부터이다. 1886년과 1889년
에 나온 Bekker의 저서들은, 이후에 형성권으로 분류되게 될 권리들의
행사 효과가 본래의 적극적 권리(positives Recht)의 효력에 이상을 가져오
거나, 정지시키거나, 완전히 종료시킬 수도 있다는 의미에서 "소극적 권
리(negatives Recht)"라는 용어를 사용했다. 그리고 지금의 형성권에 보다
더 접근해서, 1898년에 Zitelmann은 권리 중에는 법적 가능에 대한 힘을
보장하는 "가능권(Recht des rechtlichen Könnens)"이 있다고 주장했다. 1900
년 이후 Hellwig는 Zitelmann의 가능권 개념과 용어를 이어받아 "변동권
(Recht auf Rechtsänderung)"으로 발전시켰다. 그리고 Crome는 지금의 형성
권에 해당하는 권리들이 1차적 권리의 효과를 소멸시키거나 그 효과를
받아들이기를 거부하게 만드는 등 1차적 권리에 맞서서 작용한다는 의
미에서 1900년경에 "반권(Gegenrecht)"이라는 용어를 사용했다. 이를 테
면 Crome는 Zitelmann에 의해 확대된 가능권의 범위를 자신의 반권 개념
을 통해 다시 Bekker의 소극적 권리 정도로 좁혔다.

종합해 보면, Seckel의 형성권에 관한 사고가 Zitelmann과 Hellwig의 영
향 아래 그 시대에 이미 받아들여지고 있었던 가능권에서 출발했다는
사실은 분명하다.[60] 1957년에 Dölle는 Seckel의 형성권 개념 마련을 위대
한 법학적 발견들(juristische Entdeckungen) 중의 하나라고 치하했는데,[61]
"창조"가 아니라 "발견"이라는 표현이 사용되었다는 점에 주목하여 다
음과 같이 풀이할 수도 있겠다. 첫째, Seckel의 형성권 개념은 사실상 이
미 존재하던 가능권 개념을 발전시킨 것이다. 둘째, 그럼에도 불구하고

---

60) Seckel의 제자로서 그의 사후 문헌정리 작업을 했던 Abraham도 Seckel의 형성
    권론이 Zitlemann과 Hellwig의 영향을 받아 쓰여 진 것이라고 증명하고 있다.
    Paul Abraham, Emil Seckel: Eine Bio-Bibliographie, 1924, S.15. Seckel 스스로도
    자신의 형성권 개념이 Zitelmann의 가능권 개념과 거의 동일하다고 쓰고 있
    다. Seckel, S.209.
61) Dölle, Entdeckungen, S.B10.

Seckel 이후의 학자들이 형성권을 말할 때 Seckel을 가장 중요시하는 것에
대해서는 법적 개념의 명료화가 발견으로 다루어질 수 있을 만큼 중요
하다는 의미로 받아들일 수 있다. 셋째, Seckel은 형성권 개념을 정의했
을 뿐만 아니라 형성권과 관련된 다양한 논점들을 자세히 다룸으로써
단순히 권리 체계를 메우는 하나의 개념으로서의 형성권이 아니라, 실
제적 문제들과 연결되는 실무적 용도의 형성권을 발견해 냈다고 말할
수 있다.

(2) 권리체계론에서 형성권(가능권)의 위치

이처럼 Seckel의 형성권 개념 이전에 이미 형성권(가능권)의 본질적 모
습은 드러나 있었다고 할 때, Seckel이 형성권론을 집필하던 시대에 형성
권(가능권)이 권리 체계에서 차지했던 위치는 다음과 같이 파악된다.[62]

   1) 1차적 권리(좁은 의미에서 권리=고유의 의미에서 권리)
       ° 허용권(Darfrecht)=절대적 권리=물권, 무체재산권, 인격권
       ° 당위권(Sollrecht)=상대적 권리=채권

1차적 권리는 법적 허용(Dürfen)과 법적 당위(Sollen)를 본질로 하는 본
원적인 권리이다. 1차적 권리는 다시 절대적 권리와 상대적 권리로 구분
될 수 있다. 절대적 권리는 누구에 대해서도 유효하게 주장될 수 있으므
로, 절대적 권리=(좁은 의미에서)지배권=배타적 권리라는 공식이 통용
된다. 1차적 권리로서 이 종류에 해당하는 것은 물권, 무체재산권, 인격

---

62) 본문상의 분석은 Ernst Zitelmann, Das Recht des Bürgerlichen Gesetzbuchs, Bd.I,
    Allgemeiner Teil, 1900, S.22f.의 권리체계를 기초로 Steiner가 재구성한 것을
    (Steiner, SS.42-43), 필자가 또 다시 재구성한 것이다. 분석의 결과 드러난 것
    은 Zitelmann 시대를 전제로 하므로 오늘날의 견해와 다를 수 있다. 이 권리
    분석 작업은 Seckel이 자신의 형성권론을 권리체계에 대한 언급으로 시작한
    다는 점에서 의미를 가진다.

권 등이다. 이에 비해 상대적 권리는 항상 일정한 타인이나 일정한 범위의 타인들에게 행사되며, 1차적 권리로서 이 종류에 해당하는 것은 채권이다.

    2) 2차적 권리(넓은 의미에서 권리=고유의 의미가 아닌 의미에서 권리)
      ° 가능권(Kannrecht)=(후대의)형성권(Gestaltungsrecht)=상대적 권리
      ° (형성권에 포함시키지 않는 경우) 항변권 등

  2차적 권리(Sekundärrecht, Recht der sekundären Art)라는 표현은 1차적 권리를 축으로 하는 법률관계에 영향을 주는 권리라는 특성에서 나온 것이다.[63] 2차적 권리들은 그 권리를 가진 자에게 자신을 위해 또는 타인을 위해 1차적 권리를 성립시키거나, 변경시키거나, 소멸시키는 권능을 준다.[64] 2차적 권리에는 가능권(형성권)과[65] (항변권을 형성권에 포함시키지 않는 경우) 항변권 등이 있다. 2차적 권리는 그 본질상 일정한 인적 범위를 대상으로 하므로 모두 상대적 권리에 해당한다.[66]

---

63) Zitelmann, IPR, S.32; von Tuhr, Bd.I, S.159.
64) 사실 오늘날까지도 2차적 권리 개념은 확실하지 않은 면이 있다. Steiner, S.21f. 예를 들어 2002년 독일 개정 민법과 관련한 논의에서 "2차적 권리"는 다른 의미로 쓰이고 있다. 채무불이행이 있을 때 채권자가 취할 수 있는 방안 중의 하나로 여전히 이행청구를 하면서 동시에 손해배상을 청구할 수 있는데, 여기서 이행청구권을 1차적 권리(Primäranspruch)라고 부르고, 손해배상청구권을 2차적 권리(Sekundärrecht)라고 부르고 있다. Daniela Mattheus, Schuldrechtsmodernisierung 2001/2002 — Die Neuordnung des allgemeinen Leistungsstörungsrechts, JuS, 2002/3, S.209.
65) Koch는 2차적 권리로서의 형성권이 궁극적으로 다른 법적 지위를 보호하고 현실화시키는데 소용되는 것을 형성권의 도구적 기능이라고 파악한다. 그리고 형성권은 이 도구적 특성으로 인해 다른 권리들로부터 구분된다고 한다. 그런 한편 형성권을 고유한 효력을 가지는 독자적 권리로 파악할 수도 있으니, 그 이유는 경우에 따라서는 형성권 자체의 존재만으로도 — 형성권이 행사되지 않고도 — 경제적 의미를 가질 수 있기 때문이라고 한다. Harald Koch, Die Ökonomie der Gestaltungsrechte, FS f. Zweigert 70 Geb., 1981, S.874.
66) Steiner, S.21.

제4장 Emil Seckel의 형성권론

1. Seckel의 형성권론

(1) Seckel의 학문적 생애

Emil Seckel은 1864년 1월 10일 독일 하이델베르크 근처 노이엔하임에서 태어나서 1924년 4월 26일 사망했다. 대략 1882년과 1883년 사이에 시작된 그의 법학공부는 튀빙엔 법과대학과 라이프찌히 법과대학에서 이루어졌다. Windscheid, Wach, Binding 등의 강의를 들었으며, Degenkolb, Martitz, Hartmann, 그리고 Hellwig 등의 지도도 받았던 것으로 알려져 있다. 1887년부터 1889년까지는 슈투트가르트에서 사법관 시보 생활을 했다. 대학 재학 당시부터 로마법–교회법 연구로 방향을 잡았던 그는 곧바로 실무가 생활을 접고 튀빙엔 대학에서 연구생활을 했는데, 이때 시작된 연구가 박사학위 취득으로 이어졌다.[1] 하지만 교수로서의 교육 및

---

1) 엄밀히 말하면 Seckel은 박사학위논문 없이 박사가 되었다. 당시 튀빙엔 법과대학에서 연구 작업을 하던 Seckel은 로마법–교회법 전문가로서 상당히 인정받고 있었다. 문제는 Seckel이 교회법에 대한 방대한 연구를 계속하면서 따로 박사논문을 내놓을 계획을 세우고 있지 않다는 것이었다. 그러자 1895년 튀빙엔 법과대학 교수진은 Seckel이 1893년에 간행했던 "Zu den Akten der Triburer Synode 895"의 일부를 박사학위 청구논문으로 치고 박사학위를 수여했다. 그 일이 있고 6개월 뒤 Seckel은 나머지 연구를 정리하여, 그 당시 유명한 교회법학자였던 베를린 법과대학의 Paul Hinschius의 주재 아래 교수

연구생활은 주로 베를린 대학에서 이루어졌다.

Seckel의 주된 연구 영역은 중세 로마법과 중세 교회법이었는데, 박사 학위를 취득하기 전부터 그 분야의 전문가로 평가받았다. Seckel은 주로 방대한 법사료들을 발굴해내어 체계화시키는 작업을 했다. 그의 대표 작으로는 "Zu den Akten der Triburer Synode 895"(1893/1895), "Beiträge zur Geschichte beider Rechte im Mittelalter"(1898), "Quellenfunde zum lombardischen Lehenrecht, insbesondere zu den Extravaganten-Sammlungen" (1910), "Distinctiones Glossatorum: Studien zur Distinktionenliteratur der romanistischen Glossatorenschulen" (1911), "Die Summen der Glossatoren"(1912) 등이 있다. 그는 Monumenta Germaniae Historica라는 거대한 사료집의 법 관련 항목 편집에 참여하였 으며, 또한 Heumann/Thon, Handlexikon zu den Quellen des römischen Rechts 의 제9판 이후 개정작업에도 참여하여 이후 편저자가 Heumann/Seckel로 바뀌게 되었다.

Seckel은 대학에서 민법을 가르치기는 했으나 법사료 연구를 주로 한 까닭에 민법 도그마와 관련된 논문은 별로 써내지 않았다. 그러나 1900 년의 독일 민법 시행이라는 대사건이 그로 하여금 민법 도그마와 관련 된 논문을 쓰게 하는 동기가 되어 주었다. 형성권론(1903)이 바로 그 시 기에 쓰인 민법 도그마 관련 논문 중의 하나이다. 그 밖의 민법 관련 저 서로는 1900년에 혼인공동체의 해소와 관련하여 교회법학자 입장에서 쓴 논문과, 1910년에 실정법상의 집합재산(Sammelvermögen) 관련 규정에 대해 쓴 논문, 그리고 1909년에 Boschan과 같이 개정작업을 한 人籍法 (Personenstandgesetz)에 관한 Kommentar가 있다.[2]

자격을 획득하였다. Erich Genzmer, Emil Seckel, SZ 46, 1926, S.225.

2) Seckel의 학문적 일생에 대한 자세한 내용은 Paul Abraham, Emil Seckel: Eine Bio-Bibliographie, 1924와, Erich Genzmer, Emil Seckel, SZ 46, 1926, SS.216-263, 그리고 Handwörterbuch zur deutschen Rechtsgeschichte (HRG)의 "Seckel, Emil" 항목을 참조하라.

(2) Seckel의 형성권론 전체 구성

1903년 Koch 판사를 위한 기념논문집에 실린[3] Seckel의 독일 민법상 형성권들(Die Gestaltungsrechte des bürgerlichen Rechts)은 오로지 형성권만을 주제로 다룬 최초의 본격적인 논문이었다.[4] 59면 분량의 이 논문은 권리 체계와 형성권 개념을 소개하는 서론 부분과, I.[형성권의 정의와 종류], II.[형성권의 성립], III.[형성권의 양도], IV.[형성권의 소멸], 그리고 V.[형성권의 행사]라는 총 여섯 부분으로 나누어져 있다.[5] 다음에서 Seckel의 논문을 그 구성 체계를 따라 차례로 살펴본다.

2. 서론 부분

서론 부분은 그 당시 민법상 권리 체계와 형성권(가능권) 개념을 소개하고 있다.[6] Seckel은 새로 만들어진 독일 민법전이 권리(Recht)라는 표현을 850번 이상 사용하고 있지만 권리같은 기본 개념조차 정의하고 있지 않다는 점을 지적한다. 그리고 권리는 법구조물의 토대로서 법학적 사고를 지배하고 있기 때문에 권리의 체계를 연구할 필요성이 있음을 역설

---

3) 워낙은 1903년 5월에 Koch판사 주재로 열렸던 베를린 법조인 협회에서 당시 베를린 법과대학 교수였던 Seckel이 행한 강연의 개요이다. Seckel, S.205, Fn.1.

4) Emil Seckel, Die Gestaltungsrechte des bürgerlichen Rechts, 1903, SS.205-253.

5) Seckel의 글에 서론 부분이라는 표시는 없다. 그리고 본문도 로마숫자로 나누어져 있을 뿐 각 장에 표제가 달려있지는 않다. 서론 부분이라는 표시와 각 장의 표제는 필자가 편의상 붙인 것이다.

6) Seckel, SS.205-210.

하고 있다. Seckel은 권리를 구체적으로 권리의 객체, 권리의 주체, 그리고 권리의 내용에 따라 구분한다. 그리고 권리의 내용에 따른 구분에서 (당시에는 이름이 붙어있지 않던)[7] 형성권을 탐구할 것임을 밝히고 있다. 그리고 이어 Zitelmann과 Hellwig 그리고 Bekker와 Crome의 이론을 소개하면서, Seckel은 문제의 권리에 대해 형성권(Gestaltungsrecht)이라는 용어를 사용할 것을 제안하고 있다.

Seckel은 자신도 만족해 한 "형성(Gestaltung)"이라는 표현 자체는 형성판결에서 따온 것이라고 스스로 밝히고 있다. 그의 표현을 빌자면, "(형성권이라는) 이 명칭은 거론된 권리들이 가지는 다른 어떤 권리군과도 공유하지 않는 특성과 결부되며, 발음하기 쉽고, 언어적으로 변형가능하며, 요즈음의[8] 소위 "법률관계를 형성하는 판결＝형성판결(rechtsgestaltendes Urteil)"이라는[9] 명칭과 놀랄만한 접점을 얻을 수도 있다. … 이미 실체법상 형성권과 절차법상 형성판결 사이의 내적 연관으로 인해 … 이 형성판결은 용어상으로 형성권이라는 실체사법상의 대립 짝을 바로 불러내게 한다."[10]

---

7) Seckel은 자신이 형성권이라 이름 붙일 권리에 이름이 주어져 있지 않다고 말하고 있다. Seckel, S.207, Fn.6 근처. 이론사적으로 볼 때 이 당시 이미 가능권이라는 명칭이 있었다는 점에서 Seckel이 어떤 의도로 그렇게 말했는지 약간 의아스럽다. 아마 자신의 형성권론이 그 당시의 가능권론과 차원이 다르다는 뜻을 표현한 것이 아닌가 싶다.

8) 1889년에 von Rechtenstamm은 "Rechtsgestaltungsklage(법률관계 형성의 소)"를 독립적인 소의 종류로 처음 언급하였다. von Rechtenstamm은 법률관계 형성의 소가 법사실적 지위(thatsächlicher Zustand)의 변동을 명령하는 소라는 점에서 기존의 이행의 소나 확인의 소와 다르다고 보았다. Emil Schrutka von Rechtenstamm, Literatur (Adolf Wach, Der Feststellunsanspruch, 1889(1888)), GrünhutsZ 16, 1889, S.619.

9) 형성판결 또는 형성의 소에 관한 우리나라 자료로 조상혁, 형성판결의 효력 서설, 재산법연구 제21권 제2호, 2005, 405~436면과, 김영희, 독일 민법학상 형성권에 관한 연구, 143면 이하를 참조하라.

10) Seckel, S.210.

3. I.[형성권의 정의와 종류] 부분

(1) 형성권의 정의

형성권(Gestaltungsrecht)이라는 용어를 처음으로 안출해 낸 Seckel은, 형성권을 일방적인 법률행위를 통해 구체적인 법률관계를 형성시키는 힘을 그 내용으로 하는 권리라고 정의한다. 그리고 형성권의 내용은 사람, 물건, 또는 무체재산 같은 그 어떤 객체에 대한 현재의 직접적인 지배가 아니라, 오히려 그러한 지배권 또는 법률관계를 일방적으로 성립시키거나, 변경시키거나, 소멸시키는, 한마디로 말해 형성시키는 그 힘이라고 한다.[11]

(2) 권리 체계에서 형성권

Seckel에 따르면, Seckel이 활동하던 시기에 형성권 일반이 곧 권리라는 주장은 부정되고 있다고 한다. Seckel은 형성권이 권리라는 것을 부정하는 것은 종래의 통상적인 권리 구분 방법인 절대적 권리와 상대적 권리 또는 물권과 채권으로 나누는 것의 완전무결을 믿는 오류, 또는 사법상 권리를 지배권에만 직결시키는 오류에서 기인하는 것이라고 비판하고 있다.[12]

Seckel은 형성권을 권리에 포함시키는 근거로 권리가 가지는 보편적인 개념적 요건을 형성권도 갖추고 있음을 든다. 그 입증 과정에서 Seckel은 권리 자체에 대해 명확한 정의를 내리는 대신에, 권리의 기본적 징표로서의 배타성에 대해 언급하고 있다. Seckel에 의하면 법률에 의해 금지되어 있지 않기 때문에 누구나 해도 되는 것은 권리라고 할 수 없다고 한

---

11) Seckel, S.211f.
12) Seckel, S.215.

다. 예를 들어 청약을 하거나, 재단을 설립하거나, 사인처분을 하거나 할
수 있는 등등의 "권리"는 권리가 아니게 된다. 그런 것들은 누구나 할 수
있으므로 구체적인 힘이라고 할 수 없기 때문이다. Seckel의 생각에, 다른
사람은 하도록 되어 있지 않은 어떤 것을 누군가는 합법적으로 할 수 있
는 것이 권리이다.[13] 즉 모든 권리는 권리를 가지는 자가 어떤 것을 할
수 있다는 것 외에, 무언가 더 붙어있는 일종의 우위권(Vorrecht)이어야
한다.[14] Seckel 스스로의 정의에 의하면 형성권은 일방적으로 법률관계에
변동을 가져오는 권리이므로, 그 우위권적 특성상 형성권은 당연히 권리
에 해당하게 된다.

(3) 형성권의 분류

1) 독립적(1차적) 형성권,
비독립적(부종적, 2차적) 형성권

형성권은 형성권자가 가지고 있는 여타의 구체적 형태의 권리적 지위
나 의무적 지위와 연결되어 있는가 아니면 그렇지 않은가에 따라 독립
적 형성권과 비독립적 형성권으로 나뉜다. 독립적 형성권은 형성권자가
이미 가지고 있는 권리적 지위나 의무적 지위와 연결되어 있지 않다. 즉
독립적 형성권의 존립은 좁은 의미 또는 넓은 의미에서의 채권채무관계
의 존재와 무관하다. 이러한 종류의 형성권은 독자적으로 존재하게 된
다.[15] 선매권, 선점권 등이 그 예이다. 이에 비해 비독립적 형성권은 형

---

13) Seckel, S.211.

14) Seckel의 특권(우위권 Vorrecht)적 권리 개념에 대한 비판으로 Klaus Adomeit,
   Gestaltungsrechte, Rechtsgeschäfte, Ansprüche, 1969, S.11를 참조하라.

15) 후대의 Steffen이나 Bydlinski 같은 학자들은 독립적 형성권의 존재를 인정하
   는 것에 부정적이다. Roland Steffen, Selbständige Gestaltungsrechte?, 1966, SS.36-
   38, S.88; Peter Bydlinski, Die Übertragung von Gestaltungsrechten, 1986, S.1.

성권자가 이미 가지고 있는 지배권 또는 형성권 같은 다른 권리들이나 수동적 지위 내지 일정한 의무 또는 부담과 연결되어 있다. 즉 비독립적 형성권의 존립은 형성의 효과가 야기될 수 있는 채권, 채무, 또는 법률관계의 존재에 의존하고 있다. 형성권의 기초가 된 법적 지위가 소멸하면 비독립적 형성권은 그 존재 의미를 상실하게 되는데, 그 이유는 이 경우 형성권은 더 이상 아무것도 형성시킬 수 없기 때문이다. 이러한 비독립적 형성권은 주된 권리나 의무에 따른 법적 지위를 변동시키거나 소멸시키는 데 이용된다. 해제권, 해지권, 취소권 등이 그 예이다.16)

형성권을 그 독립적 성격과 비독립적 성격에 따라 구분하는 것은 형성권의 양도성과 관련하여 의미를 가진다. 독립적 형성권의 경우 형성권이 권리자의 법적 지위와 연결되어 있지 않으므로 그 양도성이 전혀 문제되지 않는데 비해, 비독립적 형성권의 경우에는 형성권이 권리자의 법적 지위와 연결되어 있으므로 형성권의 기초가 되는 법률관계와 더불어서만 양도될 수 있게 된다.17)

2) 성립형 형성권, 변경형 형성권, 소멸형 형성권

형성권은 형성권 행사에 의해 초래되는 변동의 유형에 따라 성립형 형성권(Begründungsrecht, 성립권, 설정권), 변경형 형성권(Änderungsrecht, 변경권, 변동권), 그리고 소멸형 형성권(Aufhebungsrecht, 폐지권, 소멸권, 무효화권)으로 나뉜다.18) 성립형 형성권의 경우에는 법률관계를 성립시

---

16) Seckel, S.211, S.217f.

17) 형성권의 독립적 혹은 비독립적 성격과 형성권의 양도성의 상관관계와 관련해서 Steffen, S.88; Anja Verena Steinbeck, Die Übertragbarkeit von Gestaltungsrechten, 1994, S.45f.를 참고하라.

18) 우리나라 민법학계에 형성권 개념을 본격적으로 소개한 것으로 추정되는 김증한 교수의 용어에 따르면, 형성권은 선점권, 승낙적격, 기대권 등의 "권리취득의 형성권," 취소권, 해제권, 해지권, 상계권 철회권 등의 "권리소멸의 형성권," "항변권," 선택채권에 있어서의 선택권, 사단법인에 있어서의

키는 힘이 보장된다. 이러한 성립형 형성권에는 선점권, 선매권, 그리고 환매권 등이 속한다. 변경형 형성권에 의해서는 이미 성립해 있는 법률관계가 변동되거나, 성립해 있는 법률관계의 내용이 구체적으로 확정된다. 계약의 일방당사자 또는 제3자에 의한 급부지정권, 선택채권에 있어서의 선택권, 해지권, 그리고 상속승인권 등이 변경형 형성권에 속한다. 소멸형 형성권에 의해서는 존재하는 법률관계를 소멸시킬 수 있다. 이러한 소멸형 형성권에는 형성권 중에서 가장 중요한 종류들인 취소권, 해제권, 상계권, 그리고 이혼권 등이 속한다.[19]

　　Seckel은 형성권을 성립형, 변경형, 소멸형으로 나누는 분류방법을 사용하면서도 막상 그 자신은 이 분류방법을 마땅치 않게 여겼다. 그가 든 이유는, 어떤 형성권의 행사는 법적 지위를 성립시키면서 또 동시에 소멸시키기 때문에 한 형성권을 한 종류로 분류시키는 의미가 없다는 것이었다. 예를 들어 해제는 한편으로 계약의 효과를 소멸시키면서, 보통은 다른 한편으로 수령한 급부의 상환이라는 새로운 채무관계를 발생시킨다. 엄밀히 말하면 이런 경우, 일반적으로는 해제권을 소멸형으로 분류하겠지만, 사실상 성립형으로서의 성격도 가진다고 봐야 한다. 하지만 해제권의 일차적 작용은 계약의 소멸에 있으므로 해제권은 소멸형 형성권으로 분류하는 것이 더 나을 것이다.[20] 어쨌든 형성권을 형성효과에 따라 나누는 방식은 독자로 하여금 그 명칭만으로도 형성 효과를 바로 인식할 수 있게 만드는 장점을 갖기 때문에 오늘날에도 여전히 사용되고 있다.

　　결의권, 기한을 도래시키기 위한 최고권 등의 "권리변동의 형성권"으로 나뉜다고 한다. 김증한, 민법총칙, 신고, 박영사, 1989(1983), 54면; 김증한 교수와 비슷한 시기에 이근식 교수는 형성권을 창설적 형성권(창설권), 변경적 형성권(변경권), 폐기적 형성권(폐기권)으로 구분하고 있다. 이근식, 형성권과 소멸시효, 법정 제20권 제9호, 1965.9, 7~9면.

19) Seckel, S.212.
20) Seckel, S.212.

Seckel의 형성권론에서 주의해야 할 것은, 비록 그의 형성권 개념이 오늘날까지 표준적 정의로 사용되고 있지만, 형성권에 속하는 개개의 권리에 대한 Seckel의 견해는 다른 학자들의 견해와 다를 수 있다는 사실이다. 대표적인 예로 Seckel은 해지권을 변경형 형성권으로 보고 있지만 오늘날 학자들은 주로 소멸형 형성권으로 본다.21) 그리고 Seckel은 성립해 있는 법률관계의 내용을 구체적으로 확정하는 권리를 변경형 형성권으로 보고 있지만, 그런 확정을 통해 법률관계가 궁극적으로 완성된다는 맥락에서 성립형 형성권으로 취급할 수도 있다.22)

3) 자역 형성권(自域 形成權 · Zugriffsrecht, Eigengestaltungsrecht), 자타역 형성권(自他域 形成權 · Eingriffsrecht)

형성권은 그 효과가 작용하는 해당 권리영역의 주체에 따라 자역 형성권(自域 形成權 · Zugriffsrecht)과 자타역 형성권(自他域 形成權 · Eingriffsrecht)으로 나뉜다.23) 자역 형성권의 경우에는 그 형성권의 행사가 형성권자 자신의 권리영역에만 접할 뿐, 타인의 권리영역에는 전혀 관여하지 못하거나 기껏해야 반사적으로 관여한다. 예를 들어 무주물 선점권이나 상속승인권 등이 그러하다. 이에 비해 자타역 형성권의 경우에는 그 형성권의 행사가 직접적으로 타인의 권리영역에 관여해 들어간다. 자

---

21) MünchKomm/Kaiser, (2001), Vorbem zu §346ff., Rn.1, 2, 70.

22) Helmut Staab, Gestaltungsklage und Gestaltungsklagerecht im Zivilprozeß, 1967, SS.29-32.

23) Seckel의 自他域 形成權(Eingriffsrecht) 개념은 다음과 같은 그의 제자들의 박사학위 논문에 채용되었다. Marckwald, Die condictio indebiti bei Zahlung in Unkenntnis der Aufrechnungsbefugnis, 1901; Burdorff, Rechtliche Natur des obligatorischen Vorkaufs- und Wiederkaufsrechts, 1902; Abraham, Geltendmachung der Aufrechnung und anderer Eingriffsrechte in der Vollstreckungsinstanz, 1902. 이 박사학위 논문들의 제목은 Seckel, S.213, Fn.4에서 재인용.

타역 형성권에는 동질성을 가지기 어려운 것들이 많이 포함되어 있는데, 이들은 형성과 관련된 자에 대한 효과의 측면에서 다음의 네 가지 종류로 다시 구분될 수 있다.[24] 첫째, 형성권자에게 유리하기만 한 자타역 형성권이 있다. 이 종류에 드는 권리의 행사는 타인의 권리영역에만 불리하게 작용할 뿐, 형성권자 자신의 권리영역에는 아무런 희생도 가져오지 않는다. 예를 들어 법정대리인의 동의 없이 법률행위를 한 행위무능력자의 취소, 무이자 소비대차에서 대주에 의한 해지 등이 이에 해당한다. 둘째, 형성권자만 불리한 자타역 형성권이 있다. 형성권자 자신의 권능을 희생물로 삼는 이 권리 행사는 단지 자신의 권리영역에만 불리할 뿐, 타인의 권리영역에는 유리하게 작용한다. 예를 들어 부담이 없는 유증에 대한 수증자의 포기, 제3자를 위한 계약에서 나온 수익에 대한 수익자의 포기 등이 이에 해당한다. 셋째, 형성권자에게 유리하기도 하고 불리하기도 한 자타역 형성권이 있다. 이 권리 행사는 희생과 희생을 교환하는 식으로 이루어지며, 자신의 권리영역과 타인의 권리영역에 유리하고도 불리하게 작용한다. 구체적으로 양 당사자에게 상대방의 법익과 관련되는 그 어떤 권리의 상실 내지 그 어떤 의무의 성립을 가져온다. 예를 들어 쌍방 채무관계의 취소, 이혼 등이 이에 해당한다. 넷째, 중립적인 자타역 형성권이 있다.[25] 이 권리의 행사는 형성권자 자신의 권리영역이나

---

24) Seckel, S.213f.

25) 형성권의 행사가 제3자에 의해 행해지도록 되어있는 경우에는 계약당사자들은 자신들을 공통적으로 의무지우는 제3자의 형성에 복속하게 된다. Seckel이 제3자의 급부지정권을 특히 일종의 "중립적" 형성권이라고 말한 이유는, 비록 제3자가 당사자의 법률관계를 결정짓지만, 제3자 자신이 당사자 사이의 법률관계 속으로 들어가지는 않기 때문이다. 실제로 제3자는 일반적으로 자신이 관여한 형성에 개인적으로 아무런 이해관계가 없다. 제3자는 다만 신뢰할 수 있는 중재자로서의 지위를 받아들이는 것이며, 이기적이 아닌 수탁자로서 타인의 법률관계를 규율하는 역할을 맡고 있다. 형성을 일으킨 제3자가 한 일은, 그렇지 않았다면 양 당사자가 같이 결말을 지어야만 했을 계약 내용의 확정을 떠맡아 "보충"함으로써 법률관계를 완성시킨 것이다. 따라서 Seckel의 중립적 형성권(neutrales Gestaltungsrecht)이라

형성상대방의 권리 영역에 특별히 유리하다거나 불리하게 작용하지 않는다. 예를 들어 제3자의 급부지정권이 이에 해당한다.

Seckel 자신은 이 구분을 상당히 중요시 여겨 그의 형성권 구분 관련 서술 중에서 가장 많은 부분을 차지하고 있다.26) 이 구분 방식은 형성권 문제를 다룰 때 형성권자 자신의 권리 영역에만 영향을 미치기 때문에 법률적으로 별 다른 문제를 일으키지 않는 자역 형성권을 논외로 할 수 있게 만들어 준다는 장점을 갖는다. 실제로도 형성권과 관련된 논의를 대할 때 일단은 자타역 형성권임을 전제로 한다고 보고 들어가도 무방하다.27) 그러나 이런 장점은 단점으로도 파악되는데, 보통 문제되는 형성권이 자타역 형성권이라는 점에서 굳이 자역 형성권과 자타역 형성권을 구분할 가치가 없으므로 후대의 학자들은 이 구분 방법을 거의 사용하지 않고 있다. 그리고 Seckel이 스스로 지적했다시피 자역 형성권과 자타역 형성권이 항상 명료하게 구분되는 것은 아니라는 점도 이 구분 방식의 단점이다.28) 그러나 형성권 행사의 효과가 구체적으로 누구에게 이익이 되고 누구에게 손해가 되는가에 따라 형성권의 포기성이나 양도성 인정 여부가 달라질 수도 있다는 점에서 이 구분 방식의 또 다른 의미를 찾아 볼 수도 있다.

는 표현은 "보충적 형성권 (ausfüllendes Gestaltungsrecht)"으로 대체될 수 있다. 이런 의미 외에는 보충적 형성권이라는 용어는 그 윤곽이 별로 확실하지 않다. Eduard Bötticher, Besinnung auf das Gestaltungsrecht und das Gestaltungsklagerecht, FS f. Hans Dölle, Bd.I, 1963, S.51f.를 참조하라.

26) Seckel, S.213f.

27) Jooss, S.6, Fn.32.

28) Seckel, S.213.

4. II.[형성권의 성립] 부분

Seckel에 의하면 형성권은 법률의 규정이나 법률행위에 의해 성립이 가능하다. Seckel은 법률의 규정에 의해 형성권이 성립하는 예로 취소권, 상계권, 포기권 등을 들고 있고, 법률행위에 의해 성립하는 예로는 환매권을 들고 있다. 그러면서 해지권, 해제권, 철회권, 선매권 등은 법률의 규정에 의해서도 그리고 법률행위에 의해서도 성립할 수 있다고 한다. 나아가 Seckel은 법률에 아무런 근거가 없다고 하더라도, 채권법 영역에서 당사자들이 합의에 의해 형성권을 새로 만들어내는 것을 허용한다고 보고 있다. 그리고 그 예로서 일종의 선임차권(Vormietrecht), 선용익임차권(Vorpachtrecht) 등이 가능할 것이라고 말하고 있다.[29]

이어서 Seckel은 형성권의 대부분을 차지하는 비독립적 형성권들을 그 성립상 특징에 의해 다시 3분하고 있다. 첫 번째 부류는, 형성권을 요소로 하는 주된 법률관계와 동시에, 동일한 구성요건을 통해 성립한다. 예를 들어 선택적 채권채무관계에서의 선택권이 그러하다. 두 번째 부류는, 형성권을 요소로 하는 주된 법률관계와 동시에 성립하기는 하지만, 동일한 구성요건을 통해 성립하지는 않는다. 예를 들어 취소권이 그러하다. 세 번째 부류는, 형성권과 연관된 법률관계와 동시에 성립하지도 않고, 동일한 구성요건을 통해 성립하지도 않는다. 예를 들어 이혼권이나 조합해산권이 그러하다.[30]

---

29) Seckel, SS.218-219. 선임차권이나 선용익임차권은 Seckel이 선매권의 구성을 염두에 두고 이론적으로 상정한 권리들이다. 즉 선매권자가 제3자에 앞서 선매권을 가지듯, 우선적으로 임차할 권리와 우선적으로 용익임차할 권리를 존재시키는 것도 가능하다고 본 것이다. 그런데 이러한 권리는 독일 실무에 의해 실존하게 되었다. 예를 들어 RGZ 123, 265, 267f.; RGZ 126, 123, 126; BGHZ 102, 237. Staudinger/Mader, (1995), Vorbem zu §§504ff., Rn.38f.

30) Seckel, SS.219-220.

5. III.[형성권의 양도] 부분

Seckel은 우선 형성권의 양도가능성과 불가능한 경우 일반을 논한다. 이때 유용하게 이용되는 것이 형성권을 독립적인 것과 비독립적인 것으로 나누는 것이다. 독립적 형성권은 형성권자가 이미 가지고 있는 권리적 지위나 의무적 지위와 연결되어 있지 않은 것이므로, 어느 때고 독립적으로 양도하는 것이 가능하다고 한다. 문제가 된다면 형성권의 존립이 형성의 효과가 야기될 수 있는 채권, 채무, 또는 법률관계의 존재에 의존되어 있는 비독립적 형성권의 경우이다. 여기서 Seckel은 형성권 일반의 양도성을 인정하고 출발한다. 그가 제시하는 법적 근거는 독일 민법 제413조[기타의 권리의 이전]이다. 이 조문의 해석을 근거로 법률에 의해 명시적으로 배제되지 않는 한 양도가 가능하다고 한다.[31]

이렇게 하여 도출된 형성권의 일반적인 양도성을 전제로 Seckel은 취소권과 해제권을 중심으로 비독립적 형성권의 양도성을 논하기 시작한다. 이 단계에서 Seckel은 취소권과 해제권이 영향을 미치는 채권채무관계가 어떤 종류의 것이고, 또 그 이행상태가 어느 정도인가에 취소권과 해제권의 양도성이 달려있다고 본다. 그는 우선 해당 채권채무관계가 편무계약 관계인가 쌍무계약 관계인가를 구분한다. 그리고 다시 채권자, 채무자, 또는 그 양자가 자신의 채무를 이미 이행했는지 여부에 따라 경우를 나누어 검토한다. 편무계약에서는 채무자의 채무 이행 여부에 따라 2가지로 나뉜다. 첫째, 아직 채무를 이행하지 않은 경우에 채무자의 해제권이 행사되면 본래의 채무를 면제시키는 기능을 하게 된다. 이러한 상황에서 채무자의 본래 해제권은 채무의 한 구성부분이라고 할 수 밖에 없다. 따라서 이 경우 해제권은 채무자의 채무와 더불어서만 양도할 수 있고, 해제권만 독립적으로 양도할 수는 없다고 한다. 이에 비해, 둘

---

31) Seckel, S.220.

째, 채무를 이행한 경우에 채무자의 해제권의 행사는 이미 이행된 급부가 원인이 되어 본래의 것과 다른 채권채무관계를 발생시키게 된다. 이러한 상황에서 채무자의 해제권은 본래의 것과 다른 법률관계를 발생시키는 독립적인 기능을 하게 되므로 본래 채무의 한 구성부분이라고 할 수 없다. 따라서 이 경우 해제권의 양도를 막을 이유가 없다고 한다. 쌍무계약에서는 채권자와 채무자 각각의 채무이행 여부에 따라 4가지로 나뉜다. 적용되는 논리는 편무계약에서와 마찬가지이다. 첫째, 양 당사자 모두 이행한 경우에는 해제권의 독립적인 양도가 인정되고, 둘째, 양 당사자 모두 이행하지 않은 경우에는 채권양도나 채무인수와 더불어서만 양도가 인정된다. 셋째, 해제권자에 의해서는 이행되었는데 상대방에 의해서는 이행되지 않았으면 해제권은 반대 급부청구권과 함께만 양도된다. 이에 비해, 넷째, 해제권자에 의해서는 이행되지 않고 상대방에 의해서는 이행된 경우에는 해제권자가 지고 있는 채무의 인수와 더불어서만 양도된다. 요컨대 Seckel은 취소권과 해제권 등의 비독립적 형성권들은 비독립적으로만 양도가 가능하다는 것이 원칙이나, 일정한 전제요건 아래, 즉 이행으로 채무가 소멸한 경우에는 형성권의 기능이 변화하면서 독립적으로도 양도될 수 있다고 보았다.32)

　Seckel의 채무이행단계에 따른 형성권 양도론은 주장되고 나서 별 호응을 받지 못했다. von Tuhr의 표현을 빌자면 Seckel의 이론은 너무 결의론적(zu kasuistisch)이라는 것이 그 이유였다.33) 채무의 이행단계는 외관만 가지고 측정해도 0%에서 100%까지 편차를 가지는 데다, 같은 수치로 나타나는 이행정도라 하더라도 당사자들이 처해 있는 개별 상황에 따라 이행단계에 대한 평가가 달라질 수 있으므로, 근본적으로 어떤 판단을 위한 객관적 기준이 되기에는 곤란하다고 하겠다.34)

---

32) Seckel, SS.220-222.
33) von Tuhr, Bd.I, S.226, Fn.25.
34) 형성권의 양도와 관련해서 자세한 것은 Seckel의 논문 이외에 앞, 3. Ⅰ.[형성권의 정의와 종류] 부분에서 소개한 Bydlinski나 Steinbeck의 저서를 참조하라.

6. IV.[형성권의 소멸] 부분

Seckel은 형성권의 소멸원인으로 법률행위, 권리자의 묵비(Verschweigung), 목적의 달성, 형성권 행사를 위한 기간의 만료, 해제조건의 성취, 면제 등을 들고 있다.[35] 그리고 형성권이 임의의 종류의 다른 권리와 선택적으로 경합하는 경우, 그 다른 권리의 행사는 형성권을 소멸시킨다고 한다. 예를 들어 채권자가 해제권 대신 손해배상청구권을 행사하게 되면 그와 함께 해제권은 소멸하게 된다.[36]

법률행위에 의한 소멸의 대표적인 예는 형성권 행사에 의한 소멸이다. 형성권은 행사로 인해 소진되어(konsumiert) 소멸한다. 그리고 또 형성권은 형성권자 일방에 의하거나 쌍방의 합의에 의해 포기될 수 있다. 형성권은 시효에 걸리지 않는 대신 제척기간에 걸려 소멸한다. 법률이나 합의에 의해 제척기간이 정해지지 않은 경우에는 형성상대방의 일방적인 기간설정에 의해 보충되는데, 이렇게 설정된 기간이 경과하면 그 형성권은 소멸한다.[37] 형성권은 또한 일종의 목적권이기 때문에 형성권 행사에 의하는 것 외의 다른 방법을 통해 형성목적을 달성한 경우 소멸한다. 그러나 형성권이 형성의 소를 통해 행사되도록 규정되어 있는 경우에는 원칙적으로 당사자들이 다른 방법을 통해 형성목적을 달성하는 것이 허용되지 않는다.[38] 그밖에 형성권자의 사망이나 혼동 등도 형성권의 소멸원인이 될 수 있다.[39]

---

35) Seckel, S.228f.
36) Seckel, S.228, Fn.2.
37) Seckel, S.231.
38) Seckel, S.233.
39) Seckel, S.234.

7. V.[형성권의 행사] 부분

이 부분은 Seckel의 형성권론에서 가장 많은 양을 차지하는데, 1.형성권 행사의 주체, 2.형성권 행사의 의무, 3.형성권의 행사 수단, 4.이중요건에 의한 형성 각론, 5.형성권 행사의 효과, 6.형성권 행사 효과의 소멸이라는 6부분으로 구성되어 있다. 각 부분은 다음과 같이 요약되는데, 다시 한 번 강조하건데, Seckel의 주장이 오늘날의 통설과 다를 수 있음을 감안할 필요가 있다.

[1. 형성권 행사의 주체]

Seckel에 의하면, 형성권 행사의 주체는 형성권자와 그에 상응하는 자이며, 복수의 형성권자나 형성상대방이 존재하는 것이 가능하다.[40)

[2. 형성권 행사의 의무]

형성권자는 형성권을 행사할 것인지 여부를 임의적으로 정할 수 있다. 그런데 Seckel은, 형성권이 권리임에도 불구하고 법률이나 합의에 의해 형성권 행사의 의무를 정할 수도 있다고 보고 있다.[41)

[3. 형성권의 행사 수단]

Seckel은 형성의 방법은 무방식의 일방적인 법률행위라고 밝히고 있다. Seckel에 따르면 형성의 효력 발동을 위해 때로는 실체법상 법률행위에 형성판결이나 형성결정 같은 국가의 행위가 덧붙여진다고 해도 형성권이 私權임에는 변함이 없다고 한다. 다만 국가의 행위가 덧붙여지는 관계상 형성권 행사에 관한 이론의 일부가 公法的 기반에 따라 움직이게 될 뿐이라고 한다.[42)

---

40) Seckel, SS.236.

41) Seckel, SS.236-237. Seckel은 형성권 행사의 의무화를 인정하고 있지만, 오늘날에는 의무화를 인정하지 않는 견해가 일반적이다. Kent Leverenz, Die Gestaltungsrechte des Bürgerlichen Rechts, Jura, 1996/1, S.7.

[4. 이중요건에 의한 형성 각론]

형성판결을 통해 형성을 이루는 것을 개인의 법률행위와 국가행위의 협력이라는 2중 요건으로 파악하는 것을 Seckel의 이중요건론이라고 한다. Seckel은 개인이 추구하는 私法的 결과를 개인이 단독으로 그리고 직접적으로 얻어내야만 하는 것은 아니라고 보았다. Seckel은 형성의 소를 통해 형성권을 행사하는 경우에도 그 주된 부분은 개인의 법률행위라고 보았다. 설령 개인의 형성의 소 제소행위가 외관상 소송행위로만 보인다 하더라도 제소행위는 실체사법적 효과를 위한 것이기 때문에, 굳이 私法的인 동인과 訴訟法的인 동인으로 분리시킬 필요가 없다고 한다.[43]

[5. 형성권 행사의 효과]

Seckel은 형성권 행사의 효과는 너무 다양해서 낱낱이 설명할 수는 없다고 한다. 재산법 관계만 해도 때로는 직접적으로 물권적 효과를 가지고, 때로는 채권에 의해 매개되는 효과를 가진다. 형성권이 물권적 효과를 가진다고 하여 형성권이 물권인 것은 아니다. 독일 민법상 어떤 권리가 물권인가는 법률만이 정하는 것이기 때문이다.[44]

[6. 형성권 행사 효과의 소멸]

Seckel에 따르면 형성효과를 소멸시키는 것은 장래를 향하여도 가능하고, 소급적으로도 가능하다고 한다. 그렇지만 Seckel은 법률행위에 의한 형성권 행사는 철회가 불가능한 것으로 해야 한다고 한다. 반면에 소송을 통해 형성권을 행사한 경우에는 판결이 확정되기 전까지 철회가 가능하다고 한다.[45]

---

42) Seckel, SS.237-238. Seckel, S.236에 있는 V.[형성권의 행사] 부분에 딸린 아주 짧은 도입부에서도 이 점이 강조되어 있다.
43) Seckel, S.239f.
44) Seckel, S.250.
45) Seckel, S.251, S.236 Fn.1.

8. Seckel의 형성권 개념에 대한 평가

앞서 살펴보았듯이 Seckel의 형성권론은 형성권 개념뿐만 아니라 형성권과 관련된 다양한 논점들을 고루 다루고 있다. 그러니 Seckel의 형성권론에 대해 평가하려면 그가 다룬 모든 논점을 대상으로 삼아야 할 터이지만 이 책이 형성권 개념의 역사적 전개에 초점을 맞추고 있으므로 여기서는 주로 Seckel의 형성권 개념 자체에 대해서만 평가하기로 한다.

우선 형성권 개념에 관한 한 Seckel의 정의는 독일 민법학에서 표준이다. Seckel 이후로 형성권에 대해 논하는 자는 누구든 Seckel을 언급하지 않을 수 없었으며, 그의 개념 정의에 약간의 수정을 가하려는 시도는 있어도 정면으로 반박하는 일은 없었다.46) 그렇지만 독일 법조계가 Seckel만을 형성권의 발견자로 대우하는 것은 약간 부당한 면이 있다는 생각이 든다. 형성권 개념의 전개 과정에서 살폈듯이 Seckel의 형성권 개념은 사실 Zitelmann과 Hellwig의 가능권 개념에서 비롯된 것이기 때문이다.47) 분명 보는 입장에 따라서는 Zitelmann의 가능권이나 Seckel의 형성권이나 큰 차이가 없다고 할 수도 있고,48) Zitelmann의 2차적 권리도 상위개념이고 Seckel의 형성권도 유개념이라는 면에서도 큰 차이가 없다고49) 말할 수

---

46) 그런 의미에서 우리들이 사용하는 법률용어는, 그것을 만들어낸 자가 사용한 바로부터 자유롭지 못한 면이 있다. 그 법률용어가 추상성을 가지는 思考의 對象에 관한 것인 경우에 특히 그러하다. Dölle, Entdeckungen, S.B12.

47) Abraham, S.15.

48) Seckel 스스로도 거의 비슷하다고 평가한 바 있다. Seckel, S.209

49) Seckel 이후로도 한 동안은 형성권과 가능권이 동의어로 사용되었던 것으로 보인다. 1910년대에 나온 Staudingers Kommentar나 Plancks Kommentar를 보면 Seckel의 형성권(Gestaltungsrecht)이라는 표현이 먼저 나오고, 이어 Zitelmann의 가능권(Recht des rechtlichen Könnens)이라는 표현이 병기되어 있다. Staudingers Kommentar, 5/6 Aufl., Bd.I, 1910, S.629; Plancks Kommentar, 4 Aufl.,

있다. 아무래도 Seckel이 받는 찬사의 많은 부분은 형성권이라는 용어의 마련, 형성권에 관한 명료한 개념 정의, 그리고 형성권과 관련된 다양한 논점들을 포괄적으로 다룬 논문쓰기 방식에 기인한 것으로 보인다.

1984년에 형성권에 관한 이론사 중심의 논문을 써서 이후 종종 인용되는 Steiner는 형성권을 권리에 귀속시킨 것이 Seckel의 가장 명료한 공헌이라고 평가한다.[50] Seckel 자신도 당시의 통설은 형성권(가능권)을 실체사법상 권리가 아니라고 보고 있다고 서술하고 있다.[51] 그러나 필자가 보기엔 이 부분의 설득력은 확실히 떨어진다. Seckel 이전의 법문헌을 살펴보면 다른 학자들도 형성권(가능권)을 권리에 귀속시켜왔다는 것이 명백하다. 그 당시 통설은 형성권에 해당하는 일정한 부류의 권리들이 권리가 아니라고 부정한 것이 아니라, 형성권을 소유권이나 채권 같은 구체적이고 개별적인 권리로 인정하지 않았을 뿐이다.[52] 그러니 형성권을 권리에 귀속시킨 것은 Seckel만의 공로는 아니라 할 것이다. 다만 그 당시 통설이 형성권의 권리성을 부정하고 있다는 Seckel의 지적이 상대적으로 설득력을 얻을 수 있는 것은 소송을 통해 행사되는 형성권, 즉 형성소권과 관련해서인데, 이는 근래에 이르기까지도 형성소권이 실체사법상 권리(사권)인가 공법상의 권리(공권)인가 다투어졌다는 사실에 비추어 보면 짐작할 수 있는 상황이다.[53] 요컨대 형성권을 권리에 귀속시킨 것이 Seckel의 공헌이라는 Steiner의 평가는 Seckel 이후로 형성권이 실체사법상 권리로서의 지위를 확실하게 인정받게 되었다는 측면에서 볼 때만 옳다고 하겠다.[54]

한편 Steiner는 Seckel이전에 가능권론에서 언급된 상위개념인 2차적 권

Bd.I, 1913, S.LXII.
50) Steiner, S.126.
51) Seckel, S.215.
52) Zitelmann, IPR, S.32.
53) 형성소권의 법적 성질과 관련해서는 Staab, S.5f.와, Jooss, S.9f.를 참조하라.
54) Steinbeck, SS.19-20.

리의 중요성을 Seckel이 제대로 인식하지 못했던 것 같다고 평가한다. Seckel은 Zitelmann이 취하고 있는 1차적 권리(＝지배권＝허용권55)＋당위권)와 2차적 권리(≒가능권)의 대립구조에서 2차적 권리를 가리키는 전문용어로서의 가능권이라는 표현이 가지는 법학적 의미를 거의 인식하지 못했던 것 같다는 것이다.56) 이러한 Steiner의 평가와 관련하여 Zitelmann의 용어사용법을 다시 한 번 살펴보자. Zitelmann은 가능권이라는 용어를 때로는 가능권을 가리키는 용어로 사용하기도 하고, 때로는 2차적 권리 중에 가능권이 가장 중요하다는 의미에서 2차적 권리를 가리키는 용어로 사용하기도 하였다.57) 아마도 Seckel은 이런 식으로 가능권이라는 용어를 혼동의 여지 있이 사용하는 것을 싫어했던 것 같다.58) 더욱이 무엇보다 Seckel이 보기에 모든 권리는 일종의 가능권에 해당했다. Seckel은 이러한 논지의 근거로 Endemann과 Jellinek를 인용하고 있다. Endemann에 따르면, 독일 민법전은 법적인 의미에서 가능이라는 단어를 가능이라는 원 의미에 걸맞게 가능권(Kannrecht)에 대해 사용했을 뿐만 아니라, 허용권(Darfrecht) 그리고 당위권(Sollrecht)에도 사용하고 있다고 한다.59) 그리고 Jellinek에 따르면, 사법상의 모든 권리는 필연적으로 일종의 허용성과 일종의 가능성을 내재하고 있으며, 가능성 없는 허용성이란 있을 수 없다고 한다.60) Seckel의 주장대로 법적 가능이라는 것이 1차

---

55) Seckel은 허용권이라는 표현을 허용권과 당위권을 모두 포함하는 넓은 의미의 것으로 사용하기도 한다. Seckel, S.207.

56) Steiner, S.124.

57) Zitelmann, IPR, S.32f.

58) Seckel은 사료 분석 작업에 몰두했던 이유에서인지 언어적으로 민감해 보인다. 예를 들어 그는 Zitelmann이 제안한 가능권(Recht des rechtlichen Könnens)이라는 용어의 결함으로 다음절이라는 것과, 언어적으로 변형시키기 불가능하다는 것을 지적하고 있다. 또한 자신이 제안한 형성권(Gestaltungsrecht)이라는 용어의 장점으로 발음하기 쉽고, 언어적으로 변형가능하다는 것을 들고 있다. Seckel, S.209f.

59) Endemann은 Seckel, S.210에서 재인용.

60) Jellinek는 Seckel, S.210에서 재인용.

적 권리와 2차적 권리 전부에 필연적으로 존재한다면, 2차적 권리를 가능권만 포함하는 것으로 보든 조금 더 넓게 보든 상관없이, 어떤 류의 권리만을 일컬어 가능권이라고 부르는 것은 부적합하다고 할 수 밖에 없다. 그런 시각을 가진 Seckel의 입장에서 Zitelmann식의 가능권 개념은 피해야 할 것이었다. 이렇듯 Seckel이 Zitelmann의 가능권이라는 용어에 호의적이지 않았다는 사실은 Seckel이 Zitelmann의 가능권론을 제대로 인식하는데 방해 요소로 작용하였을 것이다.

게다가 Seckel은 가능권이라는 용어뿐 아니라 가능권과 거의 동일시된 2차적 권리 개념에 대해서도 이의를 제기하고 싶어했던 것 같다. Seckel은 형성권을 그 당시 일반적으로 받아들여지던 2차적 권리(≒가능권)라는 상위체계에 결부시키지 않고 그 자체 독립적인 권리범주로 고찰했는데[61] 이는 그가 "2차적"이라는 것과 관련하여 다른 견해를 가지고 있었음을 의미한다. 2차적 권리와 관련하여 Zitelmann은 1차적 권리의 존재를 전제로 2차적 권리(≒가능권)가 1차적 권리에서 파생된다는 점을 중요시했다.[62] 이에 비해 Seckel은 형성권이 1차적 권리를 전제로 한다고 해도, 형성권 중에는 1차적 권리인 지배권을 성립시키는 것들도 있는데 이 후자의 경우 형성권은 1차적 권리의 前단계를 이루니 2차적 권리를 두고 1차적 권리에서 파생되는 권리라고 하면 적절하지 않게 된다.[63] 그렇다면 Seckel 입장에서는 형성권과 관련하여 이전의 학자들이 말하는 2차적 권리라는 표현을 사용하는 것을 꺼리게 되는 것은 당연하다. 그러므로 Seckel이 Zitelmann의 이론을 포함하여 이전의 가능권론에서 말하는 1차적 권리와 2차적 권리의 근본적 대립구조를 택하지 않은 것은, Steiner가 비판하는 것처럼 Seckel이 정말로 그 중요성에 대해 오해해서인지, 아니면 형성권 개념을 의식적으로 가능권 개념 혹은 2차적 권리군 개념과 구

---

61) 이 점은 Seckel의 형성권에 대해 논하는 대부분의 학자들이 이론의 여지없이 인정하고 있다. Steiner, S.125.

62) Zitelmann, IPR, S.32.

63) Seckel, S.208.

분시키려는 의도에서 그러했는지는 판단하기 쉽지 않다.

여태까지 중에 Seckel의 형성권 개념에 대해 가장 포괄적으로 비판한, 그렇기에 오히려 지지를 얻지 못한 이는 Adomeit인 듯하다. Adomeit가 Seckel과 그의 이론을 추종하는 학자들을 비판하는 바는 다음과 같다. 첫째, 형성권 그룹에 속하는 개별적인 유형이 너무 많아서 형성권과 비형성권의 경계 문제라는 논쟁의 여지를 만든다. 둘째, 모든 형성권에 동일한 방식으로 적용되는 일반 명제는 거의 찾을 수 없다. 셋째, 1차적 권리인 지배권 그룹과 2차적 권리인 형성권 그룹 사이에 그저 느슨한 연관밖에 존재하지 않음에도 불구하고 이 양자를 권리라는 일반개념 아래 나란히 포괄시키고 있다. 넷째, 형성 방법을 일방적 법률행위로 확정해 놓은 것의 합목적성을 인정하기 어렵다.[64] Adomeit는 자신이 비판한 바를 극복하기 위해, 형성권 체계와 법률행위론 사이의 연관을 재검토하는 작업을 했다. 그리고 위 네 가지 문제를 해결하기 위해 Adomeit는 형성 개념이 적용될 수 있는 한도에서 형성행위의 범위를 대규모로 확대시키는 시도를 감행했고, 결과적으로는 거의 모든 법률행위가 형성행위에 해당하게 되었다. 예를 들어 계약도 당사자가 법률관계를 형성시키는 것이므로 형성권에 바탕을 둔 형성행위에 해당한다는 식이었다.[65] 결국 형성권 개념을 혁신적으로 변경시키려던 Adomeit의 시도는 그 도가 지나쳐서 다수의 지지를 얻어내지 못했다.[66] 설령 Adomeit의 비판이 옳다 하더라도 그러한 문제점은, 형성권이 권리 체계론에서 파생된 분류학적 개념이고, 따라서 어디까지를 형성권에 포함시킬 것인가에 대한 정답이 없다는 데 기인하므로, 단순히 형성권 범위의 확대만으로 해결될 성질의 것이 아니었던 것이다.

형성권은 당사자 일방이 법률관계에 미치는 힘을 전제로 한다. 그리

---

64) Adomeit, S.8f.

65) Adomeit, S.13f.

66) Alfred Söllner, Literatur (Klaus Adomeit, Gestaltungsrechte, Rechtsgeschäfte, Ansprüche, 1969), AcP 170, 1970, S.76.

하여 형성권 개념은 법률관계의 변동과 관련한 여러 법현상들에 연결될 여지를 가지며, 이는 아주 다양한 형성권 개념이 공존하는 이유가 된다. 그러나 그렇게 형성권 개념을 확장시키다 보면 형성권에 대한 공통적인 규율을 세운다는 것이 거의 불가능해 진다. 그래서 형성권 개념을 넓게 확대하는 것의 대안으로 형성권 개념을 내부적으로 체계화시키는 방법이 선택될 수도 있다. 그러나 형성권 개념을 내적으로 세분하는 것 또한 형성권 개념에 대한 이론 전개가 단지 개념을 위한 개념 내지 구분을 위한 구분으로 변질되게 하는 원인이 된다. 그러므로 형성권 개념을 적당히 넓으면서 적당히 좁게 파악하는 것이 필요하다.[67] 이렇듯 적당한 수준에서 형성권의 체계를 수립하여 형성권 개념이 지나치게 팽창되거나 지나치게 분해될 위험을 덜어낸 것이 필자가 생각하기에는 Seckel의 중요한 기여가 아닌가 한다.

---

67) Seckel, S.209.

제5장 Emil Seckel 이후의
형성권 관련 논의

1. Seckel 이후의 형성권 이론사 개요

20세기 초반 독일에서 가장 영향력이 있던 민법학 저서 중의 하나로 Windscheid의 것을 들 수 있다. Windscheid의 사후에 Kipp이 저술을 이어 받아 펴낸 1906년 "Lehrbuch des Pandektenrechts" 제9판을 보면, Kipp은 실체법상 권리를 분류하는 부분에서 Seckel의 형성권론에 동의함을 명시하고 있다.[1] Seckel의 형성권론이 나온 지 겨우 3년 후라는 점을 고려할 때, Seckel의 형성권 개념이 당시 학계에 순조롭게 수용되었음을 짐작하게 하는 대목이다.

그런 한편 Seckel의 형성권론 이후 1920년대 중반에 이르기까지 독일 민법학 저서나 민사소송법학 저서에서 거론된 것 외에는 모노그라피 형태로는 이렇다 할 형성권 관련 문헌이 나오지 않았다. 그 당시 문헌들의 출간 상황과 상호 인용 상태들을 복합적으로 점검할 때 필자는 다음과 같은 이유 때문이 아니었나 하고 추론해 보았다. 첫째, Seckel의 형성권론은 나오자마자 학계의 보편적인 호응을 얻어 별다른 이론의 여지없이 법률가들 사이에 표준으로서 받아들여졌던 것 같다. 둘째, 형성권이 유 개념인 까닭에 권리 체계상 의미를 논외로 하면 실무상 즉각적인 효용

---

1) Windscheid/Kipp, S.163.

성이 그다지 크지 않아 법률가들이 학문적인 찬사 외에 별다른 이의를 제기할 유인을 느끼지 못했을 수도 있다. 셋째, 1900년 독일 민법전의 시행으로 활발했던 독일 민법학계의 논의들이 전체적으로 1910년대에 벌어진 세계 제1차 대전의 영향을 받아 갑작스런 중단되게 되었던 사정도 영향을 끼쳤을 것 같다.

이후 1920년대 중반 특히 1930년대 들어 양질의 형성권 관련 모노그라피가 여럿 나왔다. 이는 아마도 1924년에 Seckel이 사망하면서 그의 학문적 성과들이 재조명된 때문이 아닐까 싶다. 1940년대는 전쟁의 여파이겠지만 별다른 문헌을 찾아볼 수 없다. 형성권론에 대한 르네상스는 1960년대에 이루어졌다. 1960년대에 형성권론이 주목받은 것은, 1957년에 Dölle가 제42차 독일법률가대회(DJT)의 연설에서 Seckel의 형성권 개념을 위대한 발견이라고 치하했을 때 이미 예견된 것이었다.[2] 1960년대의 활발함은 1970년대로 이어졌고, 이후 현재에 이르기까지 형성권에 관한 논의는 꾸준히 계속되고 있다.

이하에서는 Seckel 이후의 형성권 관련 논의들을 관련 저서의 출간 연대 순서대로 살펴보기로 한다.

2. Andreas von Tuhr

Seckel의 형성권론이 나오고 한 10년 동안 이렇다 할 비판이 없었다.

---

2) Dölle 자신도 형성권의 본질에 대한 논문을 썼으며, 이 보다 앞서 Bötticher 는 Dölle를 위한 기념 논문집에 1960년대 형성권 관련 저술 중 가장 중요한 논문의 하나로 평가받는 글을 발표하였다. Hans Dölle, Zum Wesen der Gestaltungsklagerechte, FS f. Eduard Bötticher, 1969, SS.93-99; Eduard Bötticher, Besinnung auf das Gestaltungsrecht und das Gestaltungsklagerecht, FS f. Hans Dölle, Bd.I, 1963, SS.41-77.

그 당시 대부분의 독일 민법학 문헌과 민사소송법학 문헌이 형성권을
취급했는데, Seckel의 형성권 개념은 거의 그대로 받아들여졌다. 그 시
대의 저서 중에서, 비록 형성권에 관한 모노그라피는 아니지만, 1910년
부터 나온 von Tuhr(1864-1925)의 민법학 저서 "Der Allgemeine Teil des
Deutschen Bürgerlichen Rechts"가 형성권을 포괄적으로 다루고 있다.

von Tuhr는 형성권 후보 권리들 중에서 그 권리행사의 효과가 타인의
권리영역에 관여해 들어가는 것만을 형성권에 포함시켰다. 이러한 von
Tuhr의 태도는 권리 행사의 일방성을 강조한 나머지 무주물 선점권처럼
그 효과가 타인의 권리영역과 관여되지 않는 것까지 형성권에 포함시켰
던 Seckel의 태도와 다르다. 구체적으로 von Tuhr는 권리를 크게 1차적
권리(본원적 권리)인 지배권과, 1차적 권리를 전제로 하는 2차적 권리
로 나누었다. 그리고 2차적 권리를 다시 형성권(Gestaltungsrecht), 권한
(Machtbefugnis), 그리고 그밖의 2차적 권리로 나누었다. 그리고 형성권을
또 다시 적극적 형성권(성립형, 변경형 형성권)과 소극적 형성권(소멸형
형성권)으로 나누었다.3) von Tuhr가 이렇게 성립형과 변경형의 적극적
형성권과 소멸형의 소극적 형성권을 분리시켜 서술한 것은, von Tuhr가
형성권의 다양한 법적 효과에 정향되어 있는 Bekker나 Crome 식의 연구
방향을 채택하고 있음을 보여준다. Bekker나 Crome의 영향은 von Tuhr가,
법률행위에 의해 행사되는 형성권이나 소송을 통해 행사되는 형성소권
이나 결과적으로 같은 법적 형성효과를 가져온다는 면에서, 소송을 통해
행사되는 형성소권을 법률행위에 의해 행사되는 형성권과 마찬가지로
형성권에 포함시켰다는 점에서도 드러난다.4) 형성의 방법과 관련해서
Seckel은 소의 제기나 신청을 거쳐 이루어지는 형성도 넓은 의미에서 개
인의 법률행위에 의한 형성으로 보았었다.5) 이에 비해 von Tuhr는 법률
행위에 의한 형성과 소송행위를 통한 형성이 모두 실체법 관계에 영향

---

3) von Tuhr, Bd.I, §7, S.164f.; §11, S.218.
4) Steiner, S.130f.
5) Seckel, S.239f.

을 미치는 형성권 행사행위라고 보면서도, 형성권을 소송을 통해 행사할 때 실체법 관계에 영향을 미친다는 사실이 그 행위에 법률행위적 성격을 주지는 않는다고 하여 견해의 차이를 보였다.6)

von Tuhr는 적극적 2차적 권리를 §7에서 다룬데 비해, 소극적 2차적 권리는 서술상 간격이 있는 §10에서야 비로소 다루고 있다.7) 그러니까 형성권 중에서도 적극적 형성권(성립형, 변경형 형성권)에 관한 설명은 §7에 있고, 소극적 형성권(소멸형 형성권)에 관한 설명은 §10에 분리되어 있다. von Tuhr는 §7에서 잠시 소멸형 형성권은 그 전제가 되는 권리에 대한 반권(Gegenrecht)이며, 그 기능상 소극적 권리(negatives Recht)에 해당한다고 서술한 바 있다.8) 그리고 이제 소극적 2차적 권리를 본격적으로 다루는 §10에 와서, 소멸형 형성권과 나머지 일반적인 소극적 권리를 구분하고 있다. 소멸형 형성권은 상속의 포기처럼 법률관계 자체를 제거하는데 비해, 나머지 일반적인 소극적 권리는 상계처럼 개별적 권리를 제거시킨다는 점이 그 차이이다. von Tuhr는, 항변권은 소극적 권리의 특수한 종류이기는 하지만, 그렇다고 소멸형 형성권에 속하는 것은 아니라고 한다. 그 이유로는, 취소권 같은 소멸형 형성권은 그 권리(취소권)와 연결되어 있는 법률관계(취소권이 걸려 있는 법률관계)를 향해 작용을 하는 것이지만, 항변권은 항변권이 걸려 있는 법률관계는 그냥 두고 그 법률관계상의 권리(채권)에서 비롯된 청구권을 향해 작용하는 것이라는 점을 들고 있다.9)

von Tuhr를 종합해 볼 때, 그는 형성권 자체를 파악하는 것뿐만 아니라, 형성권을 권리 체계 전체와의 관련 속에서 보는 것에도 성공하고 있다. 즉 von Tuhr는 Seckel에 의해 포착되기는 하였으나 그 본질이 분명하

---

6) von Tuhr, Bd.II-1, S.157.

7) von Tuhr, Bd.I, §10, S.195f.

8) von Tuhr가 사용하는 소극적 권리(negatives Recht) 개념도 Bekker에게서 가지고 온 것이다. von Tuhr, Bd.I, §7, S.164.

9) von Tuhr, Bd.I, §10, S.197; §17, S.291.

지 않았던 부분이나, 전체적으로 볼 때 독일의 민사법 체계와 잘 어울리
지 않던 부분을 상대적으로 명료하게 설명하고 있다. 다만 von Tuhr가
형성권이라는 표현대신에 2차적 권리라는 표현을 선호하고 있다는 점은
주의할 필요가 있다.[10] 2차적 권리에는 형성권만 있는 것은 아니므로 오
해의 소지가 있음에도 불구하고 von Tuhr가 그 같은 표현을 선호한 것은,
2차적 권리라는 용어가 형성권이 전제로 하고 영향을 미치게 되는 1차
적 권리와 법률관계에 대응함을 잘 보여주기 때문이라고 여겨진다.

3. Ludwig Enneccerus

 1889년에 취득권능(Erwerbsberechtigung)을 서술하면서 형성권 개념의
정립에 일조를 한 바 있었던[11] Enneccerus(1843-1928)는 Seckel에 의해 형

---

10) von Tuhr, Bd.I, §7, S.160f.

11) Seckel의 형성권론이 나온 1903년 보다 이른 1889년에 Enneccerus는 "Rechtsgeschäft,
 Bedingung, und Anfangstermin"이라는 저서에서 "취득권능(Erwerbsberechtigung)"
 에 대해 서술한 바 있다. Enneccerus는 이때까지 독일 민법학계에 의해 인정
 된 권리의 종류들에 포함될 수 없었던, 권리나 법률관계를 권리의 목적으로
 하는 종류의 권리가 있다는 사실을 파악해냈다. Enneccerus는 새로 발견한
 이 권리를 채권이나 물권 같은 1차적 권리는 아니지만, 그 권리의 소지자에
 게 소유권을 취득할 힘을 주는 권능으로 파악했다. Enneccerus가 취득권능
 의 대표적인 예로 든 것들은 수렵권, 어업권, 발견자의 권리, 강제수용권
 (Expropriationsrecht), 상속권능(Erbberechtigung) 등이다. 예로 들어진 권리들은
 법률관계를 성립시킨다는 점에서 설정형(성립형) 형성권과 유사한 면이 있
 기는 하다. 하지만 이 중에서 Enneccerus가 역점을 두고 설명하고 있는 부분
 은 사법상 형성권이 아니라 공법상 권리라고 할 것들이라는 점에 Enneccerus
 의 한계가 있다. 자세한 것은 Ludwig Enneccerus, Rechtsgeschäft, Rechtsgeschäft,
 Bedingung, und Anfangstermin, 1889, S.600f.를 참조하라.

성권의 개념이 정립되어 대부분의 학자들이 Seckel의 형성권 개념을 인
용하게 된 이후에도 자신만의 길을 갔다. 1908년에 나온 Enneccerus의
"Lehrbuch des Bürgerlichen Rechts" 제3판을 보면, 그는 그 당시 이미 일반적
으로 사용되던 형성권이라는 용어 대신에 변동권(Recht auf Rechtsänderung)
이라는 용어를 택하고 있다.12) 앞서 소개했다시피13) 이 변동권이라는 용
어는 1903년에 나온 Hellwig의 "Lehrbuch des deutschen Civilprozeßrechts"에
서 사용된 바 있다. Enneccerus의 변동권론을 살펴보면 그는 권리를 지배
권, 청구권, 변동권(형성권)으로 3분하고, 변동권에 특별한 위상을 부여
하고 있다. 그가 변동권(형성권)이라고 나열한 것들은 취득권능, 소멸
권,14) 항변권, 좁은 의미의 변동권,15) 강제수용권, 선거권 등이다.

Enneccerus의 변동권과 Seckel의 형성권의 주된 차이점은 Enneccerus가
권리자에 의한 일방적인 권리 행사 없이도 권리변동의 효과를 인정하고
있다는 데에 있다.16) 즉 Enneccerus는 변동권을, 권리자의 의사표시에 의
해 법률관계의 성립, 변경, 또는 소멸이라는 효과를 발생시키는 것을
가능하게 하거나, 또는 권리자의 의사가 없이도 권리자에게 이익이 되
는 상황이17) 일어나게 하는 것을 가능하게 하는 법적 힘이라고 보았다.

---

12) Ludwig Enneccerus, Lehrbuch des Bürgerlichen Rechts: Allgemeiner Teil des
Bürgerlichen Rechts, 3 Aufl., 1908, S.280f., 특히 Fn.12.

13) 앞, 제3장 Emil Seckel 이전의 형성권 관련 논의, 6. Konrad Hellwig의 변동권
부분을 참조하라.

14) 해제권, 해지권, 취소권, 철회권 등 오늘날의 전형적인 형성권들. Ludwig
Enneccerus/ Hans Carl Nipperdey, Lehrbuch des Bürgerlichen Rechts, Allgemeiner
Teil des Bürgerlichen Rechts, Bd.I, 14 Aufl., 1952, S.281.

15) 법률관계의 동일성을 상실시키지 않으면서 존재하는 법률관계를 변경시키
거나 자세히 정하는 권리. 예를 들어 선택채권에서의 선택권. Enneccerus/
Nipperdey, Bd.I, 14 Aufl., SS.281-282.

16) Klaus-Peter Starke, Rückgängigmachung ausgeübter Gestaltungsrechte, 1985, S.3.

17) Enneccerus는 자신의 의사가 개입하지 않고도 권리변동이 일어나는 예로 독
일 보통법상 유언상속에 의해 상속이 개시되었을 때 상속인이 상속된 물권
의 소유권자로 되는 경우를 들고 있다. Enneccerus/Nipperdey, Bd.I, 14 Aufl.,
S.280, Fn.11.

결과적으로 Enneccerus의 변동권은 권리자의 의사 없이 법률관계에 변동을 일으키는 것을 인정하므로, 형성을 위해서는 권리자의 의사표시나 의사의 실현을 요구하는 Seckel의 형성권보다 그 범위가 더 넓게 된다. Enneccerus가 형성권이라는 용어를 따르지 않고 변동권(Recht auf Rechtsänderung)이라는 표현을 사용한 것도[18] 아마 이러한 개념적 확대로 인한 차별화 의도에서 비롯된 것일 수도 있다.

그러나 권리자의 의사 없이 법률관계에 변동을 일으킬 수 있는 경우를 변동권에 포함시킨 Enneccerus의 생각은 다음과 같은 점에서 옳지 않다. Windscheid 이래 Enneccerus 당시 통설적인 권리 개념에 따르면, 권리란 법질서에 의해 부여된 의사력 또는 의사의 지배이다.[19] 그러므로 Enneccerus가 말하는 바와 같이 변동권이 권리이려면 법적인 변동을 가져오려는 권리자의 의사가 필수적으로 존재해야 한다. 그런데 Enneccerus는 법적인 변동이 권리자의 의사와 상관없이 일어날 수도 있다고 보았으므로, 그의 변동권에는 권리자의 의사를 필요로 하지 않는 권리까지도 포함되어 있다. 그리하여 그의 변동권 개념은 Windscheid 이래 굳어져 통용되는 권리 개념과 조화되지 않는다. 그런고로 Enneccerus의 변동권 개념은 적절하지 못한 면을 가진다.[20]

Enneccerus 이론의 또 다른 한계는, Enneccerus는 변동권(형성권)과 관련하여 여전히 사법적 권리보다 강제수용권 같은 공법적 권리들에 중점을 두고 있다는 사실이다. 이렇듯 Enneccerus의 변동권론은 독일 민법학상 형성(권리변동) 관련 논의에 집중하지 못하고 오히려 공법적 의미를 강조한 까닭에, 결과적으로 민법학상 형성권론의 발전에 별다른 기여를 하지 못한 것으로 평가받는다.[21]

---

18) Enneccerus/Nipperdey, Bd.I, 14 Aufl., S.275.
19) Windscheid, Bd.I, 9 Aufl., SS.155-156.
20) Starke, S.3.
21) Enneccerus는 변동권을 먼저 표기하고 괄호 안에 형성권이라는 단어를 집어넣고 있다. Nipperdey가 손을 댄 "Lehrbuch des Bürgerlichen Rechts" 제14판

4. Josef Fenkart

1925년에 나온 형성권의 본질과 그 행사에 대한 Fenkart의 저서 "Wesen und Ausübung der Gestaltungsrechte im schweizerischen Privatrecht"는 스위스 민법학상 형성권을 대상으로 하는 것이지만, 저서 안에 인용되고 있는 스위스 민법과 독일 민법 조문들 사이의 근소한 차이를 논외로 하면 그의 논의는 그대로 독일 민법학에도 적용된다. 실제로 Fenkart는 자신의 형성권론에서 스위스 민법 조문뿐만 아니라 독일 민법 조문들을 여기저기서 인용하고 있다. 그렇다고 독일 민법학계를 전체적으로 살필 때 Fenkart라는 스위스 법률가가 특별히 중요한 학자로 취급되지는 않았던 것 같다. 하지만 1925년에 나온 Fenkart의 형성권 관련 저서는, Seckel(1903) 이후 이렇다 할 형성권 관련 모노그라피가 없던 상황과 형성권 관련 논문이 양산되는 1930년대 사이의 중간 시기에 나온 저술이라는 점에서 일별할 가치가 있어 보인다. 아울러 Fenkart의 형성권론의 의미는, Seckel에 의해 정립된 형성권 개념이 독일 민법학계뿐만 아니라 독일식 민법 체계를 따르는 스위스 민법학계에까지도 성공적으로 받아들여졌다는 사실을 증명해주고 있다는 데서도 찾을 수 있다.

Fenkart는 형성권 개념에 관한 한 Seckel에 의해 확정된 것으로 보고 더 이상 문제 삼지 않고, 형성권의 권리성 확인과 권리변동을 가져오는 형성권의 정당화에 초점을 맞추어 이해하기 쉽게 서술하고 있다. 즉 Fenkart는 형성권의 본질이 법적 지위의 변동을 초래하는 데 있다고 보

(1952)에서야 비로소 이 두 개념이 역순서로 나타난다. 그렇다고 Nipperdey가 Enneccerus의 서술 부분에 본질적 변경을 가한 것은 아니다. Enneccerus의 이론은 1952년에 Nipperdey가 저술을 이어받았을 때도 본질적으로 변하지 않았다. Steiner, S.133.

아 다른 권리로부터 형성권을 구분하는 것에서 자신의 형성권론을 시작한다. Fenkart에 의하면 권리는 본질적으로 외적 모멘트와 내적 모멘트라는 두 가지 모멘트를 가진다. 외적 모멘트는 법질서에 의해 수여되고 보호되는 일정한 객체에 대한 힘이며, 내적 모멘트는 권리 주체의 이익이다. 형성권의 경우에 기초가 되는 보호가치 있는 이익으로 드러나는 것이 바로 법적 지위의 변동의 초래이다. 법적 지위는 일반적으로 법적 존재나 법률관계가 새로 성립하거나 변경되거나 소멸될 때 변동한다. 따라서 형성권을 가지는 권리주체는 새로운 법률관계를 성립시키거나 변경시키거나 소멸시키는 것에 관한 권리를 가진다고 말할 수 있다.[22]

Fenkart에 의하면 법적 지위의 변동은 일반적으로 두 권리영역 내지 두 권리주체가 관여되어 일어난다. 그런데 형성권에서 중요한 것은 그 변동 자체가 아니라, 그 변동이 일어나는 방식이다. 한 권리주체가 법적 지위의 변동에 관한 권리를 가지고 있는 경우, 두 가지 방식으로 그 권리의 목적이 달성될 수 있다. 그 한 가지 방식은, 권리자가 법적으로 정당한 자격을 가지고 타 권리영역의 주체에게 권리의 변동을 요구하는 결과로 변동이 이루어지게 하는 것이다. 여기서 권리자의 권리는 타인에게 권리를 변동시키는 행위를 요구하는 자격이라는 측면에서 논구될 수 있다. 이 경우 만약에 타인인 의무자가 자신의 의무를 이행하지 않아 권리자가 원하는 결과가 초래되지 않으면, 권리자는 의무자에게 이행을 직접강제하거나 대체이행을 받는 것이 가능하다. 다른 한 가지 방식은, 권리자로 하여금 타인에게 권리를 변동시키는 행위를 요구하게 할 필요 없이, 권리자에게 직접적으로 권리변동을 일으키는 힘을 인정해주는 것이다. 이 경우에는 권리변동을 일으키는 것이 권리자의 독점적인 힘 영역의 본질을 이루게 된다. 형성권은 이 후자의 방식에 해당한다. 법질서는 형성권자에게 형성권을 부여함으로써, 형성권자로 하여금 타인인 상

---

22) Josef Fenkart, Wesen und Ausübung der Gestaltungsrechte im schweizerischen Privatrecht, 1925, SS.3-6.

대 권리영역 주체의 의사에 상관없이 직접적으로 권리변동이라는 법적
효과를 가져 오는 것을 허용하고 있는 것이다. 법질서에 의해 인정되고
보호되는 형성권자의 이익은 권리자가 자신의 이익에 상응하는 형성을
직접 이룸으로써 만족되는 것이다.[23)]

5. Eduard Bötticher

1960년대 나온 형성권론의 특징은 형성권 자체의 속성과 형성권이 관
여되는 법률관계의 속성을 논구하여 형성권 개념을 私法 영역 일반으로
확장시키고 있다는 점이다. 그 대표적인 인물이 Bötticher(1899-1989)인데,
그는 私法的 개념인 형성권이 가지고 있는 사회학적 색채를 드러내어
형성권 개념의 적용 영역을 사회법학 쪽으로 넓혔다. Bötticher는 1963년
에서 1964년 사이에 형성권에 관한 주요 논문을 잇달아 발표했다. 1963
년 논문은 "Besinnung auf das Gestaltungsrecht und das Gestaltungsklagerecht"
이고, 1964년 논문은 "Gestaltungsrecht und Unterwerfung im Privatrecht"이
다. 1964년 논문은 여러모로 1963년 논문의 계속으로 보이며, 1964년 논
문의 표지에 따르면 이 논문이 이미 1963년에 강연된 바 있으니 두 논문
은 애초에 같이 기획된 듯하다. 둘 중에 파급력이 더 컸던 것은 1964년
논문인데, 이 논문의 핵심어는 단연 형성상대방의 "복속(Unterwerfung)"
이다. Bötticher는 형성권자에 대립하여 복속하는 존재인 형성상대방의
상태에 중점을 두고 있다.[24)] 형성권자와 형성상대방의 관계가 사법관계

---

23) Fenkart, S.7.

24) Bötticher는 형성상대방의 "복속"을 미국의 법이론가 Hohfeld가 말하는
   "liability"에 상응하는 것이라고 평가하고 있다. Eduard Bötticher, Gestaltungsrecht
   und Unterwerfung im Privatrecht, 1964, S.7. Hohfeld는 법개념을 명료히 하는

임에도 불구하고 형성권자는 형성상대방에게 일정한 법적 지위를 강제할 수 있고 또 법적 지위를 상실시킬 수도 있다. 이러한 형성권자와 형성상대방 사이의 관계를 설명해주는 복속 개념은 첫 눈에는 민사법상 당사자 동등에 바탕을 둔 계약원칙에 모순되는 것처럼 보인다. 그렇지만 민사법상 형성권이 당사자 사이의 복속을 내포한다고 하여 그것이 민사법상 당사자 동등에 바탕을 둔 계약원칙에 모순된다고 잘라 말할 수는 없다. 형성상대방이 형성권에 복속하는 것은 법률이나 당사자의 합의에 근거를 두는 것이기 때문이다. 이러한 점에서 Bötticher는 형성권에는 형식적 계약원칙이 아니라 실체적 계약원칙 내지 실체적 협동원칙을 파괴하는 측면이 있다고 지적한다. 또한 Bötticher는 복속관계라는 점에서 사법상 형성행위가 개념적으로 공법적 행위(öffentlichrechtlicher Akt)에 가깝다는 사실에 대해 이론의 여지가 없다고 한다. 예를 들어 민법상 고용계약에서 노무자는 노무청구권자의 지시에 따를 일종의 복종의무를 가지는데, 그로 인해 고용관계는 공법적 관계에 특유한 지시—복속관계라는 징표를 가지게 된다는 것이다.[25]

Bötticher에 의하면 형성권자가 형성상대방을 상대로 행사할 수 있도록 허용된 형성권의 세력범위는 형성상대방이 복속해야 하는 정도와 상응한다. 그러므로 복속의 정도가 적당한가 여부의 판단이 필요해지는데 이에는 형성상대방이 타인의 형성권 아래로 복속해야만 하는 상황에 대

것만으로도 법률상의 많은 문제들이 해결될 수 있다고 주장하면서 그 당시 미국 법조계에서 사용하고 있던 기본적인 법개념들을 재정리했다. Hohfeld 는 "right(권리)"의 대응짝은 "no right(권리 없음)"가 아니라 "duty(의무)"이고, "right"의 한 형태(요소)인 "power(권능)"의 대응짝은 "disability(권능 없음)"가 아니라 "liability(권능을 가진 자의 처분아래 놓인 상태)"라고 보았다. Wesley Newcomb Hohfeld, Some Fundamental Legal Conceptions as Applied in Judicial Reasoning, Yale Law Journal, vol.23, 1913, p.30f. Hohfeld의 글과 관련해서는 김도균, 법적 권리에 대한 연구(I), 서울대학교 법학 제43권 제4호, 2002, 171~228면, 특히 182면 이하를 참조하라.

25) Bötticher, Unterwerfung, S.8.

한 고려가 들어가야 한다. 독일의 민사법 체계는 형성권 제도를 인정함
으로써 실체적 계약원칙의 파괴가능성을 내포하고 있는 복속을 허용
하는 만큼 허용되는 복속의 초래가 적절한 수준을 넘지 않도록 통제하
고도 있다. 형성 또는 복속이 일어나는 것에 대한 법률적인 통제는 독
일 민법 제134조[법률상 금지]나26) 제138조[양속위반의 법률행위]27)
와 같은 일반조항만을 전제로 하는 것이 아니다. 예를 들어 사인처분
(letztwillge Verfügung)의 유효성이 사인처분자가 아닌 타인의 의사에 복속
되는 것을 배제시키는 독일 민법 제2065조[제3자에 의한 결정의 금
지]28) 같은 특별규정도 주체의 제한이라는 점에서 통제기능을 한다. 복
수의 형성권자가 공동으로만 형성을 일으킬 수 있도록 되어있는 경우에
는 그 타 형성권자의 동의가 형성권자 서로를 통제하는 기능을 한다. 그
리고 고용계약상 형성권의 경우에는 연방노동법원도 통제기능을 맡고
있다. 또한 형성권을 소송을 통해 행사하도록 되어 있는 경우에는 국가
의 사법절차가 통제기능을 한다. 그런데 소송을 통해 형성권을 행사하는
경우 형성권자에 대한 복속 외에 국가사법에 대한 복속이라는 문제가
부가된다. 그러나 국가사법에 대한 복속이라는 측면도 그 복속의 기초는
실체법에 존재한다는 전제가 있으므로 법률행위를 통해 행사되는 형성
권과 그 본질에서 크게 다르지 않은 것이 된다.29)

---

26) 독일 민법 제134조 [법률상 금지] 법률의 금지에 위반하는 법률행위는, 그
   법률로부터 달리 해석되지 아니하는 한, 무효이다.
27) 독일 민법 제138조 [양속위반의 법률행위] ① 선량한 풍속에 반하는 법률
   행위는 무효이다. ② 특히 타인의 궁박, 무경험, 판단능력의 결여 또는 현저
   한 의지박약을 이용하여 어떠한 급부의 대가로 자신에게 또는 제3자에게
   그 급부와 현저히 불균형한 재산적 이익을 약속하게 하거나 공여하게 하는
   법률행위는 무효이다.
28) 독일 민법 제2065조 [제3자에 의한 결정의 금지] ① 피상속인은 자신의 사
   인처분이 유효할 것인지 아닌지를 타인이 결정해야 하는 방식으로 사인처
   분을 할 수 없다. ② 피상속인은 (자신의 사인처분에 의해) 출연된 재산을
   보유할 사람의 결정이나, 출연 대상물의 결정을 타인에게 맡길 수 없다.
29) Bötticher, Besinnung, S.56.

형성권론과 관련하여 Bötticher의 가장 큰 공헌은 그가 복속 개념을 집중적으로 탐구함으로써 형성권 제도의 법적 사회적 기능을 밝혔다는 점이다. 그런 점에서 Bötticher는 이제까지 형식과 구조에만 머물렀던 형성권 분석을 그 목적과 기능까지로 확대시켰다고 평가받는다.[30] 사실 Bötticher가 강조한 복속 개념은 일찍이 Savigny나 Windscheid에게서도 찾아 볼 수 있다. 비록 형성권(또는 가능권)에 대한 설명과 직접 연결되는 것은 아니지만, Savigny나 Windscheid는 채권이나 청구권 개념과 관련하여 권리가 어떤 종류로 분류되든지 타인의 의사에의 복속(Unterwerfung)을 포함한다는 점을 지적했다.[31] Bötticher가 이들이 강조한 타인의 의사에의 복속을 의식했는지 안 했는지는 불분명하다. 그렇지만 오늘날 私法 영역에서 형성권의 공통적 징표로 받아들여지고 있는 복속 개념은 바로 Bötticher의 것이다.[32] 더욱이 Bötticher는, 형성권의 경우 권리자의 일방적 의사에 의해 복속이 강요된다는 점을 부각시키는 것으로 끝나지 않고, 그 강요를 법질서 내에서 통제할 필요성을 강조함으로써 일종의 대책까지도 제시하고 있다. 요컨대 Bötticher는 복속의 통제를 私法 또는 司法 영역 내에서 해결할 수 있다고 봄으로써 私法 체계와 사회학적 색채를 무난하게 합치는 데 성공했다고 평가할 수 있다.

Bötticher가 강조한 복속 개념은 바로 다음 6.의 Adomeit를 비롯하여 학계에 큰 영향을 주었다.[33] 그렇지만 민사법 영역에서 사회적 종속관계라

---

30) Dölle, Wesen, S.93.

31) Savigny, Bd.I, S.387; Windscheid, Bd.I, §43, 9 Aufl., S.182.

32) MünchKomm/Thode, (2001), §305, Rn.52.

33) Adomeit, S.38. 이런 맥락에서 Alfred Söllner가 Bötticher의 형성권론에 대하여 쓴 서평인 Literatur (Eduard Bötticher, Gestaltungsrecht und Unterwerfung im Privatrecht, 1964), AcP 164, 1964, SS.378-387과, Adomeit의 형성권론에 대하여 쓴 서평인 Literatur (Klaus Adomeit, Gestaltungsrechte, Rechtsgeschäfte, Ansprüche, 1969), AcP 170, 1970, SS.76-78을 비교하여 읽어볼 필요가 있다. 사실 Bötticher 자신도 Adomeit의 형성권론에 대하여 서평을 쓴 바 있다. Literatur (Klaus Adomeit, Gestaltungsrechte, Rechtsgeschäfte, Ansprüche, 1969), ZZP 83,

는 관념을 떠올리게 하는 복속 개념을 직접적으로 사용하는 것을 꺼려
한 Larenz는 Bötticher의 복속 개념을 구속(Gebundenheit) 개념으로 대체하
고자 시도했다. Larenz에 의하면 형성의 의사표시의 구속력은 본인인 형
성권자에게도 생기기 때문에, 일방적인 복속이라는 개념보다 법률관계
당사자 서로를 구속한다는 개념이 보다 옳다는 것이다.34) 그러나 형성권
자에 의해 초래된 형성에 형성권자 자신도 구속된다고 하더라도, 형성권
자는 자의에 의해 형성을 일으킨 후 그 결과를 누리는 것인 반면, 형성
상대방은 형성권자에 의해 일방적으로 초래된 형성을 감수해야만 하는
처지에 놓이는 것이므로 차라리 복속한다는 표현이 적합하다고 하겠
다.35) 따라서 Larenz가 복속이라는 개념을 구속이라는 개념으로 교체하
려고 한 것은 설득력이 적다고 본다.

한편 Bruns는 Bötticher가 형성과 연결지은 복속 상황이라는 창조적인
모멘트가 특히 연구할 만하다는 점에 주목하지만, 결론적으로는 사법상
법률관계에서 복속은 별다른 의미가 없다고 주장한다. 일반적으로 복속
이란 복속시키는 자와 복속자의 측면이 대립되는 이중적인 면을 나타낸
다. 그렇지만 Bruns가 보기에 사법상 법률관계에서는 일반적으로 복속시
키는 자와 복속자의 의사가 반대방향으로 가는 것이 아니라 오히려 같
은 방향을 향한다. Bruns는 만약 그 복속이 복속자의 자율에 의한 복속이
라면 설령 "복속하고 있다"는 것이 자명하다 할지라도 그 복속자를 "복
속하는 존재"로 특징지을 필요가 없다고 한다. 사법상 법률관계에서 권
리자가 상대방의 의무(복속)를 끌어내는 데 있어서의 자율성은 권리의
"내적인 면"에 상당하는 것이며, 법적 규율이 거기까지 통제할 수는 없
는 것이기 때문이다.36) 이와 같은 Bruns의 주장은 상당히 설득력을 가진

1970, SS.338-341.

34) Karl Larenz, Allgemeiner Teil des bürgerlichen Rechts, 7 Aufl., 1989, SS.220-222;
   Karl Larenz, Zur Struktur "Subjektiver Rechte," FG f. Johanes Sontis, 1977, S.142f.

35) Starke, SS.6-7.

36) Rudolf Bruns, "Funktionaler" und "instrumentaler" Gehalt der Gestaltungsrechte und

다. 그렇지만 현대의 민법 규정들이 외견상 자율로 보이지만 실제로는
복속이 존재하는 부분을 통제하는 임무를 기꺼이 떠맡고 있음을 감안할
때, Bötticher가 형성과 연결지은 복속이라는 모멘트는 여전히 연구의 가
치를 지니고 있다고 하겠다.

6. Klaus Adomeit

Bötticher에 의해 강조된 私法 영역의 사회학적 색채는 특히 Adomeit
(1935-)에 의해 계승 발전되었다. Adomeit는 통상적으로 형성권의 가장
큰 특성이라 지적되어 온 권리자의 일방성으로부터가 아닌, 사회 구성원
들의 계약자유(사적자치)로부터 형성권론에 접근했다. 그 결과 형성권
이론사상 가장 특색 있는 이론 구성이 시도되었다.[37]
Adomeit는 우선 누구나 할 수 있는 것은 권리가 아니라고 본 Seckel식
의 특권(우위권 Vorrecht)적 권리 개념을[38] 비판한다. Adomeit에 따르면
어떤 법적 지위가 누구나 할 수 있는 것을 내용으로 한다는 이유만으로
권리로서의 자격을 박탈당하는 것은 부당하다고 한다. 권리를 (일반적)
권리와 우위권으로 나누어 우위권만을 진정한 의미의 권리로 보는
Seckel식의 특권론이 오늘날의 법질서에는 맞지 않으며, 사실 Seckel 시대
의 법관념에 조차 상응했던 것인지 의심스럽다는 것이다. 그런 다음
Adomeit는 특권적 권리 개념에 대한 반론으로, 사법의 중심개념인 일반
적인 계약자유(사적자치)는 단순히 객관적 법원칙에 지나지 않는 것이

Gestaltungsklagerechte, ZZP 78, 1965, S.267f.
37) Söllner, 1970, S.76.
38) Seckel, S.211.

아니라 권리로 이해할 수 있다고 주장한다. 계약자유(사적자치)를 누리는 자는 자신의 판단에 의해 자신의 행위를 통해 자신의 법적 지위를 형성하는 것이 가능하므로 기능적 측면에서 보면 권리라고 이해할 수 있다는 것이다. 그러면서 Adomeit는, Seckel은 일반적 계약자유(사적자치)가 모든 사람에게 천부적으로 인정되므로 권리가 아니라는 잘못된 전제를 기초로 하고 있으므로, Seckel의 형성권론은 형성권 이전의 차원인 권리 자체에 대한 논의 차원에서부터 오류를 가진다고 보았다.[39]

Adomeit의 이러한 권리론은 독일 민법학계의 상당한 관심을 모았지만 보편적인 지지를 얻지는 못했다. 계약자유(사적자치)는 민법과 관련된 행위들 일반과 모든 법적 행위능력에 대한 근본조건이다. 계약자유(사적자치)를 권리로 보는 Adomeit의 주장을 받아들이려 해도 계약자유(사적자치)라는 권리에 대응하는 의무나 법적 구속을 상정하기가 어렵다. 따라서 계약자유(사적자치)를 권리에 넣어 설명할 수는 없다. 권리능력, 행위능력, 또는 심지어 계약자유(사적자치)에 의하여 사법적 효과를 가져오는 법적행위를 할 수 있는 가능성 같은 일반적인 능력을 권리라고 하는 것은 민법 체계상 혼란만 초래한다는 비판을 피할 수 없다.[40]

이와 같은 문제점에도 불구하고 Adomeit는 자신의 권리론을 바탕으로, 형성권 개념을 규범논리학적으로 해석하여 확대시키고 있다. Adomeit에 따르면 법규정은 일반 개념으로서의 규범을 요소로 한다.[41] 규범은 인간을 구속하는 규율로서 용태규범과 그 대립 짝인 수권규범으로 나뉜다. 용태규범의 법적 효과는 수범자에게 작위 또는 부작위를 지시할 수 있다는 데 있는데, 이 용태규범은 법률로 규율되어 있는 수권규범이 의도하는 범위 안에서만 구속적인 것이 된다. 그런데 민법의 영역에서는 유효한 용태규범 중의 상당수가 법률이 아닌 개인에 의해 수권되는데, 개

---

39) Adomeit, S.12f.

40) Larenz, Struktur, S.143f.

41) 규범이론에 대해서는 Eugen Bucher, Das subjektive Recht als Normsetzungsbefugnis, 1965, S.41f.를 비교 참조하라.

인이 그러한 수권을 할 수 있는 것은 계약자유(사적자치)가 민법상 원칙이기 때문이다. 이와 같은 개념적 구조에서 볼 때 형성권 일반은 개인이 계약자유(사적자치)에 의거해 용태규범을 설정하는 권한이며, 그 권한의 행사형식은 법률행위이다. 따라서 존재하는 형성권들의 총계는 계약자유(사적자치)가 된다.[42] 여기서 Adomeit는 한 걸음 더 나간다. Adomeit에 의하면, 지배권을 용태규범을 통해 이익을 얻는 자의 법적 지위라고 한다면, 형성권은 그 법적 지위에 의도적으로 영향을 미칠 수 있게 하는 권한이며, 그 결과 성립되거나 변경되거나 소멸된 지배권은 형성권으로 인해 변동된 법적 지위의 표현이다. 그리고 법률행위는 그러한 작용을 일으키는 행위로서 형성권과 지배권 사이를 매개한다. 경우에 따라서는 법률이 계약자유(사적자치)에, 그러니까 형성권에 제한을 가하여 절대적 지배권이 형성권에 의해 침해받는 것을 포괄적으로 금지하기도 한다. 하지만 이 절대적 지배권을 침해하는 행위는 다시 그 권리자 개인에 의해 특별하게 발령되는 허용규범에 의해 정당화될 수 있는데, Adomeit는 그러한 허용규범을 발할 수 있는 권한을 2차적 형성권이라고[43] 부른다.[44]

Adomeit의 용태규범론은 다시 형성상대방의 복속(Unterwerfung) 개념과 연결된다. Adomeit에 의하면 형성권에 대응하는 것은 그 어떤 의무영역도 아니고 다만, 용태규범이 시행되는 것을 감수해야만 한다는 수범자(형성상대방)의 불리한 지위이다. 형성상대방의 이와 같은 지위는 당사자의 합의에 의한 형성의 경우에 거의 인식되지 못하고 있다. 그 이유는 쌍무계약상 당사자들의 합의에 의해 형성권이 존재하게 되는 경우 양당사자는 채권자이며 채무자일 뿐 아니라, 동시에 규범설정자이며 수범자이므로, 이런 상황에서 계약상대방은 형성권의 공동소지자라고 할 수 있

---

42) Adomeit, S.19f.

43) Adomeit의 2차적 형성권 개념과는 달리, Seckel 이래 2차적 형성권이라고 할 때는 보통 독립적 형성권에 대비해 비독립적 형성권을 일컫는다는 점을 주의해야 한다.

44) Adomeit, S.26f.

기 때문이다. 그렇지만 일방 당사자가 타방 당사자보다 경제적으로 또는 지적으로 우위를 점하자마자 계약자유(사적자치)는 힘을 의미한다는 것이 드러난다. 그리하여 일방적인 형성은 규범설정자와 수범자의 양 지위의 사실상 붕괴를 가져올 수밖에 없다. 그러므로 일응 자율적인 규범설정에 의해 일어나는 것 같은 일방적인 형성은, 모든 타율적인 규범설정과 마찬가지로, 상부질서와 하부질서라는 구성의 도움을 받아 파악될 수 있다.45) 이러한 맥락에서 Adomeit는 Bötticher에 의해 조명된 복속 개념이 형성권 제도를 이해하는 데 필수불가결하다고 한다. 일방적인 형성을 허용하고도 계약자유(사적자치)를 기반으로 하는 私法 질서가 붕괴하지 않으려면 규범설정자가 되는 장래의 형성권 소지자와 그 규범의 잠재적 수범자가 되는 장래의 형성상대방 사이에 합의에 바탕을 두는 복속이 있어야 한다는 것이다. 여기에 합의가 요구되는 이유는, 민법의 도그마는 근본적으로 일방적인 급부약속이나 일방적인 복속의 의사표시가 아닌, 합의의 존재를 요구하기 때문이다. 그리하여 Adomeit는 민법이 요구하는 합의에 따른 계약 안에는 복속의 협정이 그 내용으로 이미 들어가 있다고 주장한다.46)

이와 같은 Adomeit의 복속 개념과 사회학적 색채는 적어도 법체계 자체에 초점을 맞추고 있다는 점에서47) 일단 상당한 호응을 얻었다. 특히 Söllner는, Adomeit가 계약자유(사적자치)를 계약을 논하는 경우뿐만 아니라 형성권의 행사같은 일방적 법률행위를 논하는 경우에도 관철되는 것으로 구성한 것은, 법 현실을 중심으로 법 현상을 파악하는 Adomeit의

---

45) Adomeit, S.35f. Adomeit에 의해 전개된 사적자치에 의한 권리형성 시스템의 완결성은 Kelsen의 순수법이론과 결합된 법질서의 단계구조론에서 영향을 받았다고 볼 수 있다. Söllner, 1970, S.78.

46) 모든 계약 안에 상대방의 복속이 존재한다는 맥락에서 상대방의 服屬(Unterwerfung)과 견주어지는 것으로 Adomeit에 의해 제안된 것이 상대방의 同意(Zustimmung)이다. Adomeit, S.38.

47) Adomeit는 비록 사회학적 색채는 가지지만, 법학적인 면에서 모순이 없는 것을 추구하고 있다. Adomeit, S.9.

실증주의적 태도를 대변해 준다고 평가한다. 그러면서도 Söllner는, Adomeit
가 계약(합의)에 의한 형성의 경우 형성권자와 계약상대방을 모두 형성
권의 공동소지자라고 보고 있는 부분은 문제의 여지가 있다고 지적하고
있다. Söllner의 생각에, 계약상대방과 형성상대방은 일치하지 않을 수도
있다. 그 경우 Adomeit의 설명은 계약상대방에 대해서가 아니라, 바로 그
일방적인 형성에 복속하는 형성상대방에 대해서만 들어맞게 된다. 따라
서 Adomeit의 복속 개념은 Adomeit가 생각하듯 그렇게 계약 일반으로 확
대될 수 없다고 한다.[48]

결과적으로 Adomeit은 Bötticher의 복속 개념을 이어 받아 私法의 전
영역으로 확대시켰다. 그러나 Bötticher가 기존의 사법체계 내에서 사법
관계의 복속성과 그에 대한 통제 필요성을 강조했던 것에 비해, Adomeit
는 복속이 문제되는 범위를 지나치게 확대시켜 기존의 사법체계를 혼란
에 빠뜨릴 여지를 보였으므로, 그의 이론은 보편적 지지를 얻지 못했다.
요컨대 Adomeit의 형성권론이 보편적인 지지를 받지 못했던 것은 그 사
회학적 색채 자체 때문이 아니라, 그 과도함 때문으로 보인다. 형성권
개념이 만들어진 것은 기존의 민법상 권리 체계를 바꾸기 위해서가 아
니라, 권리 체계를 보다 잘 설명하기 위해서였다. 그런데 Adomeit는 형
성권 개념 그리고 그와 결부된 복속 개념을 지나치게 확대하여 오히려
사법 체계를 복속이라는 하나의 개념아래 뭉뚱그려 놓는 실수를 범한
것이다.

---

48) Söllner, 1970, SS.77-78.

제6장 오늘날의 형성권 개념

1. 형성권 개념의 역사적 전개의 종합

독일 민법의 역사적 기원이라 할 로마법과 게르만법은 형성권 개념을 가지고 있지 않았다. 다만 게르만법이 형성권에 속하는 몇몇 권리의 초기 형태를 인정하고 있었을 뿐이다. 민법전이 만들어지기 전 시대인 19세기 독일을 보면 법실무는 취소권, 해제권, 해지권 등 형성권의 핵심적 종류를 이루는 개개의 권리들을 인정하고 있었지만, 로마법에 경도되어 있던 판덱텐 법학자들은 로마법에 없던 어떤 유개념(결국은 형성권)을 마련하면서까지 이들 권리를 하나의 체계 속에서 설명해야 할 필요성을 느끼지 못하고 있었다.

형성권에 해당하는 권리들을 종합적으로 파악할 수 있게 하는 이론적 기초가 마련되기 시작한 것은 19세기 후반에 독일 민법학계가 법적 의미에서 가능이라는 개념에 관심을 가지면서부터이다. 법률가들이 그 당시로서는 법률용어라고 할 수 없었던 가능에 대해 관심을 갖게 된 이유를 찾자면 근대 시민사회가 성립되면서 국가 법질서 내에서 시민으로서 할 수 있는 것, 그리고 거기서 조금 더 나가 시민으로서의 권리에 대해 인식이 고취된 것이 그 배경이다.[1] 가까이 실체법적 영역에서 그 이유를

---

1) 인간의 "가능"이라는 것은 근세 들어 인간의 권리 또는 시민의 권리라는 것과 이어지는 소송이전의 능력(vorprozessuale Fähigkeit)이었다가 법적 용어로

찾자면 소권 위주의 로마법에서 벗어나 소송 외에서 권리를 실현하는 것을 인정하는 쪽으로 입법이 추진되면서[2] 실체법상 권리의 힘, 즉 가능에 관심이 가지 않을 수 없던 상황이었다. 이렇게 해서 관심의 대상으로 떠오른 법적 가능은 법적 허용이나 법적 당위와 구별되면서, 기존의 허용권이나 당위권과는 별도로 가능권 개념으로 탄생하였다.

이후 가능권은 Windscheid에 의해 소위 제2부류의 권리 또는 2차적 권리의 한 예로 독자적 영역을 인정받아 그 입지를 확고히 하게 되었다. 특히 그 어떤 법적 가능에 대한 힘을 보장하는 권리를 뜻하는 Zitelmann의 가능권 개념과, 법률관계의 변동은 곧 법률관계의 형성을 의미한다는 Hellwig의 변동권 개념은 형성권 개념의 직접적인 토대로 되었다. 그 모든 노력의 결과물로서 독일 민법학계의 승인을 받게 된 것이 바로 Seckel의 형성권(Gestaltungsrecht) 개념이다.

Seckel 이후 전개된 형성권에 관한 초기 논의는 Seckel이 정립한 형성권 개념의 재점검과 그 권리성의 재확인에 관한 것이었다. 형성권이 권리라고 불리기에 요구되는 판단기준을 만족시키고 있다는 점이 밝혀진 이후 논의는 형성권의 정당화에 집중되었다. 그러다가 1960년대에 들어서서 Bötticher와 Adomeit가 복속 개념을 매개로 형성권론에 사회학적 색채를 도입하면서 형성권 개념은 한층 확산되었다. 현재 독일 민법학을 살펴보면, 형성권은 필수적인 권리 개념 중의 하나로서 확고한 자리를 차지하고 있다.[3]

변했다. Bülow, S.202.

2) Harder, S.209ff.는 비록 형성권에 속하는 대표적인 권리인 취소권을 놓고 설명하고는 있지만 같은 취지이다.

3) Staudinger/Busche, (1999), §413, Rn.10ff.; MünchKomm/Thode, (2001), §305, Rn.52; Larenz, AT, SS.220-222; Dieter Medicus, Allgemeiner Teil des bürgerlichen Rechts, 8 Aufl., 2002, SS.39-43.

2. 오늘날의 형성권 개념

오늘날 사용하는 형성권 개념은 기본적으로 Seckel의 것과 동일하다. 즉 형성권은 일방적인 법률행위를 통해 구체적인 법률관계를 형성시키는 힘을 그 내용으로 하는 권리를 말한다.[4] 다만 Seckel의 형성권 개념에서 약간의 보완 내지 부연설명이 필요해 진 것은 형성권의 행사 방법과 관련한 견해 차이 때문이다. Seckel의 형성권 개념 정의 자체에는 직접적으로 드러나지 않지만 Seckel은 이중요건론을 주장하면서 소송을 통해 형성을 이루는 행위가 실체법상 법률행위에 부속된다고 보았다.[5] 그러나 소송을 통해 형성권을 행사한 결과가 실체법 관계에 영향을 미친다고 하여 그 행위를 실체법적 법률행위라고 할 수는 없다.[6] 그리하여 다음과 같이 Seckel의 정의를 최대한 살린 재정의가 행해졌다. 형성권은 일방적인 법률행위 또는 소송을 통해 자신 또는 타인의 구체적인 법률관계를 변동시키는 힘을 그 내용으로 하는 권리이다.[7] 여기서 법률관계의 변동이란 구체적으로 법률관계를 성립시키거나, 변경시키거나, 소멸시키는 것을 말한다. 그리고 형성권의 행사만으로 직접 형성의 효과가 초래되기 때문에 그 당연한 결과로서 형성권은 집행을 필요로 하지 않는다.

---

4) Seckel, S.211.
5) Seckel, S.239ff.
6) von Tuhr, Bd.II-1, S.157.
7) Staudinger/Busche, (1999), §413, Rn.10ff.; MünchKomm/Thode, (2001), §305, Rn.52; Larenz, AT, SS.220-222; Medicus, AT, SS.39-43.

3. 형성권 해당성을 판단하는 기준으로서 형성권 개념

원래 형성권 개념을 전제로 민법 안에 권리들을 구성해 넣은 것이 아니라 이미 민법체계 안에 마련되어 있는 권리들을 전제로 사후적으로 형성권 개념을 추출해 낸 것인 만큼, 어떤 권리를 형성권이라고 부를 것인가 말 것인가를 두고 견해 차이가 있을 수 있다. 이와 관련하여 필자는 형성권 개념이 민법상 권리 체계를 정비하는 도구로 사용되는 만큼 형성권으로서의 특성을 기준으로 형성권에 해당되는 권리의 선을 그어줄 필요가 있다고 생각한다. 그렇다면 어떤 권리가 형성권이라는 것 또는 형성권적 성격을 가진다는 것은 실제적으로 어떤 소용이 있는 것일까. 이는 곧 형성권 제도의 취지와 연결된다. 형성권은 그 권리자로 하여금 상대방에게 권리변동에 협력할 것을 청구하게 할 필요 없이, 일방적인 권리 행사만으로 법률관계에 변동을 가져올 수 있게 한다. 집행도 필요 없는데다, 제척기간에 걸리는 것으로 구성되므로 법률관계의 확정이 상대적으로 빠르다.[8] 그렇기 때문에 형성권 제도는 당사자들 사이의 법률관계를 빠르고 강력하게 안정시킬 필요가 있을 때 사용된다. 형성권에 해당하는지 여부가 의심스러운 권리를 해석을 통해 형성권 쪽으로 포함시키는 것은 그 권리를 둘러싼 법률관계를 형성권 행사 방식과 형성권 처리 방식에 따라 다루겠다는 법해석자의 의지를 반영한다고 볼 수 있는 것이다.

그리하여 어떤 권리가 형성권인가를 판단하게 될 때 그 기준이 되는 형성권의 속성이라는 것은 결국 형성권 개념에 표현되어 있다. 형성권의 속성이 형성권 개념에 종합되어 있으므로 어떤 권리가 형성권에 해당하려면 형성권의 개념 요소를 만족시켜야 한다. 여기서 다시 한 번 독일

---

8) 김증한, 소멸시효론, 47~48면.

통설이 받아들이고 있는 형성권 정의를 인용하면, 형성권은 일방적인 법률행위 또는 소송을 통해 자신 또는 타인의 구체적인 법률관계를 변동시키는 힘을 내용으로 하는 권리이다.9) 이 정의에 따르면, 어떤 권리가 형성권이려면 법률관계에 변동을 가져오는 힘을 권리의 내용으로 가져야 한다. 그렇다면 다시 의문은, 변동을 가져오는 권리의 힘이 어디까지 미쳐야 하는가 하는 점이다. 권리의 행사와 결과로서의 변동이 직접적으로 연결되어야 하는지, 아니면 권리의 행사가 변동의 동인이 되는 것만으로 충분한지에 따라 형성권에 포함되는 권리의 범주가 달라질 수 있기 때문이다. 이와 관련하여 Seckel은 형성권 행사의 효과는 직접적으로 물권적 효과를 가져 오기도 하고, 채권에 의해 매개되는 효과를 가져 오기도 한다고 서술하고 있다.10) Seckel은 형성권의 행사가 변동의 동인이 되어주는 것만으로도 충분하다고 생각했던 것이다. 형성권을 행사한 다음 청구권이 생기고 다시 그 청구권을 행사해야만 형성권자가 원하는 궁극적인 결과를 얻을 수 있다고 하더라도 그 궁극적인 결과로서의 변동은 애초의 형성권 행사에 의해 초래된 것이다. 그러므로 어떤 권리의 행사가 법률관계의 변동이 완료된 결과와 직접적으로 연결되지 않는다고 해서 형성권이 아닌 것은 아니게 된다.11)

4. Seckel이 언급했던 형성권들의 오늘날 위치

Seckel은 자신의 형성권론에서 대략 50개 정도의 민·상사법상 권리를

---

9) Staudinger/Busche, (1999), §413, Rn.10ff.; MünchKomm/Thode, (2001), §305, Rn.52; Larenz, AT, SS.220-222; Medicus, AT, SS.39-43.

10) Seckel, S.250.

11) 이와 관련되는 것이 바로 청구권에 속하는지 형성권에 속하는지 애매한 권리들에 관한 논의들이다. 이에 대해서는 김영희, 형성권 논의의 의미, 19면 이하를 참조하라.

형성권의 예로 들었다.[12) 그 중에서 해제권, 해지권, 취소권, 철회권, 상
계권, 최고권, 선택채권에서의 선택권, 이혼권 등은 오늘날 형성권의 전
형적인 예로 사용되고 있다.[13) 채권적 선매권,[14) 환매권,[15) 그리고 일정
종류의 선점권(수취권)은[16) 초기에는 형성권 해당성이 다투어졌으나 지
금은 형성권에 포함된다고 보는 것이 통설이다. 오늘날의 통설이 형성권
에 포함시키고 있는 실체법상 항변권의 경우에는[17) 오히려 Seckel이 형
성권에 해당하지 않는다고 보았다.[18) Seckel이 형성권으로 보았던 하자담

---

12) Seckel, S.207, Fn.2. 이 주 외에도 Seckel의 형성권론 전체에 흩어져서 형성권
   의 예들이 소개되고 있다.

13) Werner Flume, Allgemeiner Teil des Bürgerlichen Rechts, Bd.II, Das Rechtsgeschäft,
   4 Aufl., 1992, S.137; Dieter Medicus, Schuldrecht I(Allgem. Teil), 13 Aufl., 2002,
   S.34; Medicus, AT, S.39f.; Staudinger/Löwisch, (2001), §305, Rn.52; MünchKomm
   /Thode, (2001), §305, Rn.48ff.

14) 선매권에 대해서는 Staudinger Kommentar는 형성권설과 이중조건부 매매설
   중 어느 설이 다수설인지 분명히 하고 있지 않으나, 이중조건부 매매설은
   옛 문헌들에서 많이 인용되고 있다고 한다. 그렇지만 판례상으로는 이중조
   건부 매매설이 우세하다고 한다. Staudinger/Mader, (1995), Vorbem zu §§504ff.,
   Rn.25. 이에 비해 Münchner Kommentar는 이중조건부 매매설이 다수설이라
   고 보고 있다. MünchKomm/Westermann, (1995), §504, Rn.7. 그러나 2002년에
   나온 Medicus, SchuldR II, S.73f.는 학설상 형성권설이 다수설이나, 판례는 여
   전히 이중조건부 매매설 입장이라고 한다. 선매권에 대해 형성권설을 취하
   는 학자로는 Seckel, Schollmeyer, Oertmann, Würdinger, Bötticher, Georgiades,
   Larenz 등을 들 수 있다(Staudinger/Mader, (1995), Vorbem zu §§504ff., Rn.26에
   서 재인용).

15) 환매권에 대해서는 Seckel, Henrich, Erman/Weitnauer, Bötticher, Larenz 등이 형
   성권설을 취하고 있다(Staudinger/Mader, (1995), Vorbem zu §§497ff., Rn.6에서
   재인용).

16) 선점권에 대해서는 Enneccerus/Nipperdey, Kress, Medicus, Seckel, von Tuhr 등이
   형성권설을 취하고 있다. Larenz, AT, S.210; Medicus, AT, 39; Starke, S.9, Fn.5.

17) Heinrich Dörner, Dynamische Relativität: Der Übergang vertraglicher Rechte und
   Pflichten, 1985, S.324; Herbert Roth, Einrede des Bürgerlichen Rechts, 1988, S.34;
   Günther Jahr, Die Einrede des bürgerlichen Rechts, JuS, 1964, S.293; Jooss, S.35;
   Larenz, AT, S.238.

보로 인한 해제권과 감액권은 후대에 다투어지다가, 2002년 독일 민법의 개정으로 이제 형성권임이 확실시되었다.[19] 회사해산권, 사원제명권, 업무집행사원의 대표권을 박탈하는 권리 등은 형성권에 해당하지만 상사법 영역에 속해서 민법학에서는 별로 다루지 않는다. 그래도 회사와 민법상 조합과의 연관으로 인해 가끔 언급된다.[20] 근로자에 대한 사용자의 지시권도 민법상 고용과의 연관으로 인해 간혹 언급된다.[21] 이에 비해 운송업자에 대한 송하인의 처분권, 해상보험상의 포기권, 은행계좌로부터 예금인출권[22] 같은 것은 상사법 분야로 분리되어 민법학에서는 거의 취급하지 않는다. Seckel은 채권자취소권도 형성권에 속한다고 말하고 있으나,[23] 채권자취소권이 민법에 규정되어 있는 우리나라와는 달리, 독일의 경우에는 민법 제정 이전부터 취소법(Anfechtungsgesetz)의[24] 적용을

---

18) Seckel, S.216.

19) 2002년에 있은 독일 민법 개정 전에는 하자담보로 인한 해제권과 감액권을 청구권으로 볼 것인지 형성권으로 볼 것인지 다투어졌었다. Staudinger/Honsell, (1995), §462, Rn.4; MünchKomm/Westermann, (1995), §462, Rn.3ff. 개정민법 아래서는 하자담보로 인한 해제권과 감액권은 이론의 여지없이 형성권에 해당하게 되었다. Martin Schwab, Das neue Schuldrecht im Überblick, JuS, 2002/1, SS.5-6; Medicus, SchuldR II, S.165.

20) 예를 들어 Michael Becker, Typologie und Probleme der (handelsrechtlichen) Gestaltungsklagen unter besonderer Berücksichtigung der GmbH-rechtlichen Auflösungsklage (§61 GmbHG), ZZP 97, 1984, SS.314-337.

21) Seckel, S.207, Fn.2; Medicus, AT, S.42; 형성권 개념의 노동법 영역으로의 수용은 Bötticher가 형성권에서 복속(Unterwerfung) 개념을 강조하면서 촉진되었는데, 노동법학계에서 환영받는 분위기이다. Theo Mayer-Maly, Zur arbeitsrechtlichen Bedeutung der Lehre vom Gestaltungsrecht, RdA, 1965, S.361을 참조하라.

22) Staudinger/Löwisch, (1995), §305, Rn.16.

23) Seckel, S.212, Fn.1.

24) 독일에서는 파산법(Konkursordnung; 1994년부터 도산법(Insolvenzordnung)에 흡수 통합됨)과 취소법(채무자의 법적행위를 파산절차 외에서 취소하는 것에 관한 법률 Gesetz über die Anfechtung von Rechtshandlungen eines Schuldners außerhalb des Konkursverfahrens (1994년부터는, 채무자의 법적행위를 도산절차 외에서 취소하는 것에 관한 법률 Gesetz über die Anfechtung von Rechtshandlungen

받은 탓인지 보통은 민법학이 아닌 별도 영역에서 다루어진다. 채권자취
소권과 비슷한 취급을 받는 경우가 공탁권이다. Seckel은 공탁권과 공탁
물회수권을 둘 다 형성권으로 보고 있으나,25) 요즈음의 민법 문헌은 이
문제를 별로 다루지 않고 있다.26) 그리고 Seckel은 법정대리인의 동의권
이나 추인권 또는 그 동의나 추인을 거절하는 권리를 형성권이라고 보
고 있으나,27) 요즈음의 문헌은 동의나 추인의 형성권 관련성에 대해서는
거의 다루지 않고 있으며28) 어쩌다 그 거절행위의 형성적 작용을 언급

---

eines Schuldners außerhalb des Insolvenzverfahrens이 됨))이 나누어져 있었다. 이
두 법은 1877년에 만들어져 1879년부터, 그러니까 독일 민법(BGB, 1900년)
보다 먼저 시행되고 있었다. 독일 민법 제정 작업 즈음의 채권자취소권 제
도와 1900년부터 시행된 독일 민법상 취소권 제도의 비교를 위해서는 Konrad
Hellwig, Verträge auf Leistung an Dritte, 1899와, von Tuhr, Bd.II-1, S.322f.를 참
조하라. 독일의 채권자 취소 제도에 대한 우리나라 자료로는 1994년에 있었
던 관련 법률 통폐합 이전의 독일 법상황을 소개한 민일영, 독일의 채권자
취소 제도, 재판자료 제48집, 1989, 5~30면이 있다.

25) Seckel, S.207, Fn.2; S.213, Fn.6.

26) MünchKomm/Wenzel, (2001), §376, Rn.1은 공탁권에 대해서는 언급이 없으나,
공탁물회수권은 형성권이라고 한다. 요즈음의 문헌이 형성권과 관련하여
공탁권을 다루지 않는다는 것은, 공탁권이 형성권이 될 수 없다는 직접적인
증거는 못 된다. 공탁은 절차법의 적용을 받아야 하기 때문에 굳이 실체법
적인 측면에서 다루지는 않겠다는 의미로 해석될 수 있다.

27) Seckel, S.207, Fn.2; Zitelmann, IPR, S.32도 마찬가지이다.

28) Staudinger Kommentar는 법정대리인 항목에서 동의권이나 추인권이 형성권
에 해당하는지 여부의 문제를 아예 다루고 있지 않다. Münchener Kommentar
도 법정대리인의 동의나 추인 행위에 대해서는 형성권과 관련하여 아무
언급도 하고 있지 않다. 법정대리인의 동의나 추인행위를 직접 형성행위
라고 보고 있는 드문 저서가 Karl Larenz/ Manfred Wolf, Allgemeiner Teil
des bürgerlichen Rechts, 8 Aufl., 1997이다. 이 저서를 보면, 동의나 추인을
필요로 하는 법률행위(§51), Rn.10 부분의 小표제가 Die Zustimmung als
Gestaltungserklärung이라고 되어 있다. 그렇지만 해당 본문을 보면 형성권성
에 대한 구체적인 설명이 전혀 없다. Larenz/Wolf, 8 Aufl., S.969를 참조하라.
2004년에 나온 9 Aufl.에는 해당 小표제 부분에 Gestaltungsrecht라는 표현마
저 삭제되어 있다. Larenz/Wolf, 9 Aufl., S.932를 참조하라.

하는 정도이다.29) 이는 소극적 권리(egatives Recht), 반권(Gegenrecht), 소멸형 형성권(소멸권 Aufhebungsrecht)으로 이어지는, 소극적 효과를 내는 형성권의 상대적 중요성을 반증하는 예로 보인다. Seckel이 언급했던 형성권 중에 남편이 관리하는 부부재산제로 환원시키는 남편의 권리 같은 것은 시대적 변화로 인해 더 이상 언급의 가치가 없다. 그 밖에도 Seckel이 들었던 형성권에 해당하는 예들 중에서 오늘날 별로 논의되지 않는 것들이 있다. 그렇다고 해서 그 권리들이 바로 형성권에 해당하지 않는다는 것은 아니다. 다만 현재 민법학적 관심의 대상이 아닐 뿐이다.30) 이렇듯 Seckel은 다양한 권리들을 대상으로 형성권인지 여부를 검토했는데, 그의 시도들은 형성권성을 인정받고 못 받고를 떠나, 새로운 경제현상의 등장에 따른 새로운 형성권의 개발이라는 맥락에서 오늘날에도 여전히 중요한 단초를 제공하고 있다고 할 수 있다.

---

29) 법정대리인의 동의나 추인의 거절과 관련해서는 형성권에 해당한다는 직접적 표현은 없으나, 그 거절행위가 형성적 작용(rechtsgestaltende Wirkung)을 한다고 보고 있다. MünchKomm/Schramm, (1994), §182, Rn.18을 참조하라.

30) Seckel, S.211, Fn.6은 형성권 개념이 민법 외의 영역에서 중요하게 사용될 수 있음을 지적하고 있다.

제7장 맺음말

형성권(形成權, Gestaltungsrecht)은 법률행위나 소송을 통해 자신이나 타인의 법률관계를 일방적으로 변동시키는 힘을 그 내용으로 하는 권리이다. 형성권이라는 용어의 설정과 개념의 정의는 1903년에 Seckel에 의해 이루어졌으며, 그 이후로는 형성권을 논할 때면 누구든 Seckel을 인용하는 것을 잊지 않는다. 형성권 개념의 발달 과정에 관한 연구를 통해 실제로는 Seckel 이전에 이미 형성권 개념이 상당한 정도 정리되어 있었다는 사실이 밝혀졌는데, 그런 연구 결과가 Seckel의 위상에 별 영향을 주지 않는 것을 보면 체계를 세우는데 있어 훌륭한 용어 설정의 중요성을 실감하게 만드는 면이 있다.

독일 민법학이 로마법을 계수한 역사성을 자랑한다 할 때, 20세기 초에서야 비로소 정립된 형성권은 상대적으로 짧은 역사를 가진다고 말할 수 있다. 그럼에도 불구하고 형성권은 "발견"된 후 얼마 되지 않아 독일 민법학에 특유한 권리 개념 중의 하나로 자리 잡았다. 그리고 독일 민법의 영향을 받은 나라들로 전파되었다.[1] 예를 들어 스위스는 법률행위에 의한 형성과 형성의 소에 의한 형성을 모두 인정하는 독일식 형성권 제도를 충실하게 따르고 있다. 그리고 우리나라와 일본은 독일 민법 체계를 계수하고 있다는 비교법적 평가에 상응하는 만큼 그렇게 독일식 형성권 제도를 받아들인 상태이다. 이와 관련해서는 법사 혹은 비교법적인 차원에서 논의의 여지가 있다. 우선 형성권 개념이 정립되는 초기 단계

---

1) Michael Becker, Gestaltungsrecht und Gestaltungsgrund, AcP 188, 1988, S.24f.

에서 독일 법조계가 보여준 환대에 법외적인 이유, 즉 독일적인 것에 대한 환영이라는 의도는 없었는지 의문을 가질 수 있다. 이와 관련해서는 그들이 침묵하고 있기 때문에 추측만 가능할 뿐이다. 그러나 혐의를 엷게 해줄 설명은 가능하다. 독일 민법학계는 판덱텐 법학 시대는 말할 것도 없고 20세기에 들어와서 까지도 로마법의 영향 아래 있었다. 법실무가 인정하는 법제도도 로마법에 기원을 두지 않은 것이라는 이유로 홀대하던 19세기의 그들이 20세기에 들어와서 태도를 바꾼 것은 로마법에 기원을 두지 않은 형성권 개념을 로마법학식으로 설명하는 것이 가능했기 때문이다. 새로운 독일 제국, 새로운 민법이라는 시대적 분위기로 설명하기에는 의심의 법적 근거가 약하다고 할 수밖에 없다. 그 다음은, 독일 민법 체계를 계수한 나라에서의 반응이다. 적어도 우리나라와 관련해서는 이미 이 책의 시작 부분인 제1장에서 이 문제를 언급했다. 논의의 여지가 있기 때문에 형성권의 실체를 검토해 보자는 것이 필자의 연구 취지였다.

아마도 형성권에 대한 가장 설득력이 있는 비판은 결국 민법학 내에서 제기되는 형성권 개념의 존재 이유에 관한 것일 것이다. 앞서 설명했듯이[2] 형성권은 민법상 권리 개념과 체계를 명료하게 정리하기 위한 유개념으로 만들어졌다. 그런 까닭에 애초부터 오늘날에 이르기까지 그 논의가 상당히 이론지향적으로 행해지는 경향이 있다. 그리하여 형성권 개념의 실무적 가치가 의심받기도 한다. 그런 시각에서는, 형성권을 그저 민법 체계를 정비해 주는 좋은 법개념 정도로 평가하기도 하고, 독일 법학이 여전히 고수하고 있는 개념법학적 특성의 예로 지목하기도 한다.[3] 이 대목에서 필자는, 실무적 의미가 적다는 비판에 결정적으로 답할 수 있는 것은 형성권 개념이 민법학을 풍부하게 해주고 또 법체계의 이해

---

2) 앞, 제1장 형성권 관련 논의의 현황 부분을 참조하라.
3) Christian Hattenhauer, Zur Widerruflichkeit einer Anfechtungserklärung-Begriffliche Befangenheit in der Lehre vom Gestaltungsrecht, ZEuP, 2003, S.408.

를 심화시키는 데 공헌한다는 Dölle의 변호를[4] 충분히 사주고 싶다.

형성권을 연구하는 것의 의미는, 형성권과 관련된 세부적인 논점들이 형성권에 해당하는 해지권, 해제권, 취소권 등의 개별적인 권리들을 전제로 해서도 충분히 다루어질 수 있음에도 불구하고, 형성권론이 계속해서 나오고 있다는 점에서도 찾을 수 있다. 형성권에 관한 연구가 처음에는 독일 민법상 권리 체계를 정립시키려는 의도로 시작되었을 지라도, 그 이후로도 연구가 끊이지 않고 지속되고 있다는 것은 무엇인가 형성권 제도가 의미 있는 역할을 할 여지를 가지고 있다는 반증이 아닌가 한다. 필자는 무엇보다도 형성권 제도가 법정책적인 수단으로 활용될 수 있는 특성을 지니고 있다는 점을 강조하고 싶다. 형성권은 권리자로 하여금 그 대상이 된 법률관계를 직접적이고도 일방적으로 변동을 일으킬 수 있게 해 준다. 형성권의 이러한 특성을 이용해, 입법자가 새로운 법현상에 대처하여 어떤 새로운 권리를 규정해야 할 때 또는 법원이 검토의 대상이 된 어떤 권리의 법적 성질을 규명해 주어야 할 때 정책적인 차원에서 그 권리를 형성권으로 구성할 수 있을 것이다. 실제로 소비자계약에서 법률이 정해 놓은 일정한 기간 동안 별다른 사유 없이 인정되는 소비자철회권은 형성권의 전형적인 예에 해당한다고 해석된다.[5] 이는 같은 형성권 제도를 이용한다 하더라도 형성의 소를 통한 형성이라는 또 다른 방법을 선택할 수 있는 여지가 있었음을 감안할 때, 형성권과 관련해서는 그만큼 법정책적인 사고가 개입할 여지가 크다는 것을 보여준다. 형성권은 우리가 이미 알고 있는 해제권이나 해지권, 또는 취소권 등으

---

4) Dölle, Entdeckungen, SS.B10-B12.

5) 우리나라의 경우 할부거래에 관한 법률 제5조, 방문판매 등에 관한 법률 제8조 이하. 독일의 경우 독일 민법 제355조 이하. 독일의 경우에는 2002년 민법 개정 이후 소비자 보호를 위한 철회권이 민법전 안으로 들어온 후 그 법적 성질에 관한 논의가 활발해졌다. 자세한 것은 Günter Reiner, Der verbraucherschützende Widerruf im Recht der Willenserklärungen, AcP 203, 2003, S.1f., 특히 S.11, S.27, S.45와, 하경효, 소비자보호법의 통합수용, 독일 채권법의 현대화, 법문사, 2003, 144면을 참조하라.

로 한정된 제도가 아니다. 성립 요건, 행사 방법, 행사의 효과, 존속 기간 등등 여러 가지 면에서 다양한 조합을 이룬 새로운 형태의 형성권의 등장이 얼마든지 가능하다. 이러한 맥락에서 보면 형성권은 아직도 형성 중인 권리 이다. 형성권 개념 자체는 이미 밝혀졌지만, 앞으로 그 개념을 구체적으로 어떻게 활용해 나갈 수 있는가 하는 법제도로서의 발전 가능성은 미래를 향해 열려있다고 하겠다.

제2부 형성의 소를 통한 형성

　형성권은 자신이나 타인의 법률관계를 일방적으로 변동시키는 힘을 그 내용으로 하는 권리로서 법률행위를 통해 행사되는 경우도 있고 소송을 통해 행사되는 경우도 있다. 일반적으로는 법률행위를 통해 형성을 이루도록 되어 있는 경우 그 실체법상 권리를 좁은 의미의 형성권이라고 부르고, 소송을 통해 형성을 이루도록 되어 있는 경우 그 소송법상 권리를 형성소권이라고 부른다.1) 이하에서 실체법상 형성권과 바로 연결되는 소송법학상 개념들인 형성소권, 형성의 소, 그리고 형성판결 등에 대해 살펴보기로 한다.

---

1) 형성을 소송을 통해 이룬다는 것과 형성권이 소송 중에 행사된다는 것, 그리고 형성권이 소송법상 행사된다는 것은 서로 다른 의미이다. 소송을 통해 형성을 이룬다는 것은 법률이 정해 놓은 일정한 경우 형성권자가 형성의 소를 통해서 형성을 실현하는 것이다. 그리고 소송 중에 형성권이 행사된다는 것은 실체법상 형성권이 소송 중에 행사되는 것(예를 들어 변론에서 취소의 의사표시를 하는 것)이다. 이에 비해 형성권이 소송법상 행사된다는 것은 실체법상 형성권을 행사한 결과를 소송법상 공격방어 방법으로 주장하는 것이다. 이 구분과 관련하여 이영섭, 형성권의 행사와 항변, 고시계 12/10, 1967.10, 25면을 참조하라.

제1장 형성권과 형성소권

1. 형성권을 행사하는 두 가지 방법

　형성권은 법률행위를 통해 행사되는 것이 일반적이다. 그러나 일정한 경우에 법률은 형성을 이루기 위해서 법률행위만으로는 안 되고, 소송을 통하도록 규정해놓고 있다. 소송을 통해 형성을 이루도록 되어 있는 경우는 친족상속법 분야와[1] 상사법 분야에 많다. 독일 민법 제1564조에 의한 이혼, 독일 민법 제1599조에 의한 친생부인, 독일 상법 제117조에 의한 업무집행권한 박탈, 독일 상법 제133조에 의한 회사의 해산, 독일 주식법 제243조 이하에 의한 주주총회결의 취소가 흔히 들어지는 예이다. 이렇듯 소송을 통해 형성을 이루어야 하는 경우 이용되는 소가 바로 형성의 소(Gestaltungsklage)이다.[2] 그리고 그 형성의 소에서 내려진 청구인

---

1) 가족법상의 법률행위(신분행위)는 친족관계의 발생소멸을 목적으로 하는 形成的 신분행위(=신분을 향한 행위)와, 일정한 신분에 기하여 타인을 신분법상으로 지배하는 支配的 신분행위(=신분으로부터의 행위), 그리고 친족관계의 발생소멸에 부수하여 행하여지는 附隨的 신분행위(=신분을 위한 행위)로 나눌 수 있다고 한다. 이 중에서 形成的 身分行爲는 특히 사회에 중대한 영향을 미치게 되므로 要式行爲인 경우가 많다고 한다. 자세한 것은 조미경, 가족법상의 법률행위의 특수성, 법률행위의 史的 전개와 과제(이호정 교수 화갑기념 논문집), 1998, 351면 이하, 특히 353~354면을 참조하라.

2) Medicus, AT, S.40f.; Leo Rosenberg/Karl Heinz Schwab/Peter Gottwald, Zivilprozessrecht, 15 Aufl., 1993, S.526f.; Kurt Schellhammer, Zivilprozess, 6 Aufl.,

용 판결을 형성판결(Gestaltungsurteil)이라고 한다. 이에 비해 청구가 기각
되는 경우에는 형성을 이룰 수 없으니 형성을 기각하는 판결은 형성판
결이 못되고, 확인판결에 머무른다. 형성판결은 피고에게 무엇인가를 행
하라고 명하는 것이 아니라, 판결과 더불어 직접적으로 법률관계에 변동
이 일어나게 만든다.[3] 다시 말해, 형성판결은 그 판결 없이는 존재할 수
없는 어떤 법률관계를 성립시키거나, 존재하는 법률관계를 변경시키거
나, 또는 소멸시키는 법적 효과를 가져 온다.[4] 그리고 이와 같은 효과를
가져 오는 형성판결을 구하는 권리를 형성소권(Gestaltungsklagerecht)이라
고 한다. 형성소권은 형성권과 마찬가지로 법률관계의 변동을 초래하는
권리이다.

2. 형성의 소와 형성판결 개념의 기원

1877년에 공포되어 1879년부터 시행된 독일 민사소송법(CPO)은 이행
의 소를 기초로 편성되었다. 그러므로 독일 민사소송법에서 형성의 소에
대한 일반 규정을 찾아볼 수 없다. 사실 독일 민사소송법의 기초자들은
형성의 소를 특수한 권리보호형식으로 인식하고 있지도 않았던 것으로

1994, SS.85-86; Othmar Jauernig, Zivilprozeßrecht, 27 Aufl., 2002, S.140; Joachim
Gernhuber/Dagmar Coester-Waltjen, Familienrecht, 4 Aufl., 1994, S.20f.; Stein/
Jonas/Schumann, (1996), Vor §253 II, Rn.39f.; MünchKommZPO/Lüke, (1992), Vor
§253, Rn.27-30.

3) 형성판결을 가지고 강제집행을 하는 것은 가능하지도 않고 필요하지도
않다. Rosenberg/Schwab/Gottwald, S.529; Jauernig, S.141. 그러나 형성권 자체
는 강제집행의 대상이 될 수 있다. Stefan Gottgetreu, Gestaltungsrechte als
Vollstreckungsgegenstände, 2001을 참조하라.

4) Peter Schlosser, Gestaltungsklage und Gestaltungsurteile, 1966, S.29.

파악된다.[5] 다른 유형의 소에 비해 형성의 소의 발견이 늦어진 것은 독일 판덱텐 법학자들이 가졌던 소에 관한 사고 때문이다. 그 당시 법학자들이 실체법상 권리와 소권을 구분하게 되면서 소의 형식을 소의 목적, 즉 실체법이 인정하는 권리보호근거에 따라 분류하였던 것이다.[6] 따라서 법률관계의 형성이라는 것과 형성을 이루는 권리라는 개념이 뚜렷하지 않던 상황에서 형성의 소라는 새로운 형태의 소 개념을 도입할 유인이 적을 수밖에 없었다.[7]

형성의 소는 대략 1880년대 쯤 독립적인 소의 종류로 법률문헌에 등장하기 시작했으며,[8] 형성의 소 개념 형성 초창기에 기여를 한 사람은 Adolf Wach이다. Wach는 1885년에 나온 자신의 민사소송법 저서인 Handbuch des deutschen Civilprozessrechts에서 소를 소의 목적에 따라 확인의 소와 이행의 소로 구분한 후, 이 두 가지 외에 집행행위 없이 기판력과 더불어 청구된 법적 효과를 바로 발생시키는 특성을 가지는 소를 특별한 명칭 없이 언급하고 있다.[9] 이 명칭 없는 새로운 개념의 소가 오늘날 형성의 소에 해당한다는 것을 인정하는 데 학설상 이의가 없다.[10] 실제로 Wach가 들었던 예도 이혼이나 조합의 해산 등 오늘날 형성의 소에

---

5) Staab, SS.2-3.

6) 실체법상 권리와 소의 형식 사이의 대응관계에 관해서는 호문혁, 청구권, 103면 이하를 참조하라.

7) P.Schlosser, S.19; Hans Brox, Der Schutz der Rechte Dritter bei zivilgerichterlichen Gestaltungsurteilen, FamRZ, 1963, S.392.

8) P.Schlosser, S.18; Staab, S.1. 로마법에 그 기능상 형성의 소에 포함될 수 있는 소, 즉 실체법적 지위의 변동을 위한 소가 존재하기는 하였다. 윤리관념에 반하는 유언의 취소를 구하는 소(不倫遺言의 訴 querela inofficiosi testamenti)가 그 예이다. 일정 근친의 법적상속인은 일정 분의 상속을 받지 못했을 때 불륜유언의 소를 제기할 수 있었는데, 원고가 승소하여 윤리관념에 반하는 유언이 취소되면, 그 효과로서 예를 들어 원고가 상속물의 새로운 소유자로 되는 등 실체법적 지위가 변동되었다. 不倫遺言의 訴에 대해서는 Savigny, Bd.II, S.127f.와, Kaser, Bd.I, S.247, S.709f.를 참조하라.

9) Adolf Wach, Handbuch des deutschen Civilprozessrechts, Bd.I, 1885, SS.11-12.

10) P.Schlosser, S.18.

해당하는 사안들이다.11) 그렇지만 Wach가 이 새로운 소의 형태를 이행의 소나 확인의 소와 동등한 위치를 차지하는 소로 인정했던 것은 아니다. 그럼에도 불구하고 그가 이행의 소나 확인의 소와는 다른 어떤 소, 즉 오늘날의 형성의 소의 본질적 속성을 인식했다는 점이 중요하다.

형성의 소 제도의 발전 과정에서 형성의 소라는 명칭이 붙기 시작하고 연구가 가속화 된 시기보다 이 태동기에 의미를 부여하고 싶다면 독일에서 본격적인 법전화 시대를 연 프로이센법을 참고해야 한다. Wach보다 시기적으로 약간 이른 1879년경에 Endemann은 이미 혼인과 관련된 소를 혼인관계의 성립에 관한 소, 혼인이 존재하지 않음을 선언해주는 소, 법원의 인정에 의해 혼인을 해소시키는 소라는 3가지로 나누어 논한 바 있다. Endemann의 이런 분류는 소를 통해 법률관계를 어떻게 변동시킬 수 있는가 하는 것에 초점을 맞춘 것으로, 이는 이후 형성의 소에 대한 초기 연구가 법률관계의 발생 변경 소멸이라는 형성효과를 중심으로 이루어지게 된다는 것을 시사해 주는 바 있다. 여기서 Endemann은 혼인의 소에 대한 이런 3분은 프로이센법에 기인한다고 밝히고 있다.12) 물론 Endemann이 말하고 있는 프로이센법이란 1794년의 프로이센일반란트법(ALR: Allgemeines Landrecht für die preussischen Staaten)을 가리키는 것은 아니다.13) 계몽주의와 자연법(이성법) 논리를 바탕으로 하는 1794년 프로이센일반란트법은 독일의 여러 란트에 전파는 되었으되 밖으로는 그 보다 나은 평가를 받는 1804년의 프랑스민법전(Code Civil)과 1811년의 오스트리아 일반민법전(AGBG Allgemeines Bürgerliches Gesetzbuch für die deutschen

---

11) Wach, Handbuch, SS.11-12.

12) Wilhelm Endemann, Der deutsche Civilprozess, Bd.III, 1879, S.2f.

13) 물론 프로이센일반란트법이 형성권론 발전에 미친 기여는 상당히 크다. 프로이센일반란트법은 자연법주의자들인 Wolff나 Nettelbladt가 개발해 놓은 법률행위, 의사표시, 일방적 법률행위 등의 개념을 받아들였는데, 이는 결국 형성권처럼 일방적인 법률행위를 통해 법률관계를 변동시키는 권리 개념의 법적인 초석이 되어준 셈이다. Hattenhauer, S.405.

Erblande)과 경쟁해야 했고, 안으로는 계몽주의에 반대하는 정치적 세력들과 독일 법학계의 주류를 이룬 역사법학파의 공격을 막아내야 했기에 제 역할을 다하지 못했다. 하지만 판덱텐 법학의 지배아래서도 포기되지 않던 란트들의 법전화 작업은 1840년대 이후 활기를 띄게 되어 프로이센을 선두로 바이에른, 작센, 헤센 등에서 구체적인 란트법 초안들을 만들어 냈다. 물론 그 당시 많은 란트법들이 끝내 완성되지 못하거나 완성되고도 시행되지 못하기는 했다. 그러나 란트법의 완성이 드물었던 것은 독일 통일운동과 함께 이루어진 프로이센 주도의 연방입법을 고려했기 때문이며, 란트들의 법전화 작업은 시행여부와는 상관없이 통일된 독일 제국의 법전화 작업의 기초로 되었다.14) 앞서 Endemann이 밀한 프로이센법은 바로 이 란트법 중의 하나인 프로이센법을 말한다. 더욱이 란트법들은 형성의 소뿐만 아니라 형성권 개념의 발전에 결정적인 계기가 되어준다. 형성권에 속하는 대표적인 권리라고 할 취소권 제도가 결정적으로 발전하게 된 계기가 1860년의 작센 민법 제2초안 준비과정이라는 점, 해제권 제도가 결정적으로 발전하게 된 계기가 프로이센이 주축이 된 1861년의 독일(연방)보통상법전 초안 준비과정이라는 점, 그리고 그 시기가 형성의 소라는 제도가 태동하던 즈음이라는 점들에서 일종의 연결고리를 발견할 수 있는 것이다. Wach가 자신의 민사소송법 저서에서 소의 종류를 구분하면서 "법률에 그렇게 정해 놓는 법규정화(Rechtsnormierung)가 중요하다"고15) 쓴 의도가 무엇이었든 참으로 적절한 표현이라고 하겠다.

앞서 설명하였듯이 1885년에 Wach의 민사소송법 저서가 나오고 1887/1888년을 전후로 해서 독일민법전 편찬 작업의 일환으로 Motive가 나오면서 (아직 정식으로 명칭이 붙지 않은) 형성의 소라는 개념이 이의 없이 거론되는 단계가 되었다. 그 배경으로 다음의 두 가지를 지적할 수

---

14) Wieacker, S.462f.
15) Wach, Handbuch, SS.11-12.

있을 것이다. 첫째, 1887년 독일민법전 제1초안은 일정한 경우 오늘날의 형성의 소의 형태로 권리를 보호해 주려고 의도하고 있음을 드러냈다. 민법안 기초자들이 형성의 소라는 용어를 구사한 것도 아니고 심지어 형성권 개념을 분명히 의식하고 있었던 것도 아니지만, 준비되고 있는 민법전 안에서 (후대 법개념을 기준으로 볼 때) 형성의 소의 형태로 권리를 보호해주려는 경우들을 개별적으로 발견할 수 있었다.16) 둘째, 독일민법전이 준비되던 시기는 1877년에 공포된 독일 민사소송법(CPO)에 대한 체계 점검과 학문적 해석이 이루어지던 시기이기도 하다. 새로 등장한 민사소송법에 맞추어 권리보호형식, 소송물, 기판력 등 민사소송이론 전반이 재검토되었고, 그 와중에서 형성의 소 그리고 형성판결에 대한 소송법학 차원의 정리가 이루어진 것으로 보인다. 이렇게 해서 실체법과 소송법 모두에 관련된 형성의 소에 대한 논의는 활발히 진행되었을 것이다.

형성의 소를 특별한 권리보호형식으로 확립한 것은 Emil Schrutka von Rechtenstamm인 것으로 파악된다. 1889년에 von Rechtenstamm은, 1885년에 나온 Wach의 Der Feststellungsanspruch에 관한 서평을 쓰는 과정에서, 존재하는 법적 지위의 확인을 위한 소가 아니라, 법원을 통해 법적 지위를 변경(umändern)시키고 변형(umgestalten)시키기 위한 소를 "Rechtsgestaltungsklage (法律關係 形成의 訴)"라고 하여 독립적인 소의 종류로 처음 언급하였다. 이 소에서 법원은 당사자의 권리를 선언해 주는 것이 아니라, 새로운 법률관계를 형성시켜 주는(konstituieren) 역할을 담당한다. 예를 들어 법원은 당사자의 이혼권을 선언해 주는 것이 아니라, 당사자의 신분적 법률관계

---

16) 이혼, 친생부인, 부부재산제의 폐지, 그리고 현상광고에 참여했던 당사자들 사이의 보수 분배가 공평하지 않은 경우 판결에 의해 이루어지도록 한 분배 등이 그 구체적인 예이다. Enneccerus/Nipperdey, Bd.II, 15 Aufl., 1960, S.1379f. 그럼에도 불구하고 Hans Friedhelm Gaul, Randbemerkungen zum Wesen der Ehelichkeitsanfechtung, FamRZ, 1963, S.631은 독일 민법 기초자들이 독립된 권리보호형식으로서 형성의 소를 잘 알고 있지 못했던 것 같다고 한다.

를 이혼된 상태로 변동시켜 놓는다. 이러한 의미에서 von Rechtenstamm
은 그 소를 형성의 소라고 불렀다.[17]

이제 명칭이 붙은 형성의 소는 1890년대 중반에 이르러 독일 민사법
학계나 실무계에서 보편적으로 인정받는 개념으로 자리 잡았다. 그리고
1896년 공포된 독일민법전은 형성의 소라는 용어를 직접 구사한 것은
아니지만 형성의 소 형태의 권리보호형식을 도입했다. 그리고 그 즈음에
Hellwig, Kisch, 그리고 Seckel 등이 형성의 소에 대한 기본이 되는 연구서
들을 펴냈다.[18] 1902년 9월에 쓰여져 1903년 Seckel의 형성권론이 나오기
전에 출간된 Hellwig의 Lehrbuch des deutschen Civilprozeßrechts는, 1900년에
나온 Anspruch und Klagerecht에서 다룬 바 있는 가능권(=변동권=형성권)
을 다시 설명하면서, 아울러 법률행위에 의한 법률관계의 변동의 초래와
소송에 의한 법률관계의 변동의 초래를 구분하고 있다.[19] 그리고 그 과
정에서 Hellwig는 형성권 개념을 실체법과 소송법 체계 내에 조화롭게
안착시키고 있다. 같은 1903년 5월, Seckel의 형성권론보다 약간 먼저 출
간된 Kisch의 Beiträge zur Urteilslehre는 형성판결에[20] 대한 가장 중요한
초기 문헌이라고 평가할 수 있다.[21] Kisch는 이 저서 전체 186면 중 147

---

17) Emil Schrutka von Rechtenstamm, Literatur (Adolf Wach, Der Feststellungsanspruch,
   1889(1888)), GrünhutsZ 16, 1889, S.619.
18) 형성의 소의 이론적 연구를 위해 그밖에 Balog, Schneiderwind, 그리고 후대의
   Bötticher 등이 공헌하였다고 한다. P.Schlosser, S.19.
19) Hellwig, Lehrbuch, S.233f.
20) Wilhelm Kisch, Beitrage zur Urteilslehre, 1903, S.10. 이 당시에는 형성판결을
   Gestaltungsurteil로 할 것인지 Konstitutivurteil로 할 것인지 용어가 확정되지
   않은 상태였다. Seckel의 형성권(Gestaltungsrecht) 용어가 보편적인 호응을 얻
   으면서 Gestaltungsurteil, Gestaltungsklage라는 용어로 굳어진 것으로 보인다.
   그렇지만 용어가 이렇게 굳어진 다음에도 konstitutiv라는 표현은 가끔 형성
   판결의 성격을 묘사하기 위해 사용된다. 예를 들어 Bötticher는 좁은 의미에
   서 형성이라는 단어는 "무엇인가 konstitutiv한 것(etwas Konstitutives)"과 연결
   된다고 하였다. Bötticher, Unterwerfung, S.16.
21) 그런 이유인지 Seckel의 형성권론을 보면 Kisch의 형성판결론을 상당히 중요

면을 민사판결(die Urteile mit civilrechtlichem Gegenstande)에 할당하고 있는
데,[22] 저서의 제목을 형성판결론이라고 불러도 무방할 정도로 그 내용은
오늘날의 형성판결에 대한 것이다.[23] Kisch에 바로 이어 역시 1903년에
나온 Seckel의 형성권론은 실체법상 형성권에 초점을 맞춘 글이지만, 실
체법상 형성권이 행사되는 방법 중의 하나로서 형성의 소를 다루고 있
다. 1903년에 나란히 나온 이 저서들을 종합적으로 살펴보면, 실체법상
형성권을 기반으로 하는 형성판결들을 판결론 자체의 입장에서 모노그
라피 형태로 중점적으로 다룬 것은 Kisch이다. 이에 비해 Seckel은 실체법
상 형성권의 행사 방법이라는 입장에서 형성판결이 맡은 역할을 다루었
을 뿐이다. 하지만 오늘날 관용되는 형성의 소(Gestaltungsklage)라는 표현
자체는 Seckel에 의해 굳어졌다는 사실을 부인할 수는 없다.[24] Seckel이

시 여기고 있음이 드러난다. Seckel, S.210, Fn.2; S.239, Fn.6; S.240, Fn.1; S.242,
Fn.2.

22) 1903년에 나온 Wilhelm Kisch의 Beiträge zur Urteilslehre이 판결을 실체법적
차원에서 고찰하고 있다면, 1925년에 나온 James Goldschmidt의 Der Prozeß
als Rechtslage는 판결을 소송법적 차원에서 고찰하고 있다. 1950년에 나
온 Werner Niese의 Doppelfunktionelle Prozeßhandlungen은 이중적 연구방식의
이론 정립을 위한 대표적인 저서에 해당한다고 평가할 수 있다. Staab,
SS.10-12.

23) Kisch는 판결을 종래의 확인판결과 이행판결의 양자를 포함하는 선언적
(deklarativ) 판결과 형성적(konstitutiv) 판결로 나누고 있다. 그리고 이 두 가지
(작게 세 가지) 판결 외에, 해소적(auslösend) 판결과, 확립적(festsetzend) 판결,
그리고 독일 민법 제1612조 제1항 부양료지급방법을 정하는 판결에 각각
독립된 항목번호를 주어 구분하고 있다. 여기서 형성적(konstitutiv) 판결이란
구체적 법률관계의 형성에 작용을 미치는 판결을 말하는 것이므로 형성판
결(Gestaltungsurteil)과 동일한 의미로 이해할 수 있다. 그리고 Kisch가 덧붙인
해소적(auslösend) 판결, 확립적(festsetzend) 판결, 그리고 독일 민법 제1612조
제1항 부양료지급방법을 정하는 판결은 기본적으로 형성적 판결의 성격을
가지고 있다. 그러므로 Seckel이 자신의 형성권론 240면, 주1에서, Kisch가 형
성적(konstitutiv) 판결, 해소적(auslösend) 판결, 확립적(festsetzend) 판결이라는
3가지 부류를 同位的 그룹으로 삼고 있다고 설명한 것은 올바른 이해라 하
겠다.

형성권론을 발표한 후 그의 형성권 개념과 용어가 독일 민법학계에서
보편적인 호응을 얻게 되면서 형성권 행사 수단 중의 하나인 형성의 소
개념도 보다 확실히 각인될 기회를 얻었다고 하겠다.

3. 형성권과 형성소권의 체계상 문제

　형성소권이 실체법상 형성권을 기반으로 한다는 점에서 형성소권을
형성권의 하부 종류로서 사권의 체계에 정렬시킬 수 있다. 그렇게 보면
상위개념으로서의 넓은 의미의 형성권은 (보통의 실체법상 권리인) 좁은
의미의 형성권과 (실체법상 형성권을 기반으로 형성판결을 구하는) 형성
소권으로 나뉜다.25) 그런데 형성소권을 순수하게 소송법적 차원에서 보
는 입장에서는 형성소권을 실체법상 사권체계에 정렬시키는 것이 마땅
치 않다고 생각할 수 있다.26) 이런 입장에서는 실체법상 형성권과 소송
법상 형성소권은 나란히 존재하지만, 형성소권이 형성권의 하부 종류는

---

24) Staab, S.1.

25) 특이하게도 Adolf Schönke/Horst Schröder/Werner Niese, Lehrbuch des Zivilprozessrechts,
　　1956, S.205는 형성의 소를 통해서만 행사하여야 하는 권리를 "좁은 의미의
　　형성권"이라고 한다. Seckel의 형성권론을 인용하고 있는 것으로 봐서 이 부
　　분 집필자가 잘못 기술하고 있는 것 같다. 왜냐하면 Seckel의 형성권론,
　　241~242면을 보면 Seckel은 대다수의 형성권이 법률행위에 의해 행사된다
　　고 하여 형성의 소를 통해 행사되는 경우가 상대적으로 적음을 나타내고
　　있을 뿐이기 때문이다. 이 부분 집필자가 Seckel을 잘못 이해한 것이 아니라
　　면, 형성소권이 형성권에 비해 상대적으로 수효가 적다는 것을 "좁은 의미"
　　라는 오해의 여지 있는 표현으로 나타내고 있을 수는 있다.

26) 소권론 일반에 대해서는 강현중, 민사소송법, 32면 이하와, 이시윤, 182면
　　이하를 참조하라.

아니라고 한다. 비록 형성소권이 실체법상 형성권에 기반을 둔다고 해도 국가의 사법시스템인 소송을 거치는 만큼 실체법상 사권이 아니라 공권에 해당한다고 한다.27) 100여 년 전에 Seckel이 자신의 형성권론에서 이 중요건론을 주장하면서 촉발되어28) 여전히 완결되지 않은 채로 남아있는 형성소권의 법적 성질의 문제에 관한 논의를29) 여기서 재연하지는 않겠다. 중요한 점은, 형성소권을 사권으로 이해하든 공권으로 이해하든 형성권과 형성소권은 밀접하게 연결되어 있으며, 그렇다면 이 두 권리를 통일적으로 파악하는 것이 유용하다는 사실이다.30) 형성소권의 법적 성질에 관한 한 독일의 학설들을 추적해보면, 일반 소권론에서는 사법적 소권설이 더 이상 주장되지 않음에도 불구하고 형성소권은 실체사법적 성격을 가질 수밖에 없다는 점을 인정하고 있는 확대된 사권설(=확대된 형

---

27) 형성소권의 법적 성질과 관련하여 공권설을 주장하는 학자로는 Langheineken, Schüler, Pohle, Machleid, Blomeyer, Stein/Junker, Goldschmidt, Oertmenn, Binder, Henckel, Kuschmann, Hoffmann, Schlosser 등을 들 수 있다(Jooss, S.9f.와, Staab, S.6, Fn.24에서 재인용).

28) 형성소권의 법적 성질에 대한 논의의 내용이 상당부분 폐기된 Seckel의 이중요건론을 둘러싸고 주장되었던 논의의 내용과 일치된다. 즉 이중요건론으로 설명하면서 개인의 실체법적 행위 부분에 중점을 둔 Seckel의 견해나, 형성의 소 제기 행위를 소송법적 차원에서 보면서도 형성소권을 확대된 사권으로 보는 오늘날의 다수설이나 별다른 차이가 없어 보인다. 그러나 이중요건론과 형성소권의 공권설/사권설 중의 어느 한 쪽이 직접 연결되는 것은 아니라고 봐야 한다. 사실 이중요건론 자체는 형성을 일으키기 위해 개인의 형성의 의사표시 외에 국가의 형성판결이 필요하다는 것일 뿐, 형성권 외에 별도로 국가를 상대로 하는 권리인 형성소권을 형성권자에게 귀속시킬 것인가 여부, 그리고 그 권리가 공권인가 사권인가 여부와 직접적인 관계가 있는 것은 아니다. Seckel도 형성권론 248~249면에서, 이중요건론은 형성권자가 국가(법원)에 대해 자신의 사적 형성의 의사표시의 보충에 필요한 국가행위를 요구할 수 있는 청구권을 가지고 있는가를 긍정하거나 부정하는 것과 상관이 없다고 말하고 있다.

29) Gerhard Lüke, Zum Zivilprozessualen Klagensystem, JuS, 1969, S.304; Karsten Schmidt, Grundfälle zum Gestaltungprozeß, JuS, 1986/1, S.37; Staab, S.2.

30) Jooss, S.28; Larenz, AT, S.210.

성권설)이[31] 다수였다는 사실이 드러난다. 하지만 이러한 사실도 형성소권이 사권인가 공권인가에 대한 자기 주장의 근거로 보다는, 형성권과 형성소권을 통일적으로 파악할 필요성이라는 관점에서 접근하여야 할 것이다.

4. 형성권과 형성소권의 작동 구조

앞 제1부에서 밝혔듯이 형성권은 독일에서 민사소송법과 민법이 모두 제정 시행된 이후 그 법체계를 통일적으로 재정비하는 과정에서 고안된 유개념이다. 어떤 사람이 법률행위를 통하든 소송을 통하든 자신 또는 타인의 법률관계를 일방적으로 변동시킬 수 있을 때 그 사람이 가지는 권리를 형성권이라고 한다. 이와 같은 형성권 개념 맥락에서 보면 형성권 범주에 형성소권이 속함은 자명하다. 그렇다면 형성권과 형성소권을 같은 차원에서 다루어도 되는 것인지 그 작동 구조라는 측면에서 다음과 같이 검토해 본다.

(1) 형성소권 행사의 경우,
형성의사의 표출이 어디에 존재하는가

보통의 형성권의 경우에는 수령을 필요로 하는 일방적인 형성의 의사

---

31) 형성소권의 법적 성질과 관련하여 사권설이나 확대된 사권설(확대된 형성권설)을 주장하는 학자로는 Seckel, Hellwig, von Tuhr, de Boor, Rosenberg, Nikisch, Lent, Jauernig, Habscheid, Niese, Bötticher, Baumbach/Lauterbach, Lehmann/Hübner, Enneccerus/Nipperdey, Gernhuber, Pfeiffer, Bruns, Jooss, Larenz 등을 들 수 있다. Jooss, S.9f.와 Staab, S.5, Fn.22에서 재인용. 견해 대립과 관련하여 자세한 것은 김영희, 독일 민법학상 형성권에 관한 연구, 174면 이하를 참조하라.

표시를 통해 형성의 의사가 표출(Äußerung)된다. 이에 비해 형성소권의
경우에는 형성의 의사표시의 표출이 소의 제기라는 방식화된 의사표시
로 대체된다. 형성권자가 형성의 소를 이용하는 경우, 형성의사의 표출
이 소의 제기에 존재한다고 본다고 하여 형성의 소 제기 행위가 바로 형
성(소)권 행사 행위라는 결론으로 이어지지는 않는다. 왜냐하면 보통의
형성권의 경우에 형성권자의 형성행위와 더불어 형성이 이루어지는데
비해, 형성의 소의 경우에는 형성(소)권자의 제소 행위만으로는 형성이
이루어지지는 않기 때문이다. 형성권자의 제소로 개시된 형성의 소 절차
는 법원에 의한 형성판결로 마무리되고, 그 형성판결과 더불어 비로소
형성권자가 의도하던 형성이 일어난다. 그러나 비록 형성이 형성판결과
더불어 이루어진다고 하더라도 형성은 형성(소)권자의 제소로 인해 야기
되는 것이다. 제소 행위를 하는 형성권자는 소송법이 정해 놓은 방식으
로 자신의 형성권을 사용할 것이라는 의사를 외부에 알리고 있는 것이
다. 따라서 이 경우 제소 행위의 핵심을 이루는 것은 형성권을 행사하겠
다는 형성권자의 의사표시라고 하겠다.[32] 따라서 형성의 소 제기 행위는
형성(소)권의 행사 행위이고, 형성(소)권자의 형성권 행사의 기준시점은
제소 시점이라고 할 수 있겠다.[33]

(2) 형성소권 행사의 경우,
   당사자들의 복속이 어디에 존재하는가

형성판결은 이행판결과는 다르게 피고에게 그 어떤 식의 의무도 지우
지 않는다.[34] 형성의 소 당사자들은 판결로 선고된 형성을 감수해야만

---

32) Jooss, S.24.
33) 독일에서는 사권설이나 공권설이나 모두 제소 시점에 형성(소)권자의 형성
    권 행사가 있다고 보고 있다. Seckel, S.238; von Tuhr, Bd.I, S.162; P.Schlosser,
    S.30; Jooss, S.9, S.24.
34) 형성판결의 결과 변동된 법적 지위를 바탕으로 성립한 청구권에 대한 이행

하는 입장에 있는 것이다. 원고도 피고와 마찬가지로, 즉 형성권자도 형성상대방과 마찬가지로 판결에 복속하여 형성을 감수해야 한다. 그런데 이러한 司法的 服屬(der Gerichtsbarkeit unterwerfen)은 결국 私法的 服屬(privatrechtliche Unterwerfung)으로 귀착된다. 그 이유는 법원이 당사자들이 복속하게 되는 판결을 내릴 때 그 기초를 실체법에 두기 때문이다. 형성소송에서 피고인 형성상대방이 원고인 형성(소)권자의 형성요구를 만족시켜 주거나 이행하는 것이 아니라고 해서 형성상대방의 형성권자에 대한 私法的 服屬의 성질이 없어지는 것은 아니다. 형성판결이 필요함에도 불구하고 본래의 형성권이 사권으로서의 특성을 잃지 않는 것은 형성당사자들의 복속의 기초를 소송법이 아니라 실체법에서 발견할 수 있기 때문이다.[35] 결국 복속과 관련해서 보통의 형성권과 형성소권 사이에는 아무런 차이도 없다. 형성의 소의 경우 당사자들이 복속하게 되는 형성결과는 형성(소)권자가 가졌던 형성력에 기인하는 것이다.[36]

　　그러나 私法的 服屬에 대한 반론으로, 일반적으로 판결에의 복속은 私法的인 상태를 만들어 내는 것이 아니라, 公法的 服屬이라는 완전히 다른 차원의 복속 상황을 만들어 낸다는 주장을 펼 수가 있다.[37] 판결에의 복속을 공법적 복속이라고 보는 것은 형성의 전제요건이 결여됨에도 불구하고 형성판결이 효과를 가지는 경우를 설명해 준다. 부당한 형성판결이 감수되는 것을 형성판결에 따르는 공법적 복속이라는 특성 때문이라고 설명할 수 있는 것이다. 그러나 부당한 형성판결이 내려질 가능성 때문에 형성판결에의 복속을 공법적 복속이라고 볼 수는 없다. 그렇게 볼 수 없는 이유는 부당한 판결이 내려질 가능성은 이행판결이나 확인

　　의무는 다른 차원의 논의이다.

35) Bötticher, Besinnung, SS.54-56.

36) Jooss, S.21.

37) Bötticher, Besinnung, SS.55-56. 그러나 Bötticher는 누가 이런 주장을 하는지 구체적인 전거를 대고 있지 아니하다. 형성소권의 법적 성질에 대해 공권설을 취하는 학자는 모두 이렇게 주장한다고 봐도 될 것이다.

판결의 경우에도 마찬가지로 존재하기 때문이다.[38) 형성판결의 복속에 대해 설명하려면 정당한 형성판결을 전제로 하고 논해야지, 병리적인 상황을 전제로 논해서는 올바른 판단을 할 수 없다.

(3) 형성의 소를 통한 형성에서도 형성권자의 형성력을 인정할 수 있는가

형성소권이 행사되는 경우에도 형성(소)권자의 형성력이 형성이라는 결과를 가져온다고 말할 수 있다. 물론 보통의 형성권과 달리 형성소권의 경우에 형성효과는 형성의사의 표시행위와 동시에 발생하는 것이 아니라, 형성판결의 기판력과 함께 비로소 발생한다는 차이가 있기는 하다.[39) 하지만 형성소권은 그것을 공권으로 보든 사권으로 보든 실체법상 권리를 바탕으로 한다. 보통의 형성권의 경우처럼 형성소권의 경우에도 형성권자의 형성력은 궁극적으로 형성권자가 의도했던 바의 실체법적 내용을 가지는 형성으로 현실화된다. 그러므로 형성의 소를 통해 형성이 일어나는 경우에도 법원의 형성행위보다는 형성권자의 형성의사가 형성의 원동력이라고 볼 수 있다. 더욱이 형성(소)권자는 형성판결의 기판력이 발생할 때까지 자신의 형성(소)권의 궁극적인 행사 여부를 정할 수 있다. 예를 들어 형성(소)권자는 소 취하를 통해 자신의 형성소권의 행사를 철회하기로 (그러니까 궁극적으로는 형성소권을 행사하지 않는 것으로 하기로) 태도를 바꿀 수도 있다. 형성(소)권자의 소 취하에 의한 형성방해는 형성판결이 가지는 형성력의 배후에 형성(소)권자의 형성의사가 자리 잡고 있다는 것을 반증해 준다.

---

38) Jooss, S.21, Fn.98; Bötticher, Besinnung, S.56.
39) Jooss, S.25.

(4) 소 결

이렇게 하여 형성소권이 행사되는 경우, 형성의사의 표출은 형성의 소 제기 행위에 존재하며(1), 형성(소)권자에 대한 형성상대방의 복속은 형성의 소 당사자들의 형성판결에 대한 복속에 존재한다(2). 그리고 형성판결을 통해 형성이 이루어지는 것처럼 보이지만 거기에는 형성(소)권자의 형성력이 자리 잡고 있다는(3) 것이 확인되었다. 형성소권이 소라는 절차를 거친다는 점을 제외하면, 전체적인 권리 행사 메커니즘이나 형성의 결과라는 면에서 형성권과 형성소권은 다를 바 없다. 그런데 이와 같이 나름대로 결론을 내려놓고 보면, 독일의 학계가 형성권과 형성소권의 연관성 문제에 관하여 공권설 사권설하면서 필요 이상의 논의를 벌이지 않았나하는 생각이 든다. 한때 왕성했지만 현재는 그다지 다루지 않는 소권론 일반과 마찬가지로 말이다. 그렇지만 다른 한편으로 그 당시로서는 독일 민법학에도 독일 민사소송법학에도 나름대로 실익을 준 논의였을 것이라는 생각도 든다. 형성권과 형성소권의 연관성이 문제되기 시작한 것은 한참 자리를 잡아가는 독일 민사소송법과 이제 갓 만들어진 독일 민법의 운용을 놓고 여러 방향으로 모색이 이루어지던 시기였기 때문이다. 형성권과 형성소권의 관계를 어떻게 이해하는가에 따라 실체법과 절차법을 통합적으로 이해하는 방향으로 이끌고 갈 수도, 각자의 독립성을 강조하는 방향으로 이끌고 갈 수도 있었을 테니 그 당시 많은 법률가들이 관심을 둘 수밖에 없었을 것이다.

제2장 형성의 소 또는 형성판결의 분류

1. 실체법상 형성의 소와 소송법상 형성의 소

실체법상 법률관계의 변동을 구하는 소를 실체법상 형성의 소 (materiellrechtliche Gestaltungsklage)라고 하고, 소송법상 법률관계의 변동을 구하는 소를 소송법상 형성의 소(prozessuale Gestaltungsklage)라고 한다. 실체법상 형성의 소도 소송법상 형성의 소도 판결의 내용에 따라 법률관계에 변동을 일으킨다. 다만 소송법상 형성의 소는 실체적 법률관계에 변동을 일으키지는 못하고, 그 효과가 기본적으로 소송법 영역에 머문다.

독일에서 실체법상 형성의 소는 크게 세 부류로 나뉜다.[1] 첫째, 민법 친족상속법편에 있는 소이다. 이혼의 소, 혼인해소(혼인취소)의 소,[2] 친생부인의 소, 상속결격선고의 소 등이 그것이다. 둘째, 민법 채권법편에 있는 소이다. 임대차관계 기간연장 청구의 소, 법원에 의한 급부지정 청구의 소 등이 대표적인 예이다. 셋째, 상법상 소이다.[3] 주주총회결의 취

---

1) Jauernig, S.139f.
2) 독일 혼인법상 형성의 소의 예는 Staab, S.8, Fn.30에 언급되어 있다. 여기서 혼인해소(Aufhebung)의 소는 1998년 이전 혼인법(EheG)상 혼인취소(Aufhebung) 의 소와 혼인무효(Nichtigkeit)의 소를 합친 개념이다. 참고로, 1938년 이후 별도로 규율되던 독일 혼인법(EheG)상 조문들은 1998년 이후 다시 독일 민법(BGB) 안으로 들어갔다.

소의 소, 주식회사설립 무효의 소, 합명회사 해산의 소, 업무집행사원의
직무집행권 또는 대표권의 배제 또는 박탈의 소 등이 그것이다.

소송법상 법률관계의 변동을 구하는 소송법상 형성의 소로는 변경의
소, 청구이의의 소, 제3자 이의의 소, 그리고 재심 등이 있다.4) 예를 들어
독일 민사소송법 제323조 변경의 소(Abänderungsklage)의 문언을 보면,5)
채무자가 장래에 만기가 되는 회귀적 급부의 이행판결을 받았는데 이후
그 이행판결과 관련된 법률관계에 본질적 변동이 생기게 되면 채무자나
채권자는 그 변동에 상응하는 새 판결을 구할 수 있다. 그리하여 새로
내려진 판결은 이전 판결의 기판력을 제거하고, 변동된 새 법률관계에
상응하는 확인을 해주게 된다. 소송법상 형성의 소는 실체법 영역에 직
접적으로 영향을 주지는 못한다. 그러나 권리변동으로 인해 이제 실체법
적 지위에 상응하지 않게 된 소송행위를 제거한다는 점에서 실체법 영
역과 완전히 무관한 것은 아니다.6)

2. 실질적 의미의 형성판결과
형식적 의미의 형성판결

(1) 실질적 의미의 형성판결과 형식적 의미의 형성판결

실질적 의미의 형성판결(Gestaltungsurteil im materiellen Sinne)은 판결이
나 결정 어떤 형태를 취하든지 그 내용이 형성판결에 해당하는 경우를
말한다.7) 형성판결이 필요한 경우 법원이 보통은 판결의 형식을 취하도

---

3) 독일 상법상 형성의 소의 예는 Staab, S.8, Fn.29에 언급되어 있다.
4) Stein/Jonas/Schumann, (1996), Vor §253 II, Rn.70; Lüke, S.302.
5) 우리나라도 2002년 민사소송법 개정에 의하여 변경의 소 제도를 도입하였다.
6) Staab, SS.36-37.

록 하겠지만, 때로는 결정의 형식을 취하게 하면서 내용상 형성판결을
내리도록 할 수도 있다.[8] 형성판결로 선고되어야 했을 내용을 가진 것이
결정으로 고지되어도 실질적 의미의 형성판결로서 기판력을 가진다. 실
질적 의미의 형성판결은 흔히 비송절차에서 생겨난다.[9] 그러나 비송절
차를 이용해 내려진 형성결정을 민사소송법상의 형성판결과 구별하는
것은 본질적으로는 의미가 없다. 이 두 가지는 전적으로 같은 위치에 있
으며, 다만 형성의 결과가 단순한 신청에 의해 발생되는가 아니면 진정
한 소에 의해 발생되는가의 차이만 있을 뿐이다. 민사소송보다 더 유연
하고 빠른 절차를 보장해 주기 위해 비송절차를 사용하는 것이지, 어떤
공법적인 이해를 위해 비송절차가 고려되는 것은 아니다.[10]

　　형식적 의미의 형성판결(Gestaltungsurteil im formellen Sinne)은[11] 형성판
결의 외관을 가지고 있는 판결을 말한다. 즉 형성소송의 결과 내려진 판

---

7) 실질적 의미의 형성판결은 실체법상 형성판결과 소송법상 형성판결을 모두
　　포함한다. Stein/Jonas/Schumann, (1996), Vor §253 III, Rn.44.
8) 독일 민사소송법 제318조[법원의 구속]에 따르면, 법원은 자신이 내린 종국
　　판결과 중간판결에 포함되어 있는 판단에 구속된다. 이 판단은 판결을 대체
　　하는 결정이나 판결 유사한 결정도 포함한다. P.Schlosser, S.41.
9) 비송절차 외 노동법원의 결정절차에서도 흔히 생겨난다. P.Schlosser, SS.41-44.
10) 민사소송 사안 중에서 특히 형성소송 사안을 비송절차 사안과 비교해보면,
　　원래 비송절차 영역에 해당하는 사안들 중 상당 부분이 법률에 의해 형성
　　소송의 형식을 거치도록 정해져 있음이 확인된다. 예를 들어, 형성소송 사
　　안의 예인 이혼이나 친생부인의 경우를 보면 원고가 반드시 실체사법상 권
　　리를 행사하는 것도 아니고, 또한 반드시 권리다툼을 전제로 하는 것도 아
　　니다. 따라서 그 절차가 꼭 민사소송이어야만 할 필연성은 없지만, 소송기
　　술적인 이유에 의해 민사소송에 속하는 것으로 하고 있는 것으로 보인다.
　　Staab, S.138, SS.146-148.
11) 우리나라에서 쓰고 있는 용어인 형식적 의미의 형성의 소는 독일 민사소송
　　법학에서 말하는 형식적 의미의 형성판결과 동의어가 아니다. 독일법상 이
　　에 정확히 들어맞는 용어는 없다. 물론 우리가 말하는 형식적 의미의 형성
　　의 소는 형성의 실질을 가지기는 한다. 우리가 말하는 형식적 의미의 형성
　　의 소와 관련해서는 강현중, 형식적 형성소송에 관한 약간의 고찰, 저스티
　　스 30/1, 1997.3, 98면 이하를 참조하라.

결을 가리킨다. 형식적 의미의 형성판결이란 그에 대비되는 실질적 의미의 형성판결을 강조하기 위한 것일 뿐, 이 구분이 특별한 의미를 가지는 것은 아니다.12)

(2) 소위 숨겨진 형성판결

독일 민법 제319조 제1항에 의거한 법원에 의한 급부지정 판결은 외적으로 볼 때 순수한 이행판결과 유사하다. 그렇지만 판결로서 급부지정이 행해지고 그에 따라 양 당사자의 법률관계가 형성되므로 이도 실질적 의미의 형성판결에 해당한다. 이처럼 다른 종류의 판결이 내려질 때 같이 내려지는 형성부분을 숨겨진 형성판결(verdecktes/verstecktes Gestaltungsurteil)이라고 한다. 여기서 "숨겨진"이라는 표현은 판결의 실질적 내용이 아니라 그 외양과 관련된 특징을 일컫는 것이다.13)

3. 형성의 효과를 기준으로 한 형성판결의 분류

(1) 법률관계를 성립시키거나 보충시키는 형성판결

새로이 법률관계를 성립시키는 형성판결이 있다. 성립형 형성판결의 예로는 독일 민법 제574a조(개정 전 민법 제556a조)에 의거 법원의 판결에 의한 임대차계약의 연장을 들 수 있다. 독일 민법 제574a조에 의하면, 임차인은 경우에 따라 제574조에 의거 임대인의 해지에 이의를 제기하

---

12) P.Schlosser, S.41.
13) P.Schlosser, S.132f.

고 임대차관계의 계속을 청구할 수 있다. 이에 대해 당사자들 사이에 합의가 성립하지 아니하는 때에는 임대차관계의 연장 여부, 그 기간 및 계속되는 임대차관계의 조건이 판결로써 정해진다. 이 예의 경우, 외관상으로는 종전에 존재하던 임대차관계가 연장되는 것으로 보인다. 하지만 그 실질은 이전 임대차관계의 종료시점부터 법원에 의해 새로이 존재하게 된 임대차관계라고 할 수 있다.

존재하지 않는 법률관계를 새로이 만들어 내는 성립형 형성판결과 상당히 비슷한 유형으로, 이미 존재하기는 하지만 불완전한 법률관계를 보충하여 완전한 상태로 만드는 형성판결이 있다. 이러한 형성판결은 개인의 의사표시의 간극을 메워 비로소 그 완전한 내용을 가지게 하는 보충적 기능을 하므로 보충형 형성판결이라고 부른다. 보충형 형성판결의 예로는 독일 민법 제315조 제3항에 의거한 판결에 의한 급부지정을 들 수 있다. 급부의무의 존재는 이미 인정되어 있는 상태에서 판결을 통해 그 급부의 양만을 확정하여 급부의무의 내용을 더 확실히 하는 보충적 역할을 하는 것이다.[14] 이 경우 법률관계의 변동을 일으키는 주된 기능을 하는 것은 어디까지나 권리자의 의사표시이며, 법원에 의한 내용의 확정은 보충적 기능을 할 뿐이다.[15]

성립형 형성판결과 보충형 형성판결을 흔히 적극적 형성판결(positives Gestaltungsurteil)이라고 부르기도 한다.

(2) 존재하는 법률관계에 변경을 가져오는 형성판결

변경형 형성판결은 완결된 상태로 존재하는 법률관계를 전제로 해

---

14) Staab, SS.29-32.
15) 그렇지만 급부지정이 행해지지 않으면 완결된 법률관계가 존재할 수 없으므로 보충시켜 성립시킨다는 의미에서 급부지정판결을 성립형 형성판결로 구분하기도 한다. Fenkart, S.115.

서 그 법률관계에 변경을 가져온다. 그런 점에서 완결되지 않은 법률관계를 전제로 하는 보충형 형성판결과 구분된다. 이 종류의 형성판결에 의해 법률관계가 변경되는 결과 소멸되는 부분이 존재하기는 할 것이지만, 법률관계를 전체적으로 소멸시키는 것이 아니라는 점에서 소멸형 형성판결과도 구분된다.16) 독일 민법 제343조 제1항에 의거한 위약금의 감액 판결이 이 종류에 해당한다. 위약금 감액 청구가 있으면 계약의 내용이 가혹하다고 법원이 인정하는 경우 이전에 정해진 급부의 양에 기초한 부분이 폐지되고 새로 정해진 급부의 양에 기초한 법률관계로 대체되는 변경이 일어난다. 이와 같은 위약금 감액의 경우는 급부의 양을 조정한다는 점에서 앞에서 설명한 성립형 내지 보충형 형성판결의 예인 급부지정의 경우와 비슷하다. 그러나 급부지정의 경우에는 급부지정이 있기까지 완결된 채무관계가 존재하지 않는 반면, 위약금 감액의 경우에는 감액 이전에 이미 완결된 채무관계가 존재한다는 점에서 다르다.

(3) 존재하는 법률관계를 소멸시키는 형성판결

존재하고 있는 법률관계를 소멸시키는 소멸형 형성판결이 있다. 독일 민법 제1447조 이하의 부부공동재산제 폐지, 독일 민법 제1564조 이하의 이혼, 독일 상법 제133조 이하의 합명회사의 해산, 독일 주식법 제243조 이하의 총회결의의 취소를 가져오는 판결 등 독일 민사법상 대다수의 형성판결들이 이 종류에 해당한다.17) 이 종류를 흔히 소극적 형성판결(negatives Gestaltungsurteil)이라고도 부른다.

---

16) Staab, SS.32-33.
17) P.Schlosser, S.51.

4. 진정한 형성의 소와 부진정한 형성의 소

진정한 형성의 소(echte Gestaltungsklage)의 경우에는 소를 통해 형성을 이룰 것이 법률에 의해 강제되어 있으며, 당사자들의 그 어떤 법률행위로도 법원에 의한 형성을 대체할 수 없다. 혼인취소의 소와 친생부인의 소가 그 예이다. 그에 대조되는 것이 부진정한 형성의 소이다. 부진정한 형성의 소(unechte Gestaltungsklage)라고 부르는 것은 진정한 형성의 소와 비교할 때 소 이외의 다른 방식으로, 즉 중재나 당사자 합의를 통해 형성을 이룰 수 있기 때문이다. 정관변경을 위한 소나 사원제명을 위한 소 같이 상법상 형성의 소들 중에 많은 것이 부진정한 형성의 소에 해당한다.18)

진정한 형성의 소와 부진정한 형성의 소를 구별하는 실무상의 의미는 차라리 부진정한 형성의 소 쪽에 놓여있다고 말할 수 있다. 부진정한 형성의 소는 반드시 소의 방식으로 형성이 이루어져야 하는 사안은 아니지만 법률이 소의 방식으로 형성을 이루도록 한 경우에 존재한다. 형성권자가 중재나 합의를 통해 형성을 이루는 것이 불가능하지 않음에도 불구하고 일단 訴라는 방식을 통해 형성권을 관철하는 방식을 택하게 되면, 소송상 협력의무라는 심적 부담으로 인해 형성상대방으로 하여금 문제의 형성을 진지하게 고려하게 만드는 효과를 발생시킨다.19) 즉 부진정한 형성의 소는 중재나 합의에 의할 수 있는 사안임에도 불구하고 실체법으로 형성의 소를 인정해 줌으로써 형성권자의 법적 지위에 강력한 동인을 부여해주는 경우이다. 이런 점에서 부진정한 형성의 소는 민사소

---

18) Lüke, S.305f. 진정한 형성의 소와 부진정한 형성의 소 개념을 가장 먼저 소
    개한 사람은 Lüke라고 한다. Staab, S.9, Fn.32.
19) Lüke, S.305.

송의 실체법적 기능을 전형적으로 보여준다고 하겠다.[20]

---

20) 그밖에 형성판결이 소급적 효력을 갖는지 여부를 판단기준으로 하는 구분
방법과 형성판결을 내릴 때 법원이 재량을 갖는지 여부를 판단기준으로 하
는 구분 방법 등이 있다. Stein/Jonas/Schumann, (1996), Vor §253 II, Rn.49ff.;
Rosenberg/Schwab/Gottwald, S.527f.

제3장 형성소송 열거주의

1. 형성의 일방성과 형성소송 열거주의

형성의 소는 법으로 규정되어 있어야 허용된다는 열거주의(numerus clausus)의 적용을 받는다. 이행의 소나 확인의 소는 일반적으로 허용되는 반면, 형성의 소는 법규정에 의한 특별한 수권을 요구하고 있는 것이다.[1] 그런데 형성의 소의 경우 왜 이 열거주의가 적용되어야 하는지, 형성이라는 특성상 그러는 것인지 아니면 소송이라는 특성상 그러는 것인지 의문스러울 수 있다. 이에 다음에서 형성의 소를 법률관계에 형성을 가져오는 다른 방법들과 비교하면서 형성의 소에 열거주의가 적용되는 이유를 살펴보기로 한다.

넓은 의미에서 당사자가 법률관계에 형성을 초래할 수 있도록 하는 방법으로 법이 예정하고 있는 것은 세 가지이다. 형성권, 형성소권, 그리고 법률관계의 변동을 야기하기 위해 상대방의 협력을 구하는 청구권이 그것이다. 법질서가 형성권, 형성소권, 그리고 청구권 중 어떤 방법을 사

---

1) Rosenberg/Schwab/Gottwald, S.527; Stein/Jonas/Schumann, (1996), Vor §253 II, Rn.46; Schellhammer, S.86; P.Schlosser, S.276; K.Schmidt, S.39; Alfred Hueck, Gestaltungsklagen im Recht der Handelgeschäftes, Recht im Wandel, 1965, S.287; Barbara Grunewald, Numerus clausus der Gestaltungsklagen und Vertragsfreiheit, ZZP 101, 1988, S.152.

용하게 하고 있든지 일방 당사자가 타방 당사자의 의사를 묻지 않고 일
방적으로 법률관계에 변동을 가져올 수 있다는 점에서 이 세 가지 방법
은 비슷한 기능을 한다. 물론 각 방법의 뒤에는 각각을 정당화시켜주는
법정책적 논거들이 자리 잡고 있다.[2]

첫 번째 방법인 형성권은 가장 간단하면서도 강력한 측면을 가진다.
비록 법률이나 당사자들의 합의에 의해 형성권이 주어졌다는 전제가 있
다고 해도 형성권자는 의사표시만으로 일방적으로 법률관계에 변동을
가지고 올 수 있기 때문이다. 그런 점에서 상대방의 법적 지위는 세 방
법의 경우 중에서 가장 불안한 상태가 된다.

두 번째 방법인 형성소권은 형성을 이루려는 당사자 외에 법원을 등
장시킨다. 입법자 입장에서는 형성권의 강한 일방성과 그와 연결되는 법
적 안정성에 대한 염려로 인해 당사자에게 선뜻 형성권을 인정해 주지
못하는 경우가 있을 수 있다. 그 경우 대안이 당사자에게 형성의 권리를
주기는 하되 소권의 형태로 주는 방법이다. 입법자가 형성소권이라는 방
법을 사용할 때 얻는 장점은 개인이 이루려는 형성을 법원이라는 국가
기관을 통해 事前的으로 내지 예방적으로 통제할 수 있다는 사실이다.
물론 법률행위를 통해 형성이 일어나도록 구성되어 있는 경우에도 법원
이 개입할 여지는 있다. 하지만 법률행위를 통해 형성이 일어나도록 구
성되어 있는 경우 형성은 당사자들 사이에서 벌어지는 일이며, 법원은
문제가 생긴 경우에만 事後的으로 개입한다. 그러나 당사자가 이루려는
형성이 공중의 이익이나 법적 안정성과도 관련되는 경우에는 국가는 더
이상 사후적 개입에 만족하지 않고, 사전적 개입에 나선다. 그 경우 당사
자는 이제 스스로 형성을 이루는 자라기보다는 형성을 청구하는 자로서
의 역할에 머무르게 된다. 반면 국가는 당사자가 형성을 청구할 요건을
갖추었는가를 사전적으로 검토하게 됨으로써 일종의 통제력을 가지게
되는 것이다. 국가가 형성권 대신 형성소권을 부여함으로써 사전적 통제

---

2) P.Schlosser, SS.28-29.

를 한다고 하여 국가가 사인들 사이의 형성의 내용까지 간섭하겠다는
의도인 것은 아니다. 형성권의 부여는 권리행사에 즉각적인 효력을 주는
반면, 형성소권의 부여는 절차진행에 시간을 소비하게끔 만드는 면이 있
으므로 형성권이 아닌 형성소권을 부여함으로써 당사자로 하여금 형성
과 관련해 신중히 행동하도록 유도하려는 의도도 있다.[3] 여기서 기본적
으로 유사한 법적 상태이지만 형성권 인정으로 때로는 형성소권 인정으
로 취급하고 있는 다음의 예들을 살펴보자. 민법상 조합에서의 업무집행
권한 박탈은 독일 민법 제712조에 의거 단순한 형성의 법률행위를 통해
이루어지고, 합명회사에서의 업무집행권한 박탈은 독일 상법 제117조에
의거 형성의 소를 통해 이루어진다. 조합의 해산은 독일 민법 제723조에
의거 법률행위를 통해 이루어지고, 합명회사의 해산은 독일 상법 제
133조에 의거 형성의 소를 통해 이루어진다. 또한 같은 상속재산이 문
제되는 경우이지만 수유결격이나 유류분취득결격을 이유로 유증이나
유류분 취득을 취소시키는 것은 독일 민법 제2345조에 의거 법률행위
를 통해 이루어지고, 상속결격을 이유로 상속을 취소시키는 것은 독일
민법 제2342조에 의거 형성의 소를 통해 이루어진다. 결국 형성권 부여
혹은 형성소권의 부여에 대한 입법자의 결단이 사안의 중요성과 법적
안정성이라는 관점에 의미를 부여한 법정책적 고려의 결과라는 것이 분
명해진다.[4]

　남은 세 번째 방법은, 법률관계에 변동을 야기할 수 있는 청구권을
부여해주는 것이다.[5] 청구권으로 구성되기 때문에 여타 청구권과 마찬
가지로 외관상 청구—이행이라는 구조를 가진다. 그리고 법률관계의 변
동을 야기할 수 있는 청구권을 둘러싸고 다툼이 발생하는 경우 이행의
소라는 형식을 이용하게 된다.[6] 법률관계의 변동을 야기할 수 있는 청

3) Fenkart, S.120; Dölle, Wesen, S.95.
4) P.Schlosser, S.51; Jooss, SS.13-14; K.Schmidt, S.36f.
5) P.Schlosser, S.33.
6) Schönke/Schröder/Niese, S.205.

구권 중에서 특히 중요한 것은 독일 민사소송법 제894조가 예정하고 있는, 법률관계를 변동시키는데 필요한 상대방의 의사표시를 법원이 대신 교부해 줄 것을 구하는 청구권이다.[7] 이 청구가 인용되면 상대방의 의사표시가 없음에도 불구하고 있는 것처럼 의제되어 형성이 이루어지게 된다. 이 경우는 청구권자가 법원의 협력을 얻어 의도했던 형성을 이루어낸다는 점에서 형성의 소를 통한 형성과 상당히 유사한 구조와 효과를 가지는 까닭에, 이러한 법원의 판결을 형성판결이라고 보는 견해가 많다.[8]

이와 같은 세 가지 방법 중에서 입법자가 어느 방법을 택하든 형성이라는 결과는 거의 비슷하다. 그리고 세 가지 방법은 정도의 차이는 있지만 형성을 이루는 자의 일방성이라는 측면도 공통적으로 가진다. 그 일방성으로 인해 열거주의가 적용된다. 일방성에 비례하여 높아지는 상대방의 법적 불안정성에 대한 견제 장치인 셈이다. 그런 까닭에 형성을 이루는 세 가지 방법은 정도의 차이는 있지만 일방성을 가지므로 정도의 차이는 있지만 열거주의의 적용을 받게 된다. 그런 맥락에서 형성소권뿐만 아니라 일반 형성권이나 권리변동을 야기할 수 있는 청구권도 법률에 근거 규정이 있는 경우에만 인정되어야 한다. 다만 사적자치라는 대원칙상 당사자들 사이의 합의를 통해 상대방에게 형성권 혹은 권리변동을 야기할 수 있는 청구권을 수권하는 길이 열려져 있다는 점에서 열거주의의 구속이 크지 않다고 느낄 뿐이다. 이에 비해 형성소권의 경우에는 국가의 소송시스템이라는 별도의 논리가 적용되는 요소가 개입한다. 그리고 그 이질적인 요소 때문에 형성소권의 경우에는 나머지 두 경우

---

7) Stein/Jonas/Schumann, (1996), Vor §253 III, Rn.106. P.Schlosser, S.34는 이 청구권의 구체적인 예로 임차인이 법원에 독일 개정 전 민법 제556a조에 의거 임대차 관계의 연장을 청구하는 경우를 들고 있다.

8) 이런 견해를 취하는 학자로는 Blomeyer, Langheineken, R.Schmidt, Zitelmann, Brürckner, Höler, Wach, Petschek-Stagel, Larenz 등을 들 수 있다(P.Schlosser, S.34, Fn.19에서 재인용).

와 마찬가지로 당사자들 사이의 합의를 통해 열거주의를 완화시킬 수 있다고 단언할 수 없게 된다.

2. 형성소송 열거주의의 완화 문제

형성판결을 내리는 것은 법원이지만, 형성판결을 법률관계의 변동이라는 형성효과와 연결시키는 것은 법률이다.[9] 법률에 규정이 있어야만 형성판결을 구할 수 있는데, 법률은 일정한 경우로 제한하여 규정하고 있다. 형성소송은 열거주의의 적용을 받는 것이다. 그런데 앞서 살폈듯이 형성을 이루는 세 가지 방법 사이에 어떤 확고한 입법적 원칙이 있어 보이지는 않는다. 그래서인지 법실무는 법규정을 유추적용하는 방법을 이용하여 형성소송 열거주의를 완화시키려 하는 경향을 보인다. 예를 들어, 독일 주식법 제243조 이하에 의거하여 주식회사에 적용되는 총회결의취소의 소는 그 밖의 인적회사나 조합 등 여러 형태의 단체의 결의를 취소시키는 데 유추적용된다.[10] 그리고 급부지정권자의 지정이 불공평한 경우 독일 민법 제315조 제3항은 법원이 대신 급부지정을 할 수 있도록 규정하고 있는데, 이와 같은 법적 구성은 일반약관에 의한 계약의 내용이 소비자에게 불리하기는 하지만 독일 개정 민법 제307조 이하가 정하고 있는 무효의 대상까지는 아닌 경우 법원이 재량에 의해 계약의 내용을 수정할 수 있게 하는 데 유추적용된다.[11] 이렇듯 구체적인 법규정에 근거를 두는 유추적용 외에도, 자유로운 법 발견이라는 역할을 근거

---

9) Bötticher, Unterwerfung, S.16.
10) P.Schlosser, S.277; K.Schmidt, S.39; Rosenberg/Schwab/Gottwald, S.528.
11) P.Schlosser, S.277; Rosenberg/Schwab/Gottwald, S.528.

로 법원이 재량으로 형성판결을 내릴 수 있다고 하여 형성소송 열거주의를 완화시키려고 시도하기도 한다.[12]

이렇듯 형성소송 열거주의를 느슨하게 해석하다 보면 그 느슨함의 정도가 어디까지 확대될 수 있는지가 문제된다. 이에 대한 답은 私法關係의 형성이 어떤 방법을 통해 이루어지는가를 검토하는 과정에서 찾을 수 있다. 앞서 살펴보았듯이, 법률관계의 형성이 필요한 상황에서 입법자는 어떤 경우에는 형성권을, 어떤 경우에는 형성소권을, 그리고 또 어떤 경우에는 청구권을 허용하고 있다. 그런데 이 세 가지 방법 사이에 법정책적 또는 법기술적 차이는 있으나, 입법원칙상 필연적 차이는 존재하지 않는다. 그렇다면 당사자들이 원래 입법자에게 주어진 위 세 가지 방법 사이의 선택권한을 배제하고 스스로 합의를 거쳐 선택하려 한다면 어떻게 다루어야 할 것인가가 문제로 된다. 만약 형성권자가 형성권 대신에 청구권을 이용해 형성을 일으키려고 한다면 허용해야 할 것이다. 형성권과 청구권은 상대적 권리라는 점에서 공통되는데,[13] 형성권 대신 청구권을 이용하는 경우에는 오히려 형성의 일방성이 감소될 여지가 많기 때문이다. 이에 비해 청구권으로 되어 있는 것을 형성권으로 바꾸는 경우는 허용될 수도 있고 허용되지 않을 수도 있다. 당사자들 사이에 진정한 합의가 있다면 사적자치 원칙상 그 정도의 일방성의 증대는 허용될 수 있기 때문이다. 하지만 외관상 사적자치로 보이더라도 그 합의가 사실은 진정한 합의가 아니라 일방당사자로부터 강제된 것이라면 그렇게 바꾸는 것이 허용되어서는 안 될 것이다. 만약 형성소권으로 되어 있는 것을 형성권으로 바꾸는 경우라면 허용되지 않을 가능성이 크다. 특히 진정한 형성의 소의 경우에는 법원이 당사자 사이에 개입하여 담당하는 역할이 있는데 형성권으로 바꾸게 되면 그 역할이 배제되기 때문

---

12) 예를 들어 공동임차권을 법원이 임의로 분리시켜 결과적으로 임대인의 임대차 관계 해지를 어렵게 만들어 개개 임차인 보호를 꾀한다. P.Schlosser, S.278, Fn.12; K.Schmidt, S.39, Fn.44; Rosenberg/Schwab/Gottwald, S.528.

13) Karl Blomeyer, Arrest und einstweilige Verfügung, ZZP 65, 1952, S.60.

이다. 이에 비해 부진정한 형성의 소의 경우라면 당사자들의 합의를 통해 형성권으로 바꾸는 것을 허용할 여지가 있을 것이다. 형성소권으로 되어 있는 것을 청구권으로 바꾸려는 경우에는 청구권은 다시 이행의 소로 연결되므로 일방성이 감소한다는 점에서 허용할 여지가 있을 것이다. 이 경우들에 비해 실제로 문제되는 것은, 당사자들이 형성권이나 청구권을 이용하지 않고 형성의 소를 이용하겠다고 합의할 수 있는가 여부이다. 다시 말해, 원칙적으로 법에 규정되어 있어야만 가능한 형성소송이 당사자들의 합의를 근거로 해서도 가능한가가 문제된다. 이 문제는 결국 형성소송에 적용되는 열거주의 원칙과 당사자들의 사적자치 원칙을 어떻게 조화시킬 것인가의 문제로 환원된다.14) 법적 안정성의 확보라는 측면에서 보면 형성을 이루기에 상대적으로 쉬운 방법인 법률행위에서 상대적으로 어려운 방법인 소송으로 바꾸는 것은 허용되어야 할 것이다.15) 앞서 보았듯이 법원의 재량에 의한 형성소송의 확대가 인정되고 있다면, 당사자들의 합의에 의한 형성소송의 확대라고 해서 부정할 필연적인 이유가 없다는 점에서도 그러하다. 하지만 쉬운 법률행위에서 어려운 소송으로 바꾸는 것이 어떤 의미를 가지는가를 살펴보면 형성소송의 확대가 꼭 바람직한 것만은 아니라는 점이 드러난다. 일단 법률행위를 통해 행사하도록 되어 있는 형성권을 소송을 통해서만 행사해야 하도록 하는 것은 형성의 소 외에 형성권 제도를 따로 마련하고 있는 법체계 구도에 어긋난다. 더욱이 당사자들 사이에 형성을 이루도록 한 것을 사회적 비용을 들여 법원이 개입을 해주어야 한다는 것은 비경제적이며 비효율적이다. 법률에 규정되어 있지 않은 한, 법원의 개입은 형성의 사후적 통제만으로 족하다고 해야 한다. 이 문제에 대한 이제까지의 독일 학설과 실무의 입장을 보면, 법률에 정해진 법원의 임무 범위와 권한을 개인들이 합의를 통해 확대할 수는 없다는 것이 분명하다.16) 요컨대 형성

---

14) P.Schlosser, S.286f.
15) Hueck, S.289.
16) Hueck, S.288, S.297; P.Schlosser, S.289; Grunewald, S.152f. 우리나라 대법원도

소송은 여전히 상대적으로 엄격한 열거주의의 적용을 받는다.[17]

이를 인정하지 않는다. 대법원 1968.11.19.선고 68다1882,1883판결(집16(3)민, 229). 이시윤, 170면, 주1.

17) 우리나라 대법원 판결도 형성의 소는 법률의 규정이 있는 경우에만 허용됨을 반복해서 확인하고 있다. 대법원 2001.1.16.선고 2000다45020판결(공 2001.3.1.(125), 446); 대법원 1993.9.14.선고 92다35462판결(공1993.11.1(955), 2751); 대법원 1968.11.26.선고 68다1902판결(판례카드 6244번). 주석 민사소송법/이시윤, (III), 328면, 주17은 이런 판례의 입장에 반대하고 있다. 이에 비해 대법원 2000.5.26.선고 2000다2375판결(공2000.7.15.(110), 1515)은 "… 명문의 근거 규정이 없는 경우에도 특정 형성소송에 관한 규정을 유추적용하여 일정한 요건 하에 최소한의 범위 내에서 그와 유사한 법률관계에 관하여 형성의 소를 허용하여야 할 경우가 있다고 하더라도 …"라 하여 형성의 소가 확대될 가능성을 비추고 있다.

제4장 맺음말

　형성권(Gestaltungsrecht)은 일방적인 행위를 통해 법률관계에 변동을
가져올 수 있는 권리로서 법률행위를 통해서 행사될 수도 있고, 소송을
통해서도 행사될 수 있다. 일반적으로 법률행위를 통하는 형성권 행사
행위를 좁은 의미에서 "형성행위(Gestaltungsgeschäft)"라고 한다. 이에 비
해 소송을 통해 형성을 이루는 행위에 대해서는 형성소송행위라는 표현
을 사용하지는 않으며, 대신 "소송을 통해 행사되어야 하는 형성권(durch
Klage auszuübendes Gestaltungsrecht)" 등의 서술적 어구를 사용한다. 법률
행위를 통해 형성을 이루는 행위와 소송을 통해 형성을 이루는 행위를
합하여 넓은 의미에서 "형성행위(Gestaltungsakt)"라고 부른다. 이와 같은
형성권을 행사하는 방법상 차이로 인해 형성권은 다시 형성권과 형성소
권으로 구분될 수 있다. 그렇지만 형성권이든 형성소권이든 일방적인 행
위를 통해 법률관계에 변동을 가져올 수 있는 권리라는 점에서 이 두 권
리는 다시 형성권이라는 상위 개념아래 포섭된다. 그리하여 형성권과 형
성소권의 구분에 최소한의 의미만 부여하자면, 그 사이에는 형성권을 행
사하는 방법상 차이만이 존재할 뿐이라고 말할 수 있다. 그렇지만 형성
권과 형성소권의 구분에 그 이상의 의미를 부여할 수도 있으니, 소송을
통해 행사하기로 하는 한 형성권은 실체법 영역을 떠나 소송법 원리의
지배를 받는 영역으로 옮겨갔다고 말할 수 있다. 그러나 그렇다고 해도
형성권은 애초에 일방적인 행위를 통해 법률관계에 변동을 가져오는 권
리개념으로 고안되었기에, 실체법 영역과 절차법 영역에서 각기 형성권

혹은 형성소권 체제의 완전한 독립성을 주장하는 것은 바람직하지 않다고 하겠다. 그런데 형성권과 형성소권의 공통성을 강조하다보면 형성권과 형성소권 사이에 전환이 가능하지 않은가라는 생각을 할 수 있다. 이러한 생각은 형성소송의 열거주의라는 논제와 연결된다. 이 논제에 대한 여태까지의 결론은, 한 나라의 법체계가 어떤 이유에서 법률행위에 의한 형성이라는 방법 혹은 소송을 통한 형성이라는 방법을 택했는가에 따라 전환이 가능할 수도 혹은 불가능할 수도 있지만, 법원이 담당하는 임무와 권한 그리고 그와 관련된 사회적 비용 등을 감안하면 형성소송 열거주의는 지켜지는 것이 효율적이라는 것이다.

제3부 형성권의 양도성에 관한 독일 민법학상 논의

형성권은 구체적인 권리가 아니라 어떤 종류의 권리를 통칭하는 유개념에 해당한다. 그러므로 형성권에 관한 논의는 기본적으로 총론적이기 마련이다. 하지만 실제에서는 형성권에 속하는 개별적인 권리들이 구체적으로 어떻게 운용되고 있는가가 중요할 것이다. 형성권에 속하는 개별적인 권리들에 대한 논의를 형성권 각론이라고 부른다면, 그 각론은 그러나 형성권에 속하는 권리들 각각의 권리론으로 행해지지 형성권 각론으로 행해지지는 않는다. 형성권의 양도성에 관한 논의도 마찬가지이다. 형성권의 양도성과 그 방법에 관한 문제는 단지 개별적인 법률관계를 놓고 이야기할 수 있을 뿐이라는 것이 일반적으로 인식되어 있다.[1] 그럼에도 불구하고 형성권 일반의 양도성 문제는 형성권에 관한 논점들 중에서 독일의 판결문에 상대적으로 자주 등장하면서, 상대적으로 실용도가 높은 것으로 주목을 받아 왔다.[2] 그렇다면 독일의 법률가들이 형성권

---

1) Enneccerus/Nipperdey, Bd.I, 14 Aufl., S.443; Bydlinski, SS.1-2.
2) 형성권의 양도성에 대한 자료는 상대적으로 풍부하다. 이글에서 심도있게 다루지 않은 초기 문헌들은 다음과 같다. 1929년에 나온 Eberhard Kühne, Die Übertragbarkeit von Gestaltungsrechten은 극도로 이론적인 서술로 이루어져 있고, 법규정과의 일치는 부수적으로 취급되고 있다. 1930년에 나온 Ernst Eckart, Die Abtretbarkeit der Gestaltungsrechte는 취소권의 양도성을 주로 다루고 있는데, 취소권이 그 바탕이 되는 채권채무관계에서 분리되어 양도될 수

일반의 양도성을 다루는 것보다는 형성권에 해당하는 개별 권리들의 양도성을 구체적 사례를 바탕으로 검토하는 것이 낫다고 생각하면서도 다른 한편으로 형성권 일반의 양도성에 대한 논의를 계속하는 이유가 무엇일까. 필자는 형성권에 해당하는 권리들이 법률관계에서 담당하는 역할이 상당히 중요하기 때문이라고 본다. 즉 형성권에 해당하는 권리들이 하나같이 상당히 중요하고, 또 그만큼 관련된 사건들이 많기 때문에 형성권이라는 상위개념을 이용하여 사건들을 효율적으로 해결할 방법을 모색할 유인이 있기 때문이 아닌가 한다. 그런 방법을 모색해 낼 수 있다면 다소 추상적으로 보이는 연구 작업을 계속할 동기는 충분하다고 본다. 하지만 그와 같은 동기가 뒷받침해준다 하더라도 형성권 일반의 양도성을 추출해 내는 것은 쉽지 않은 듯하다. 이런 이유에서인지 이미 Seckel부터 자신의 형성권론 안에서 형성권의 양도성 문제를 두고 보편타당한 명제를 세우는 것은 골칫거리라고 서술한 바 있다.[3]

없음을 설명하고 있다. 1932년에 나온 Herbert Loewenthal, Der Übergang der Gestaltungsrechte unter Lebenden und von Todes wegen은 주로 생전의 형성권 양도성 문제를 개별적 형성권들을 예로 들어 약술하고 있다. 1933년에 나온 Wilhelm Tils, Die Abtretbarkeit von Gestaltungsrechten은 개별적 형성권의 양도성에 대한 피상적 서술에 그치고 있다. 1933년에 나온 Wolfgang Schlochoff, Die Gestaltungsrechte und ihre Übertragbarkeit는 양도된 형성권을 행사한 효과가 양수인이 아니라 사실상 양도인에게 귀속되는 이른바 형식적 양도를 인정하지 않고 있다. 그러고 보면 1929~1933년 사이의 4년 동안 무려 5개의 형성권 양도성 관련 박사학위논문들이 나온 셈이다. 그리고 그 이후 1966년에 Steffen, 1968년에 Waltermann, 1982년에 Schwenzer이 각각 형성권의 양도성과 관련된 논문을 써냈다. Steffen부터는 이글에서 본격적으로 인용하고 있으므로 해당 부분과 참고문헌 목록을 참조하라.

3) Seckel, S.220.

제1장 형성권의 양도성 인정을 위한 법적 구성

1. 독일 민법 제413조 [기타의 권리의 이전]

독일 민법에 형성권의 양도성과 관련된 조문은 없다. 독일의 법률가들은 독일 민법 제413조[채권양도: 기타의 권리의 이전]을 형성권 양도성 논의의 출발점으로 삼는다. 독일 민법전 채권양도의 장을 보면 채권양도에 관한 규정들은 법률에 다른 정함이 없는 한 기타의 권리의 양도에 준용되는 것으로 되어 있기 때문이다. 법문언만으로 볼 때 독일 민법 제413조가 말하는 기타의 권리에 형성권을 포함시킬 수 있는지 아니면 포함시킬 수 없는지 여부는 불분명하다. 그래서 필요한 것이 독일 민법 제413조가 예정하고 있는 법적 요건과 효과가 어떤 것인지를 입법이유서인 Motive를 통해 검토하는 작업이다. 그러나 Motive를 검토해 봐도 명확한 대답을 찾을 수는 없다. Motive에 명시적으로 드러나는 것은 독일 민법의 기초자들이 제413조의 기타의 권리와 관련하여 저작권이나 특허권의 양도성을 규율하려고 의도하고 있다는 것 정도이다.[1] 역사적으로 볼 때 형성권이 독일 민법 제413조와 관련된 고려 대상이 아니라는 것은 놀라운 일이 아니다. 그 이유는 Motive 당시에는 아직 형성권 개념이 확실하게 자리 잡지 않았었기 때문이다.[2] 그러므로 독일 민법 제413조를

---

1) Motive, §312, S.141=Mugdan, Bd.2, S.77f.
2) Loewenthal, S.7; Steinbeck, S.40; Franz-Josef Waltermann, Die Übertragbarkeit von

형성권에 적용하는 것은 전적으로 학설에 의존할 문제로 되었다.

Seckel의 형성권론 이후의 문헌을 보면, 독일 민법학계는 제413조의 규율 내용을 두고 두 가지 시각에서 해석하고 있다.

그 한 가지는 독일 민법 제413조를 좁게 해석하는 것이다. 독일 민법 제413조는 기타의 권리들이 양도가능함을 말하려는 조문이 아니라, 양도가 가능한 기타의 권리를 전제로 그 권리의 양도 방법을 규율하려는 조문이라고 보는 것이다. 이와 같은 해석을 취하면 독일 민법 제413조는 그 권리의 양도가 가능하다는 점이 확실한 경우 비로소 적용되게 된다.[3] 이러한 좁은 해석은 특히 독일 민법 제413조에 관한 Motive를 근거로 한다. Motive, §312, S.141을 보면 독일 민법 제1초안 제312조(현행 독일 민법 제413조)는 양도방법이 구체적으로 규정되어 있지 않은 "여타의 양도 가능한 권리들…(andere veräußerliche Rechte…)"을 위한 것이라고 나와 있다. 또한 Motive상 본 조의 표제어가 Übertragung und Pfändung anderer zessibeler Rechte(기타의 양도가능한 권리들의 이전과 압류)로 되어 있다.[4] 좁은 해석에 따라 독일 민법 제413조를 양도성이 분명한 권리들에 적용되는 것으로 보게 되면, 양도가능성이 불확실한 형성권에 제413조를 바로 적용시킬 수는 없게 된다. 그러나 형성권이 양도 불가능하다는 것이 확실한 것도 아니기 때문에, 독일 민법 제413조를 좁게 해석하는 견해에 따른다고 하더라도, 형성권에 제413조를 적용시킬 가능성은 남게 된다. 그저 바로 적용시킬 수 없다는 것 뿐 이다.

다른 한 가지는 독일 민법 제413조를 넓게 해석하는 것이다. 제413조를 보다 넓게 파악하여 입법자가 이 규정을 일반조항(Generalklausel)으로 끼워 넣어 민법 체계의 흠결을 피하려 했으며, 더 나아가 모든 권리에

Gestaltungsrechten im Rahmen von Geschäftsbedingungen, 1968, S.19f.

3) Blomeyer, S.279; Lange, KritVSchr.62, S.21; RGRK/Weber, §413 Rn.24; Steffen, S.86; Stoll, AcP 135(1935), S.234, 236(이 자료목록은 Steinbeck, S.41, Fn.11에서 재인용).

4) Protokolle, §§309-313, S.813=Mugdan, Bd.2, S.587.

대한 폭넓은 양도성 인정에 도달하려고 했다고 보는 것이다. 그 근거는 최종 선택된 제413조의 문언이 채권 이외의 "권리들" 일반을 말하고 있지 "양도가능한 권리들"만을 말하고 있지 않다는 것이다. 즉 제413조의 표제부가 독일 민법 제2초안을 위한 Protokolle에서부터 지금같은 Übertragung anderer Rechte(기타의 권리의 이전)로 바뀌었던 것이다. 이렇게 넓게 해석을 하면 모든 권리들은 특별한 이유가 없는 한 일단 양도가 가능하며, 이들 권리의 양도는 채권양도와 마찬가지로 특별한 방식을 필요로 하지 않고 단순한 양도계약으로 가능하게 된다. 이러한 해석을 형성권에 적용시키면, 형성권도 민법상 한 권리이므로 양도가 가능하며, 형성권의 양도는 독일 민법 제413조의 규율을 받는다는 결론이 나온다.5)

"양도가능한"이라는 명문의 어구로 인해 독일 민법 제1초안만 놓고 보면 확실히 독일 민법의 기초자들은 제413조에 대해 양도가능한 권리들을 전제로 한 듯하다. 또한 독일 민법 기초자들이 제413조를 만들며 전제로 했던 바가 양도가능한 권리들이었다는 사실은 초안 단계에 있었다가 최종적으로는 채택되지 못한 규정들을 추적하여 비교하는 과정에서도 드러난다. (독일 현행 민법 제413조의 전신인) 독일 민법 제1초안 제312조 (지금은 삭제된6)) 제2문을 보면, 양도가 불가능한 권리라 하더라도 타인이 그 권리를 행사하는 것이 가능하면 압류가 가능함을 규정하고 있다. 이 제2문의 규정은 (독일 현행 민법 제400조의 전신인) 독일 민법 제1초안 제296조 (마찬가지로 삭제된) 제2문으로 양도가 불가능한 채권은 압류가 불가능하다고 규정하고 있는 것을 피해가려는 취지였다.7) 독일 민법의 기초자들이 권리의 이전에 관한 한 원래는 양도와 압

---

5) Loewenthal, S.7; Kühne, S.7; Schlochoff, S.30; Seckel, S.220; Tils, S.11; Waltermann, S.19.

6) 엄밀히 말하면 삭제된 것이 아니라 민사소송법으로 옮겨갔다. 즉 독일 민법 제1초안 제312조 제2문은 양도불가능한 권리에 대한 압류를 규정하고 있는 그 당시 독일 민사소송법 제754조 (독일 현행 민사소송법 제851조) 제3항 뒤로 옮겨졌다.

류를 같은 맥락에서 다루려고 했다는 점을 독일 민법 제1초안 제296조 제2문에서 확인할 수 있다. 양도가 불가능하면 압류가 불가능할 뿐 아니라, 압류가 불가능하면 양도도 불가능하다는 독일 민법 제1초안 제296조 (독일 현행 민법 제400조)가 그것을 증명해준다. 비록 독일 민법 최종안은 양도와 압류를 분리시켜 지금에 이르지만, 적어도 독일 민법의 기초자들이 양도와 압류를 같은 맥락에서 다루었다는 것은 확실하다.[8] 그렇

---

7) Mugdan, Bd.2, S.XXI, S.XXIV, S.573, S.587.

Entwurf I §312: Die Vorschriften über die Übertragung der Forderungen und über die Zulässigkeit der Pfändung von Forderungen finden auf die Übertragung und Pfändung anderer Rechte in Ermangelung besonderer Vorschriften entsprechende Anwendung. Ein nicht übertragbares Recht ist insoweit, als die Ausübung einem Anderen überlassen werden kann, der Pfändung unterworfen, sofern nicht das Gesetz ein Anderes bestimmt (채권의 양도와 채권의 압류가능성에 관한 규정은 특별한 규정이 없으면 다른 권리들의 양도와 압류에 준용된다. 양도가 불가능한 권리는 타인이 그 권리를 행사하는 것이 가능하다면 법률에 다른 정함이 없는 한 압류할 수 있다).

Entwurf II §356(←Entwurf I §312): Die Vorschriften über die Übertragung von Forderungen finden in Ermangelung besonderer Vorschriften auf die Übertragung anderer Rechte entsprechende Anwendung (채권의 양도에 관한 규정은 특별한 규정이 없으면 다른 권리들의 양도에 준용된다).

BGB §413(←Entwurf II §356←Entwurf I §312): Die Vorschriften über die Übertragung von Forderungen finden auf die Übertragung anderer Rechte entsprechende Anwendung, soweit nicht das Gesetz ein Anderes vorschreibt (채권의 양도에 관한 규정은 법률에 다른 정함이 없는 한 다른 권리들의 양도에 준용된다).

Entwurf I §296: Wenn und soweit eine Forderung gemäß §749 CPO der Pfändung micht unterworfen ist, kann sie auch nicht übertragen werden. Eine Forderung, welche nicht übertragen werden kann, ist der Pfändung nicht unterworfen, sofern nicht das Gesetz ein Anderes bestimmt (독일 민사소송법 제749조에 의거 압류할 수 없는 채권은 양도할 수 없다. 양도할 수 없는 채권은 법률이 다르게 정하고 있지 않은 한 압류할 수 없다).

BGB §400(←Entwurf I §296): Eine Forderung kann nicht abgetreten werden, soweit sie der Pfändung nicht unterworfen ist (압류할 수 없는 채권은 양도할 수 없다).

다면 다시, 지금은 독일 민사소송법으로 옮겨진 독일 민법 제1초안 제
312조 제2문이 양도가 불가능한 권리도 압류가 가능할 수 있다고 덧붙
이고 있는 것은, 제312조 제1문(독일 현행 민법 제413조)이 양도가 가능
한 권리들을 전제로 하고 있다는 것을 의미한다.

　민법 제정 과정에서는 그렇다 하더라도, 종국적으로 선택된 독일 민
법 제413조의 문언 자체는 "양도가능한 권리들"만을 말하는지 분명히
하고 있지 않다. 제413조를 좁게 해석하는 학자들의 주장처럼, 제413조
가 기타의 권리의 양도가능성을 말해주는 조문은 아니라는 것을 그대로
받아들인다고 하더라도, 본 조는 양도성이 불분명한 권리의 양도성을 부
정하는 조문도 아니다. 그런 맥락에서 제413조를 좁게 해석하는 견해를
뒷받침해 주는, 독일 민법의 기초자들이 양도와 압류를 같은 맥락에서
다루었다는 논거는 제413조를 넓게 해석하는 견해를 위한 논거로도 사
용할 수 있다. 지금은 독일 민사소송법으로 옮겨진 독일 민법 제1초안
제312조 제2문을 제312조 제1문(독일 현행 민법 제413조)과 연결시켜 읽
어내야 하는 것은 양도가 불가능하다고 하더라도, 어떤 권리를 타인이
행사하는 것이 가능하다면 압류가 가능하다는 부분이다. 그렇다면 양도
와 압류를 같은 맥락에서 볼 때 양도성이 불분명한 권리에 대한 양도가
능성의 1차적 판단기준은 그 권리가 타인에 의해 행사되는 것이 가능한
가 여부가 된다. 형성권은 그 자체로는 타인에 의해 행사되는 것이 가능
한 권리이다. 그 결과 형성권은 양도성이 있는 권리로 해석되게 되고, 이
는 다시 제413조를 형성권에 직접 적용시킬 수 있게 만든다.

　결국 독일 민법의 기초자들은 "기타의 권리"라는 불특정 용어를 사용
하여 제413조를 일반조항으로 하려고 했다고 보는 것이 타당하다.[9] 독

---

8) 이런 태도는 오늘날 문헌에서도 발견된다. 예를 들어 Gottgetreu는 2001년에
　　형성권에 대해 어떤 식으로 압류가 이루어지고 있는가를 논하면서, 형성권
　　의 독립적 양도와 비독립적 양도라는 구분에 맞추어 형성권의 독립적 압류
　　와 비독립적 압류로 구분하고 있다. Gottgetreu, S.43, S.214.
9) Loewenthal, S.7.

일 민법 제413조는 제정 당시 드러나 있지 아니한 새로운 형태의 권리의 출현에 대해서도 대처해야 함을 예견한 열린 조문인 것이다. 현재 형성권의 양도에 대해서는 제413조를 매개로 하여 채권양도 규정이 적용된다는 것이 독일의 통설이다.10)

2. 사적자치의 원칙

설령 앞 1에서 소개한 좁은 견해처럼, 독일 민법 제413조[기타의 권리의 이전]이 형성권의 양도가능성을 말해주는 규정이 아니라고 보더라도, 제413조와 상관없이 일반적 고려로부터 형성권의 원칙적 양도가능성을 찾는 시도가 여전히 가능하다. 그 일반적 고려의 근거는 독일 기본법 제2조 제1항이다.11) 이 조항이 보장하고 있는, 자신의 인격을 자유로이 발현할 권리는 민사법에서는 사적자치 원칙으로 나타난다. 그리고 사적자치 원칙은 계약자유로 구체화되어 어떤 행동이든 법질서에 의해 금지되는 것이 아닌 한 허용되게끔 하는 근거가 되어 준다.12) 독일 기본법 제2조 제1항을 전제로 하면 개개인은 원칙적으로 자신의 권리를, 따라서 형성권을, 계약을 통해 타인에게 양도하는 것도 허용되는 것이다.13) 나아가 모든 권리의 양도성을 인정해주는 것이 경제적 기본 관점에 맞는

---

10) Bydlinski, S.289; Staudinger/Busche, (1999), §413, Rn.10-15; MünchKomm/Roth, (2001), §413, Rn.11.

11) 독일 기본법 제2조 ① 누구든 타인의 권리를 침해하거나, 헌법질서 또는 도덕률을 위반하지 않는 한 자신의 인격을 자유로이 전개할 권리를 가진다.

12) Maunz-Dürig GG Komm/Dürig, (1990), Art.2 Abs.1, Rn.53; BGH NJW 1973, 1793.

13) Adomeit, S.12.

면이 있다. 기본적으로 권리란 일정한 법질서 내에서 가장 합목적적인
방식으로 자신의 이익을 추구하는 것 자체의 경제적 가치까지도 포함하
는 개념이다. 그러니까 자신의 이익을 위해 권리를 행사하는 것뿐만 아
니라 권리를 처분하는 것도 권리의 내용을 이루는 것이다.14) 이렇게 보
면 형성상대방에게는 형성권이 단지 원래의 형성권자에 의해서만 행사
되도록 할 권한이 없게 된다.15) 이는 형성상대방을 형성권자의 지나친
자의로부터 보호해야 한다는 것과는 다른 문제이다. 그렇다면 법적 정당
화를 필요로 하는 것은 형성권의 양도성이 아니라, 오히려 형성권의 비
양도성이라고 말할 수 있다.16)

---

14) Bydlinski, S.24.
15) Bydlinski, S.37; Ingeborg Schwenzer, Zession und sekundäre Gläubigerrechte, AcP
    182, 1982, S.220.
16) Steinbeck, S.41, S.64.

제2장 형성권의 양도 금지

형성권이 다른 권리들과 마찬가지로 원칙적으로 양도가 가능하다고 한다면, 형성권도 다른 권리들과 마찬가지로 양도가 금지될 수 있다. 다음의 경우들이 그러하다.

1. 법률의 규정에 의한 양도 금지

우선 법률의 명시적 규정에 의해 일련의 형성권이 양도되지 못한다. 다른 정함이 없는 한 관철되는 독일 민법 제473조[선매권의 양도금지] 규정에 따른 선매권의 양도금지가 그 예이다.[1]

2. 내용변경으로 인한 양도 금지

독일 민법 제399조[내용변경 또는 합의로 인한 채권의 양도금지]가[2]

---

1) Seckel, S.220, Fn.5.
2) 독일 민법 제399조 [내용변경 또는 합의로 인한 채권의 양도금지] 채권은

예정하는 채권양도를 금지하는 첫 번째 경우는, 내용을 변경하지 아니하고는 원래의 채권자 이외의 자에게 급부를 할 수 없는 경우이다. 이 경우는 넓은 의미의 권리의 성질에 의한 양도금지의 한 유형에 해당한다. 채권의 성질상 양도를 인정하면 양도 대상인 채권의 내용에 변경이 오고 그러면 원래의 채권과 다른 채권이 되어 버리기 때문에 양도성을 인정하기 적합하지 않다는 이유로 양도성을 인정하지 않는 것이다.[3] 이 독일 민법 제399조를 형성권에 적용시키면, 형성권의 양도가 원칙적으로 가능한 경우라 하더라도 형성권의 양도에 의해 형성권의 내용에 변경이 오게 된다면 본 조에 의거 형성권의 양도가 금지된다. 그러므로 형성권을 양도하려면 형성권이 양도된 후에도 형성권의 내용이 동일하게 남아야 한다는 결론이 도출된다. 여기서 형성권의 내용이 변경되었다는 것이 구체적으로 무엇을 가리키는가가 문제된다. 이 문제를 정면으로 다룬 학자는 찾아보기 힘들다. 다만 von Tuhr가 이 문제와 관련하여 간단히 언급한 것은 있는데, 그에 의하면, 형성권의 행사 요건이 변경되거나 형성권이 행사된 결과인 법적 효과가 변경되면 거기서 추론하여 형성권의 내용이 변경되었다고 본다고 한다.[4]

3. 당사자의 약정에 의한 양도 금지

독일 민법 제399조[내용변경 또는 합의로 인한 채권의 양도금지]가

내용을 변경하지 아니하고는 원래의 채권자 이외의 자에게 급부를 할 수 없는 경우 또는 채무자와의 약정에 의하여 양도가 금지된 경우에는 이를 양도할 수 없다.

3) MünchKomm/Roth, (2001), §399, Rn.6.
4) 무엇이 권리의 내용의 변경인가에 대해서는 von Tuhr, Bd.II-1, S.96f.를 참조하라.

예정하는 채권양도를 금지하는 두 번째 경우는, 채권자와 채무자가 채권을 양도하지 않기로 합의한 경우이다. 소위 양도금지 약정(pactum de non cedendo)이 있으면 양도가 가능한 형성권도 양도가 불가능하게 된다.5) 그럼에도 불구하고 형성권자가 형성권을 양도하면, 채무자로 하여금 채권양도 당시 양도인에 대하여 성립하고 있던 대항사유를 가지고 양수인에게 대항할 수 있게 한 독일 민법 제404조가 준용되어, 형성상대방은 구 형성권자 뿐만 아니라 신형성권자를 상대로 해서 형성권 양도의 무효를 주장할 수 있다.6)

4. 일신전속성으로 인한 양도 금지

어떤 권리가 어떤 사람에게 견련되어 있어 그 권리의 소지자가 바뀌게 되면 더 이상 제 기능을 수행할 수 없는 경우 그 권리는 一身專屬性을 가진다고 한다. 일신전속적 권리들의 경우에는 권리자의 변경이 허용되지 않는다.7) 이 경우도 넓은 의미의 권리의 성질에 의한 양도금지의 한 유형에 해당한다. 일신전속적 성격과 관련하여 주로 문제가 되는 형성권으로는 다음과 같은 것들이 있다.

(1) 친족상속법상 형성권들

일신전속적 성격을 갖는 대표적인 권리가 바로 친족상속법상 권리들

---

5) Waltermann, S.20; Steinbeck, S.71.
6) Schwenzer, S.220; Bydlinski, S.30; Steinbeck, S.71.
7) Staudinger/Busche, (1999), §399, Rn.5f.; MünchKomm/Roth, (2001), §399, Rn.19.

이다. 친족상속법에 특히 일신전속적인 형성권들이 많은데, 독일 민법 제1492조에 의거한 생존배우자의 부부재산제 폐지권, 제1502조에 의거한 생존배우자의 재산 인수권, 제1564조 이하에 의거한 이혼권, 또는 제1612조에 의거한 부양료결정권 등이 그 예이다. 이러한 권리들은 법률이 바로 그 사람에게 인정해주는 것이기 때문에 타인에게 양도하는 것이 불가능하다.[8] 독일 민법 제1316조에 의거한 일정한 혼인취소권이나 제1600조에 의거한 친생부인권같이 제한된 소수의 사람에게 인정되는 형성권의 경우에도 양도를 금지하기는 마찬가지이다.[9]

(2) 증여철회권

증여의 경우 증여자와 수증자는 고도의 인적 견련을 가지기 마련이다. 따라서 증여자는 수증자의 중대한 배은행위가 있는 경우에 그 증여를 철회할 수 있는 권리를 가진다. 그러한 증여철회권을 규정하고 있는 것이 독일 민법 제530조 제1항이다.[10] 문제는 독일 민법 제530조 제2항이 일정한 경우 증여자의 상속인이 피상속인의 증여를 철회할 수 있도록 규정하고 있는데 이는 일신전속성을 가지는 것으로 여겨지는 증여철회권이 증여자에게서 상속인에게로 상속될 수 있는 것으로 해석될 여지를 남긴다는 데 기인한다.

이 문제에 관하여 소수설 입장에 서는 Bydlinski는, 어떤 권리의 일신전속성이 양도성을 배제시킨다는 원칙에는 동의하지만, 증여철회권이라는 형성권은 이미 엄밀한 의미에서 일신"전속적"인 것이 될 수 없다고 한

---

8) Eckart, S.27; Bydlinski, S.19.

9) Seckel, S.221; Loewenthal, S.18; Steinbeck, S.51.

10) 독일 민법 제530조 [증여의 철회] ① 수증자가 증여자 또는 그의 근친에 대한 현저한 비행으로 인하여 중대한 배은의 비난을 받아야 하는 때에는, 증여자는 증여를 철회할 수 있다. ② 증여자의 상속인은, 수증자가 고의로 위법하게 증여자를 살해하였거나 철회를 방해한 때에 한하여, 철회권을 가진다.

다. Bydlinski는 우선, 증여자의 증여철회권의 경우만큼은 생전에 양도가
가능하다고 해야 한다는 주장을 하고 있다. 증여자가 증여를 할 것인지
철회를 할 것인지는 원칙적으로 증여자의 의사에 달려있으므로, 증여자
가 자신의 의사로 제3자에게 증여철회권을 양도하는 것을 막을 수 없다
는 것이다. 증여철회권의 생전 양도가능성이 인정되면, 같은 맥락에서
사인양도도 인정될 수 있게 된다. Bydlinski는 그 근거를 독일 민법 제530
조 제2항에서 찾는다. 독일 민법 제530조 제2항은 원래 증여자의 의사에
상응해서 증여의 철회가 이루어져야 하지만, 증여자가 이미 사망해서 더
이상 철회를 할 수 없기 때문에 증여자의 상속인으로 하여금 철회할 수
있게 하는 규정이라는 것이다. 그러므로 증여철회권의 양도성은 당연하
며, 다만 문제의 중점이 증여철회권의 생전양도나 사인양도가 증여자와
수증자 사이의 인적 견련에 의해 어느 정도로 제한될 수 있는가로 이동
한다고 한다.11)

이에 비해 통설은, 이 증여철회권이 원칙적으로 상속이 불가능하며
양도도 불가능하다고 한다. Bydlinski를 비판하는 통설은, 독일 민법 제
530조 제2항이라는 예외규정은 증여철회권의 경우에도 모든 다른 권리
들처럼 양도성이 인정된다는 것을 우회적으로 지지해주려는 조문이 아
니라고 주장한다. 오히려 독일 민법 제530조 제2항이 규율하려는 바와
거기서 언급되고 있는 "nur(…한 때에 한하여)"라는 단어를 통하려 표현
하고자 하는 바는 증여자의 철회권이 원칙적으로 양도불가능 하다는 점
이라는 것이다. 독일 민법 제530조 제2항이라는 예외규정에 깔려있는
것은, 독일 민법이 증여자의 假定的 意思를 최대한 현실화시키기를 원
할 뿐만 아니라, 수증자의 불법행위가 수증자에게 이익을 주어서는 안
된다고 생각하고 있다는 사고이다. 따라서 독일 민법 제530조 제2항은
증여철회권의 원칙적 상속불가능성과 그로부터 추론되어지는 양도불
허용성을 확인시켜 준다고 한다. 그러므로 독일 민법 제530조 제2항을

---

11) Bydlinski, S.202f.

우회하거나 확대 해석해 증여철회권의 양도성을 끌어내서는 안 된다고 한다.[12]

여기서 필자는 증여철회권의 상속가능성이 문제되는 상황을 증여자가 살아있을 때와 사망한 후로 나누어 다음과 같이 정리해 보려 한다. 우선 증여자가 생전의 행위로 장래 상속인이 될 사람에게 증여철회권을 양도하거나 상속시키려 하는 것을 현실적으로 막을 수는 없다. 그리고 증여자가 증여철회권의 상속 여부를 분명히 하지 않고 사망한 경우 중에 독일 민법 제530조 제2항의 상황에서는 증여철회권의 상속이 인정된다. 이는 어느 설을 취하든 마찬가지이다. 이에 비해 두 설이 취하는 입장에 따라 결과가 달라지는 것은 제530조 제2항에 해당하지 않는 상황이 벌어진 경우이다. 구체적으로, 제1항과 제2항 사이, 즉 수증자가 제2항에 해당할 만큼의 극단적인 행위를 한 것은 아니나 증여자가 생존한다면 제1항에 해당되어 분명 철회했을 것 같은 상황이 발생한 경우일 것이다. 필자의 생각에는 증여자가 증여철회권을 명시적으로 상속시키려 하지 않은 한 독일 민법 제530조 제2항이 명문의 규정으로 버티고 있으므로 증여철회권의 상속성을 인정하지 않아야 한다. 하지만 독일 민법 제530조 제2항의 해석 문제는 사망한 증여자의 가정적 의사를 판단 기준으로 한다면 확대 쪽으로 가는 것이 타당하다고 생각한다. 통설처럼 증여철회권의 상속 불가를 원칙으로 삼는다고 하더라도, 증여철회권의 상속성이 인정되는 예외를 제530조 제2문에 열거된 두 경우로 제한하지는 말아야 할 것이다. 요컨대 증여철회권의 일신전속성은 증여철회권이라는 형성권의 상속성 또는 양도성을 전면적으로 차단할 만큼 강하지는 않다는 것이 필자의 생각이다.

---

12) Seckel, S.221; Loewenthal, S.20; Steinbeck, S.51; Staudinger/Busche, (1999), §413, Rn.12; MünchKomm/Roth, (2001), §413, Rn.12.

(3) 취소권

일부 독일 학자들은 하자있는 의사표시로 인해 주어지는 취소권이 일신전속적 성격을 가진다고 보아 그 양도성을 제한하려 한다.13) 해제권이나 해지권과는 달리 취소권은 의사표시자의 인식상태를 바탕으로 하여 취소될 의사표시를 한 자에게 주어지는 일신전속적인 성격상 양도가 불가능하다고 한다.

그러나 독일의 통설은 취소권에는 다른 형성권들과 달리 취급할 만한 일신전속성이 존재하지 않는다고 비판한다.14) 통설의 설명은 다음과 같다. 취소권의 실제적 가치는 취소권자가 자신의 불리한 법적 지위를 제거할 수 있다는 데 있다. 물론 취소권자는 취소를 통해 자신의 불리함을 제거할 수 있는 대신에 자신에게 유리한 반대급부의 가치도 보유할 수 없게 된다. 자신의 불리한 법적 지위제거라는 유리함과 반대급부의 가치를 보유할 수 없다는 불리함의 경제적 가치가 동등하게 평가되는 것이다. 이런 맥락에서는, 취소될 행위를 한 자와 취소될 행위의 법적 효과가 귀속되는 자가 분리되어 있다면, 취소될 행위의 법적 효과가 귀속되는 자가 취소권을 행사할 가능성이 마련되어 있어야 한다. 취소권을 애초부터 취소될 행위의 법적 효과가 귀속되는 자에게 부여하든지, 또는 취소권을 취소될 행위를 한 자에게 부여하되 취소될 행위의 법적 효과가 귀속되는 자에게 양도할 수 있다고 구성해야 하는 것이다. 그런데 독일 민법의 규정들을 살펴보면, 취소권의 행사권자로 항상 취소사유를 만든 자(=취소할 행위를 한 자)를 전제로 하고 있는 것은 아니다. 예를 들어 독일 민법 제318조 제2항을 보면15) 급부의 지정을 행할 제3자가 급부의 지

---

13) Eckart, S.38; von Tuhr, Bd.II-1, SS.305-306과 Larenz/Wolf, 9Aufl., S.271, S.801는 취소권은 상속은 가능하지만 양도는 안 된다고 한다.

14) Schwenzer, S.249; Dörner, S.319; Steinbeck, SS.54-55; Staudinger/Busche, (1999), §413, Rn.14.

15) 독일 민법 제318조 [지정의 취소] ① 제3자에게 위탁된 지정은 계약당사자

정과 관련하여 착오한 경우, 취소권은 착오라는 취소사유를 만든 그 제3
자에게 귀속되는 것이 아니라 계약당사자에게 귀속된다. 취소될 의사표
시를 한 자와 취소될 의사표시의 법적 효과와 결부되는 자가 구분되어,
취소될 의사표시를 한 자가 아니라 의사표시의 법적 효과와 결부되어
있는 계약당사자가 취소권자로 되어 있는 것이다. 여기서 독일 민법이
취소권은 취소권의 기초가 되는 법률관계에 따라 붙어 그 법률관계의
담지자, 즉 취소될 행위의 법적 효과가 귀속되는 자에게 주어지는 것이
지, 취소할 행위를 한 자에게 따라 붙는 것이 아니라고 보고 있다는 점
이 드러난다. 이런 통설적 입장에서 보면 취소권에는 양도가능성을 막을
일신전속적 성격이 존재하지 않으므로, 형성권의 양도성과 관련하여 취
소권을 일반 형성권과 달리 다룰 필요가 없게 된다.

의 일방에 대한 의사표시로써 한다. ② 계약당사자만이 착오, 강박 또는 사
기를 이유로 하는 지정의 취소권을 가진다. 취소는 계약상대방에 대하여 한
다. 취소는 취소권자가 취소원인을 안 후 지체 없이 행하여져야 한다. 지정
후 30년이 경과한 때에는 취소를 할 수 없다.

제3장 형성권의 독립성 또는 비독립성과 양도성

앞 제1장에서 필자는 독일 민법 제413조를 근거로 형성권도 다른 권리들과 마찬가지로 원칙적으로 양도가 가능하다는 잠정적인 결론을 내렸다. 이 같은 생각을 확고한 결론으로 끌고 나가는데 여전히 장애가 되는 것은, 형성권이 당사자에게 일신전속되어 있다고 말하기는 곤란하다고 하더라도, 많은 경우 형성권은 당사자가 가지는 법적 지위에 연결되는 비독립성을 가진다는 사실이다. 명문의 규정이 없더라도 권리의 성질상 양도가 금지되거나 제한될 수 있음은 당연한데, 보통의 형성권이 가지는 비독립성이 권리의 양도성을 제한하는 바로 그 "성질"에 해당하는 것 아닌가하는 의문을 제기할 수 있다. 이하에서 형성권의 독립성 혹은 비독립성과 양도성이라는 문제를 살펴보자.

1. 형성권의 독립성과 비독립성

(1) 독립적 형성권과 비독립적 형성권의 구분

독일 민법 제413조를 근거로 형성권을 원칙적으로 양도가능한 권리로 볼 수 있다고 해서 형성권에 속하는 권리는 모두 양도가 가능하다는 결론을 추출해 낼 수는 없다. 형성권에 속하는 권리들은 법률관계에 일방적인 변동을 가져온다는 공통점을 가지기는 하지만 그 나머지 공유하지 않는 속성 중 무엇인가로 인해 해당 형성권에 양도성이 부정되거나 제한될 수도 있다. 독일의 학설과 실무는 형성권의 양도성에 관해 논할 때면 형성권을 독립적인 것과 비독립적인 것으로 나눈다.[1] 형성권을 독립적 형성권과 비독립적 형성권으로 나누는 것은 Seckel에게서 비롯된다. Seckel은 형성권이 형성권자가 가지고 있는 여타의 권리적 지위나 의무적 지위와 연결되어 있지 않은 경우 그러한 형성권을 독립적 형성권이라 불렀다. 그리고 선점권, 선매권, 환매권 등을 그 예로 들었다. 이에 비해 형성권이 형성권자가 가지고 있는 여타의 권리적 지위나 의무적 지위와 연결되어 있는 경우 그러한 형성권을 비독립적 형성권이라 불렀다. 그리고 해제권, 해지권, 취소권 등을 그 예로 들었다.[2]

독일의 학설과 실무가 형성권을 독립적 형성권과 비독립적 형성권으로 분류하는 것에 대해 Steffen이나 Bydlinski는 반대하는 주장을 펴고 있다. Bydlinski에 의하면 모든 형성권은 일반적으로 형성의 효과가 야기될 수 있는 채권, 채무, 또는 법률관계와 연결되어 있다고 한다. 그리고 엄밀한 의미의 독립적 형성권이란 실제로는 존재하지 않는다고 주장한다.[3] 이러한 Bydlinski의 주장은 Steffen에게서 그 단초를 찾아볼 수 있다. Steffen에 의하면 완전히 독립적인 형성권이 존재한다면 그런 독립적 형성권은 이미 진정한 의미의 형성권이 아니라고 한다. 그리고 그 근거로 형성권은 그 개념상 주된 권리 내지 법률관계에 부종되어 존재한다는 2차적 성질 자체를 그 독자적인 본성으로 가지고 있다는 점을 들고 있다. 따라서 형성권의 특징이라고 할 부종성을 가지지 않는 형성권은 독립적

---

1) von Tuhr, Bd.I, S.225f.; Eckart, S.28f.; Steinbeck, S.46; Karl Larenz, Lehrbuch des Schuldrecht I(Bd.I), 14 Aufl., 1987, S.601; Staudinger/Busche, (1999), §413, Rn.14; MünchKomm/Roth, (2001), §399, Rn.19.
2) Seckel, S.217f.
3) Bydlinski, S.1.

형성권에 해당하는 것이 아니라 아예 형성권이 아니라고 한다.[4]

(2) 형성권의 보편적 비독립성

많은 학자들이 형성권 전반의 특성으로 형성권의 비독립성 내지 부종성을 언급한다.[5] 앞 (1)에서 소개한 Steffen이나 Bydlinski는 독립적 형성권들을 형성권의 범주에서 명시적으로 제외시키고 비독립적 형성권들만 남기고 논하니까 모든 형성권은 비독립성 내지 부종성을 가진다고 말하는 것이 오해를 불러일으킬 여지가 별로 없다. 그러나 문제는 Steffen이나 Bydlinski처럼 독립적 형성권을 형성권 범주에서 제외시킨다는 명시적 언급이 없이, 흔히들 모든 형성권은 기본적으로 비독립성 내지 부종성을 가진다고 말한다는 사실이다. 그렇게 말하는 이유는 해제권, 해지권, 취소권 등 중요하게 다루어지고 있는 형성권의 대부분은 비독립적 형성권에 속하는 반면, 독립적 형성권이라고 해야 선점권, 선매권, 환매권 정도에 불과하기 때문인 것으로 보인다. 비독립적 형성권이 독립적 형성권보다 더 많고, 상대적으로 중요하게 다루어지기 때문에 일반적으로 "형성권은 비독립성(부종성)을 가진다"는 표현이 별 이의 없이 통용될 여지가 있는 것이다.

(3) 비독립적 형성권이 가지는 독자성 혹은 독립성

대부분의 형성권이 비독립적이라고 하더라도 그 비독립적 형성권들이 비독립성(부종성)만을 가지는 것은 아니다. 다시 말해, 형성권이 개념상 2차적 성질을 가진다 하여 형성권을 항상 그 기초가 되는 법률관계에

---

4) Steffen, SS.36-38, S.88.
5) Staudinger/Busche, (1999), §413, Rn.11.

부종된 것으로 다루어야만 하는 것은 아니다. 실제로 형성권자는 자신이 관여되어 있는 법률관계를 자신의 의사에 따라 변동시킬 수 있는 지위에 있으므로, 형성권자는 법적인 可塑性을 가지는 독자적 종류의 권리자로서의 지위를 차지한다고 말할 수 있다. 따라서 형성권은 그것이 비독립적 성격을 가진다 하더라도, 동시에 법률관계를 성립시키거나 변경시키거나 소멸시키는 힘과 수단으로서의 역할을 하는 독자적인 법제도로서의 성격을 가진다고 이해할 수 있다. 형성권 제도가 없었더라면 목적하는 법률관계를 성립시키거나 변경시키거나 소멸시키기 위해 별도의 법적과정(계약)을 거쳐야만 했을 것을, 형성권 제도의 존재로 인해 그 과정이 단축되는 것이다. 그러니까 형성권은 보편적으로 비독립적인 존재라 하더라도 그 자체로서의 독자성 내지 독립성을 가지는 독특한 존재라고 하겠다.6)

(4) 독립적 형성권의 독립적인 양도, 비독립적 형성권의 비독립적인 양도

앞 (1)에서 언급했다시피 Seckel 이후의 학자들은 독립적 형성권과 비독립적 형성권의 구분을 기준으로 형성권의 양도성을 논하고 있다. 독립적 형성권의 경우 형성권이 권리자의 법적 지위와 연결되어 있지 않으므로 그 양도성이 전혀 문제되지 않는다. 이에 비해 비독립적 형성권의 경우에는 형성권이 권리자의 법적 지위와 연결되어 있으므로 비독립적 형성권은 기초가 되는 법률관계와 더불어서 양도가 가능하다. 즉 비독립적 형성권이 비독립성을 가진다 하여 양도성이 전혀 없다는 것은 아니며, 다만 양도되는 모습에 차이가 있을 뿐이다. 이런 맥락에서 독일의 민법학자들은, 동어반복에 지나지 않음에도 불구하고, 독립적으로 양도가 가능한 형성권을 독립적 형성권이라고 부르고, 비독립적으로 양도가 가

---

6) Steffen, SS.36-38, S.88.

능한 형성권을 비독립적 형성권이라고 부른다.[7] 형성권의 보편적 비독
립성으로 인해 형성권을 독립적 형성권과 비독립적 형성권으로 나누는
것에 이론의 여지가 있고, 또 독립적 형성권에 해당하는 권리의 숫자가
적어 굳이 구분해야만 하는가에 대해 의심이 가기는 하지만, 독일 실무
나 학설은 형성권의 양도가능성이라는 문제를 다룰 때면 여전히 형성권
을 그 기초가 되는 법률관계와의 관계에 따라 독립적 형성권과 비독립
적 형성권으로 나눈다. 그리고 독립적 형성권의 경우에는 형성권의 독립
적(분리적) 양도성이 인정되고 비독립적 형성권의 경우에는 전체 법률관
계에 부종된 상태의 비독립적(비분리적) 양도성이 인정된다고 한다.[8]

2. 비독립적 형성권의 양도

독립적 형성권의 양도성은 문제될 것이 없으므로, 형성권의 양도성이
문제시되고 있다면 이는 곧 비독립적 형성권을 전제로 하고 있다고 보

---

7) Steffen, S.88; Steinbeck, S.45f.; Leverenz, SS.3-4.

8) Seckel, S.217; Steffen, S.88; Steinbeck, S.45f.; Leverenz, SS.3-4. 독일의 많은 문헌
이나 판례가 비독립적 형성권의 독립적(selbständig) 양도 또는 비독립적
(unselbständig) 양도라는 표현을 사용하고 있다. 이러한 표현의 반복으로 인
한 불편함을 덜기 위해 근래 형성권의 분리된(isoliert) 양도라는 표현이 늘고
있다. 예를 들어 Steinbeck, S.95가 그러하다. 필자도 어느 정도 그런 추세를
고려했다. 그러므로 본 논문 안에서 분리/비분리 양도라는 표현으로 인용한
많은 곳이 실제로는 독립적/비독립적 양도라는 표현을 사용하고 있음에 유
의할 필요가 있다. "분리"라는 표현이 "독립"이라는 표현의 대체어가 될 수
있는 사정과 관련해서는 본 장 뒤, 4. 채권양도가 있는 경우 비독립적 형성
권의 양도, (1) 계약견련 형성권을 계약당사자로서의 지위에서 분리시키는
문제 부분을 참조하라.

아도 무방하다. 비독립적 형성권이 원칙적으로 그 기초가 되는 법률관계
와 더불어서만 양도가 가능하다는 것은 비독립적 형성권이 갖고 있는
그 법률관계에의 부종성으로 인해서이다. 그렇다면 비독립적 형성권은
꼭 그 기초가 되는 법률관계와 더불어서만 양도가 가능한가. 이에 답하
려면 비독립적 형성권을 그 양도성에 장애가 되는 부종성 정도에 따라
구분하는 작업이 필요하다. 비독립적 형성권은 그 기초가 되는 법률관계
에의 부종성에 따라 다음과 같이 채권견련 또는 채무견련 형성권과 계
약견련 형성권으로 나뉜다.

(1) 채권견련 또는 채무견련 형성권의 양도

채권견련 형성권(forderungsbezogenes Gestaltungsrecht) 또는 채무견련 형
성권(verpflichtungsbezogenes Gestaltungsrecht)은 각기 견련된 채권 또는 채
무에 강한 부종성을 보인다. 이러한 형성권에는 독일 민법 제262조[선택
채무]에서의 선택권과 제315조[당사자 일방에 의한 급부지정] 제1항에
의거한 급부지정권 등이 속한다. 채권견련 또는 채무견련 형성권이 법률
관계에 미치는 효과의 특성상 이 종류의 형성권은 채권자 또는 채무자
의 법적 지위와 분리가 불가능하다. 그러므로 채권견련 또는 채무견련
형성권은 형성권자인 채권자 또는 채무자로서의 법적 지위와 법적 운명
을 함께 하는 일환으로서 양도된다.[9] 즉 채권견련 형성권은 특별한 언급
이 없어도 견련된 채권의 양도와 더불어 이전된다. 법률상 당연히 일어
나는 이러한 이전의 근거를, 어떤 학자는 부수적 권리는 주채권과 함께
당연히 이전된다는 독일 민법 제401조[부수적 권리 또는 우선권의 이
전]에서 찾고,[10] 어떤 학자는 부종성(비독립성)이라는 형성권의 보편적

---

9) Bydlinski, SS.10-11; Steinbeck, S.45f.; Staudinger/Busche, (1999), §401, Rn.35, §413, Rn.13.
10) Jauernig/Stürner, (1999), §401, Rn.3.

성질 자체에서 찾고 있다.[11] 그리하여 비독립적 형성권 중에서도 채권견
련 또는 채무견련 형성권의 양도성은 별로 문제가 되지 않는다.

(2) 계약견련 형성권의 양도

계약견련 형성권(vertragsbezogenes Gestaltungsrecht)은 법률관계 전체와
견련을 가진다.[12] 이러한 특성에 상응하여 계약견련 형성권의 행사는 그
기초가 되는 법률관계를 전체적 차원에서 변동시킨다. 해제권, 해지권,
그리고 취소권 등이 그 예이다.[13] 계약견련 형성권의 양도성은 여러 가
지 논점에서 다투어진다. 그리하여 누군가가 "형성권의 양도성이 문제
가 된다"라고 말하고 있다면 그것은 비독립적 형성권 중에서도 계약견
련 형성권의 양도성을 문제로 삼고 있을 가능성이 크다. 계약견련 형성
권의 양도성 문제 전반에 대해서는 서술상 번호를 바꾸어 바로 다음부
터 검토할 것인데, 학설은 다음과 같이 정리된다. 종래에는 계약견련 형
성권은 계약당사자로서의 전체적 지위가 이전되는 경우에만, 즉 계약인
수가 일어나는 경우에만 그 양도가 허용된다고 보았다(아래 3 참고).[14]
그렇지만 오늘날 점점 많은 학자들이 계약당사자로서의 전체적 지위가
아니라 주된 채권이 양도되는 경우에도 계약견련 형성권이 양도될 수
있다고 보는 쪽으로 가고 있다.[15] 다만 이 경우 주된 채권의 양도가 있

---

11) Helmut Pieper, Vertragsübernahme und Vertragsbeitritt, 1963, S.167.
12) Steinbeck, S.46f.; Staudinger/Busche, (1999), §413, Rn.13; Staudinger/Busche, (1999),
    §401, Rn.35.
13) Staudinger/Busche, (1999), §413, Rn.13-14.
14) Waltermann, S.34; Pieper, S.167.
15) Staudinger/Kaduk, §413, Rn.35; Soergel/Zeiss, §413, Rn.4; Larenz, SchuldR I, 13
    Aufl., S.545; Enneccerus/Lehmann, SchuldR, 15 Aufl., §83, 3; Esser/Schmidt,
    SchuldR AT, Bd.I, S.251. (뒤, 제4장 비독립적 형성권의 양도성에 관한 독일
    법원의 태도, 5. 부분에 소개되어 있는 BGH NJW 1998, 896에서 재인용). 그
    러나 독일 연방대법원 판결은 학설이 그렇다는 것을 자세히 분석해 놓으면

다고 해서 계약견련 형성권이 주된 채권에 수반하여 바로 그 양수인에게 이전되는 것은 아니고, 형성권의 양도에 관한 합의를 필요로 한다고 한다. 그러나 형성권의 양도에 관한 합의는 주된 채권 양도의 합의에 덧붙여지면 족하며, 별도의 계약을 요구하는 것은 아니라고 한다(아래 4 참고).16)

3. 계약인수가 있는 경우 비독립적 형성권의 양도

앞의 2에서 본 바와 같이 비독립적 형성권은 채권견련 또는 채무견련 형성권과 계약견련 형성권으로 나뉜다. 채권견련 또는 채무견련 형성권은 견련되어 있는 채권 또는 채무에 강한 부종성을 보여 채권의 양도 또는 채무의 인수가 있으면 형성권도 더불어 이전된다. 이에 비해 계약견련 형성권의 행사는 법률관계를 전체적 차원에서 변동시키므로 이 종류의 형성권은 원칙적으로 그 기초가 되는 법률관계에서 분리되어 양도될 수 없다는 것이 종래의 학설이었다.17) 즉 계약인수의 경우처럼 법적 지위의 포괄적인 양도가 이루어지는 경우에만 계약견련 형성권의 양도성을 인정하고, 개별적인 채권만이 양도되는 경우에는－그것이 설령 주된 채권의 양도라 하더라도－계약견련 형성권의 양도성을 인정하지 않으려 했다. 다음에서 계약인수가 있는 경우를 구체적으로 살펴보자.

서도, 독일 연방대법원도 그렇게 보려는 지에 대해서는 태도를 분명히 하고 있지 않다.

16) Schwenzer, S.243; Dörner, S.153; Steinbeck, S.46.

17) Waltermann, S.34; Pieper, S.167.

(1) 계약인수와 형성권의 양도

일단 계약관계가 성립한 이후에 제3자가 그에 개입하게 되는 경우를 독일 민법은 제398조 이하에 따른 채권양도와 제414조 이하에 따른 채무인수로 처리하고 있다. 그러나 이 두 가지 권리의무 승계 방법은 개별적 채권채무를 전제로 하는 것이고, 계약당사자로서의 포괄적인 지위와 관련되는 것은 아니다. 그러나 현실에서는 빈번히 계약당사자의 완전한 변경을 요구하는데, 이 경우 민법에 마련되어 있는 방법만으로는 만족스럽지 않게 된다.[18] 개별적 청구권들과 개별적 의무들이 모두 양도되고 인수된다고 하여 항상 양도인과 인수인의 법적 지위가 완전히 일치하는 것은 아니기 때문이다. 이러한 사정으로 인해 계약인수 (Vertragübernahme) 이론이 전개되었다.[19] 계약인수가 있으면 인수인은 양도인이 가졌던 법적 지위와 동일한 법적 지위를 가지게 된다. 그러므로 계약인수인은 원칙적으로 인수하는 계약관계 안에 포함되어 있는 형성권도 같이 인수하게 된다.[20]

(2) 계약인수의 경우 형성권의 수반 이전

이제 문제는 계약인수의 경우에 그 형성권의 이전이 당연히 수반되어 일어나는지 아니면 형성권의 양도에 대한 특별한 합의를 필요로 하는지 여부이다. 워낙에 계약인수는 탈퇴하는 계약양도인의 법적 지위에

---

18) Steinbeck, S.49.

19) Steffen, SS.86-87; Staudinger/Busche, (1999), Einl zu §§398ff., Rn.197; MünchKomm/ Roth, (2001), §398, Rn.4f. 계약인수와 관련된 독일 이론 소개로는 서민, 계약인수, 민법학논총(후암 곽윤직교수 화갑기념 논문집), 1985, 393~418면을 참조하라.

20) Dörner, S.298; Schwenzer, S.221; Larenz, Bd.I, S.601; Leverenz, S.4.

계약인수인이 승계하여 들어가는 것이다. 그리하여 계약인수인은 계약
관계를 인수하는 것과 동시에, 그 상황에 존재하던 계약관계의 규율에
전반적으로 복속하게 된다. 그러므로 계약인수인은 경제적으로뿐만 아
니라 법적으로 그 계약관계의 당사자로 되어야 할 것이며, 반면에 계
약양도인은 일반적으로 그 계약관계에서 완전히 탈퇴한다고 해야 한
다. 즉 계약관계의 내용은 동일하게 머물고, 당사자의 교체만 일어나
는 것이다. 따라서 계약인수가 일어나게 되면 형성권의 양도에 대한 특
별한 합의가 없더라도 계약인수인에게 형성권이 당연히 이전된다고 보
게 된다.21)

(3) 계약인수의 경우 형성권의 존치 가능성

계약인수인은 원칙적으로 인수하는 계약관계 안에 포함되어 있는 형
성권을 같이 인수하게 되므로 형성권의 양도에 대한 특별한 합의가 없
더라도 문제가 없다. 문제가 된다면 오히려 탈퇴할 계약양도인의 수중에
형성권이 남아있게 하려는 경우이다. 탈퇴할 계약양도인의 수중에 형성
권이 남아있게 하는 것은 계약관계의 당사자가 아니게 될 사람에게 그
계약관계를 변동(심지어 소멸)시킬 가능성을 열어주는 셈이 되기 때문이
다. 그런데 독일의 학계나 실무는 탈퇴하는 계약양도인이 원래 그 계약
관계를 존재하게 만든 궁극적인 당사자라는 이유로 계약양도인에게 형
성권을 존치시키는 구성을 별다른 이론 없이 허용한다. 계약인수계약을
체결할 때 계약양도인과 계약인수인이 계약양도인에게 형성권을 존치시
키기로 합의하면 형성권이 계약양도인에게 존치한다고 한다.22) 그렇지
만 필자는 독일의 학계나 실무가 형성권만의 존치를 허용하는 것은 형
성권만의 분리 양도를 허용하지 않는 태도와의23) 일관성상 문제가 있다

---

21) Dörner, S.298; Schwenzer, S.221; Larenz, Bd.I, S.601; Leverenz, S.4.
22) Steinbeck, S.58.

고 생각한다. 형성권과 전체 계약관계가 분리된다는 점에서 결과만 놓고
볼 때 형성권만 존치시키고 모든 것을 양도하는 것은 형성권만을 분리
시켜 양도할 때와 다를 바 없기 때문이다. 일관성을 보이려면 형성권만
을 분리하여 양도하는 것을 인정하지 않듯이 형성권만의 존치도 허용하
지 말든지, 아니면 형성권만의 존치도 허용하고 또 형성권만을 분리하여
양도하는 것도 허용하여야 할 것이다. 그러나 독일의 학계나 실무가 형
성권만을 분리하여 양도하는 것은 허용하기를 꺼리면서, 계약인수시 당
사자 합의에 의해 형성권을 존치시키는 것은 별 문제없이 허용하고 있
음은 서술한 바와 같다. 요컨대 계약인수가 일어나는 경우에 형성권을
존치시키기로 하는 등의 특별한 합의가 없다면 형성권은 계약 당사자로
서의 법적 지위에 수반하여 새로운 계약당사자가 된 계약인수인에게 이
전된다.[24]

(4) 일부 이행이 있던 상태에서
계약인수가 이루어 진 경우 형성권의 양도

그러나 비록 학설이 계약인수시 형성권의 이전을 인정하는데 통일적
인 태도를 보이고 있다고 해도, 세부적 논의로 들어가면 논란이 되고 있
는 부분도 있다. 예를 들자면 양도인에 의해 이미 부분적으로 채무가 이
행된 상태에서 계약인수가 이루어진 경우 취소권의 이전 여부가 대표적
으로 그러하다.[25] 여기서 채무가 일부 이행된 이후 계약인수계약이 체결
되는 상황을 살펴보면 보통은 계약인수계약의 당사자들은 그 일부 이행

---

23) Seckel, S.221, Fn.1; von Tuhr, Bd.I, S.225f.; Larenz, Bd.I, S.601; Steinbeck, S.46;
    Staudinger/Busche, (1999), §413, Rn.13. 자세한 것은 본 장 뒤, 5. 형성권만의
    분리 양도 부분을 참조하라.
24) Staudinger/Busche, (1999), §413, Rn.13; Dörner, S.298; Schwenzer, S.221; Leverenz,
    S.4.
25) Eckart, S.30f.; Larenz, Bd.I, S.601; Staudinger/Busche, (1999), §413, Rn.14.

사실을 고려하여 계약을 체결할 것이다. 그렇다고 하면 채무가 전혀 이행되지 않은 상태에서 계약인수가 이루어지든 채무가 일부 이행된 상태에서 계약인수가 이루어지든 그 결과 계약인수인이 현재 그 법률관계의 당사자가 된다는 점은 마찬가지이다. 그렇게 보면 취소권은 일반적인 계약인수계약이 있는 경우와 마찬가지로 현재의 계약인수인에게 이전되어야 한다. 그러나 실제로 취소권이 행사된 경우를 상정하면 생각이 달라질 수 있다. 계약인수가 이루어 진 상태에서 취소권이 행사되는 경우 계약인수에서 인수의 대상이 되는 원래의 법률관계인 계약관계가 되돌려질뿐더러, 그에 결부되어 자동적으로 계약인수 자체의 법률관계도 기초를 상실하게 된다. 그러니까 일부 이행이 있던 상태에서 계약인수가 이루어졌고, 이어 다시 취소권이 행사되는 경우 일부 이행한 급부와 관련하여 정산을 하고 계약관계에서 탈퇴한 계약양도인이 계약관계에 재등장하게 된다.26) 이 경우 계약양도인이 원래의 법률관계를 성립시켰으며, 채무의 일부까지 이행해 놓은 마당에, 취소권이 행사되면 그 법률관계에 재등장해야 하니 그 상황을 정리할 사람으로는 계약인수인보다 계약양도인이 적당하다고 볼 수도 있다. 이렇게 보면 취소권은 계약양도인이 계속 가지게 하는 것이 낫다. 하지만 어쨌든 현재 법률관계의 당사자는 계약인수인인데 이미 탈퇴한 계약양도인에게 취소권을 남겨 그로 하여금 계약인수인의 법률관계의 존속을 뒤엎는 결정을 할 수 있게 하는 것도 불합리하다. 이런 이유로 일부 이행이 있던 상태에서 계약인수가 이루어지는 경우 취소권이 여느 계약인수 때처럼 계약인수인에게 이전되는지, 아니면 상황의 특성상 계약양도인에게 남는다고 봐야 할 지 논란이 되고 있는 것이다.

여기서 우선, 계약에서 탈퇴하는 계약양도인의 취소권을 소멸시켜 취소권 이전 문제의 발생을 아예 차단하는 방안을 생각해 볼 수 있다.27)

---

26) Steinbeck, S.56.
27) Waltermann, S.34; Steinbeck, S.57.

그런데 취소권을 소멸시키려면 근거 규정이 필요하다. 권리는 근본적으로 법정의 소멸요건이 만족될 때까지 존속하기 때문이다. 여기서 취소권을 소멸시킬 만한 근거 규정으로 취소할 수 있는 행위를 일단 추인한 경우 다시 취소할 수 없음을 규정하고 있는 독일 민법 제144조[취소할 수 있는 법률행위의 추인]을[28] 끌어 들일 수 있다. 원래의 계약당사자인 계약양도인이 한쪽으로 취소권이 붙어 있는 자신의 법적 지위를 계약인수인에게 이전시키면서 동시에 다른 한쪽으로 취소할 수 있는 그 법률행위를 추인하는 것이다. 이런 추인이 있으면 계약양도인의 취소권이 소멸하게 되므로 계약인수인에게 이전될 취소권이 사라진다. 그런데 이런 추인은, 취소권이 이전되면서 동시에 행사된다는 시간적 의제 속에서만 가능하다는 약점을 가진다. 또한 그렇게 의제하여 계약양도인이 취소권을 행사할 수 있다고 하더라도 계약인수계약 시점에 그 법률관계에 있을 수 있는 모든 취소가능성이 드러나 있지 않을 수 있다. 모든 취소가능성의 기초로 될 수 있는 사실들이 그 당사자들에게 알려진 상태가 아니라면 취소권의 차단이란 불가능하게 된다. 그러므로 독일 민법 제144조에 의거한 추인 그리고 그에 동반하는 취소권의 소멸을 통해 취소권의 이전 문제의 발생을 차단하는 방안은 현실적으로 고려할 만하지 않다.

그렇다면 취소권의 이전을 인정하지 않고 탈퇴한 계약양도인이 취소권을 가진다고 구성하는 방법과, 취소권의 이전을 인정하여 현재의 계약인수인이 취소권을 가진다고 구성하는 방법의 장단점을 비교해 보자. 탈퇴한 양도인에게 취소권을 남기는 구성의 장점은, 취소권이 행사되는 경우 법률관계의 정리가 원 계약당사자들 사이에 이루어지게 되므로 인적 차원에서 보면 이 방법이 간단하다는 사실이다. 그러나 이 구성은 아무

---

28) 독일 민법 제144조 [취소할 수 있는 법률행위의 추인] ① 취소할 수 있는 법률행위가 취소권자에 의하여 추인되는 때에는 취소를 할 수 없다. ② 제1항의 추인에는 법률행위에 대하여 정하여진 방식을 요하지 아니한다.

리 일부 이행 이후에 이루어진 계약인수라 하더라도 계약인수인이 현재
문제의 법률관계의 지배자임을 반영하지 않는다는 단점을 가진다. 이에
비해 계약인수인에게 취소권을 이전시키는 구성의 장점은, 취소권이 행
사되는 경우 법률관계의 정리가 현재의 상태를 기준으로 이루어지게 되
므로 물적 차원에서 보면 이 방법이 더 간단하다는 사실이다. 그 대신
이 구성은 취소권이 행사되는 경우 이미 정산이 끝난 계약양도인이 법
률관계에 재편입되는 것을 설명하기가 자연스럽지 않다는 단점을 가진
다. 결국 두 방법 모두 일장일단을 가지는 셈이다. 그렇다면 어떤 방법이
독일 민법 체계와 무리 없이 조화를 이루는가라는 측면을 살펴보자. 그
러기 위해서는 취소 이후의 법률관계 정리에 관한 독일 부당이득법의
논리를 검토해 볼 필요가 있다. 그리고 그에 맞추어, 일부 이행이 있던
상태에서 계약인수가 이루어진 후 취소권이 행사되면 계약관계에 재편
입되는 원계약당사자가 차지하는 의미를 검토해 볼 필요가 있다. 부당이
득법상 원칙을 규율하고 있는 독일 민법 제812조를 보면[29] 부당이득반
환청구권자는 급부 또는 기타의 방법에 의하여 손실을 입은 자이고, 부
당이득반환의무자는 타인의 손실로 인해 이득한 자이다. 그러니까 부당
이득반환청구권자는 급부를 했던 그 사람을 말하는 것이 아니라, 그 급
부로 인해 결과적으로 손실을 입은 것으로 드러나는 자이다. 그리고 부
당이득반환의무자는 그 급부로 인해 결과적으로 이득한 것으로 드러나
는 자이다. 아울러 여기서 결과적으로라는 것은 부당이득의 보정이 행해
져야 하는 현재를 의미한다. 그런데 계약인수계약이 완료된 상태인 현재
당사자들 사이의 전체적 이해 연관은 당연히 현재의 채권자와 현재의

---

29) 독일 민법 제812조 [반환청구권] ① 타인의 급부로 인하여 또는 기타의 방
  법에 의하여 그의 손실로 법적 원인 없이 어떤 것을 취득한 사람은 그에 대
  하여 반환의 의무를 진다. 법적 원인이 후에 소멸한 때 또는 급부에 의하여
  법률행위의 내용상 목적된 결과가 발생하지 아니한 때에도 이러한 의무가
  성립한다. ② 계약에 의하여 행하여진 채권관계의 존재 또는 부존재의 승인
  도 이를 급부로 본다.

채무자 사이에 존재한다.[30] 그리하여 이로부터 부당이득관계에 여러 사
람이 관여하는 경우 원래의 급부와 취소 후 부당이득의 반환이 어떤 사
람들 사이에 이루어져야 하는가를 판단해 낼 수 있다. 즉 계약양도인은
원래 급부자였다고 하더라도 계약양도와 함께 이해당사자로서의 지위를
계약인수인에게 양도하는 것이며, 그 결과 계약인수인이 독일 민법 제
812조가 말하는 급부자로 된다. 설령 (누군가에 의해) 취소권이 행사되는
경우 계약양도인이 계약관계에 재편입된다고 하더라도 그와 함께 계약
인수인의 이해당사자적 지위가 자동적으로 사라지게 되는 것도 아니
다.[31] 그러므로 계약양도인에 의해 일부 이행이 이루어진 상태에서 계약
인수가 이루어진 경우라 하더라도 취소권은 현재 법률관계에서 이해당
사자인 계약인수인이 가지는 것이 자연스럽다고 하겠다.

　　결국 일부 이행이 있던 상태에서 계약인수가 이루어 진 경우 취소권
의 이전 문제는 다음과 같이 정리될 수 있겠다. 일단 당사자 사이에 취
소권의 이전 여부에 대한 합의가 있는 경우를 살펴봐야 한다. 일방 당사
자에 의한 이행이 전혀 없는 상태에서 계약인수가 있는 경우 취소권이
계약인수인에게 이전되는 것이 원칙이지만(앞 (2)) 당사자 사이에 합의가
있는 경우 계약양도인에게 존치시키는 것이 인정된다(앞 (3)). 그와 비교
할 때 계약양도인이 채무의 일부를 이행한 경우는 기초가 되는 계약관
계와 계약양도인과의 견련성이 더 높은 경우에 해당하므로 당사자들이
합의로 계약양도인에게 취소권을 존치시키는 것을 인정해야 할 것이다.
그리고 마찬가지로 계약양도인이 채무의 일부를 이행한 상태에서 계약
인수가 이루어지는 경우 취소권이 계약인수인에게 이전되는 것도 여기
(4)에서 논한 것처럼 인정해야 할 것인데, 그 상황에서 당사자 사이에 취
소권을 계약인수인에게 이전시키기로 하는 합의까지 있다면 취소권의

30) Pieper, S.212. 독일 부당이득법과 관련하여 양창수, 독일부당이득이론의 역
　　사적 전개, 민법학논총(후암 곽윤직교수 화갑기념 논문집), 1985, 588면 이
　　하를 참조하라.
31) Steinbeck, S.56.

이전을 인정하지 않을 이유가 더욱 없게 된다. 이와 관련하여 계약양도인이 채무의 일부를 이행한 경우의 취소권 양도 문제는 궁극적으로 취소권의 분리 양도 문제와 연결될 것이다. 일부 이행이라는 것이 가지는 추상성 때문이다. 만약 아주 적은 부분을 이행한 계약양도인에게 취소권을 존치시킨다든가, 계약양도인이 거의 대부분을 이행했는데 계약인수인에게 취소권을 이전시킨다면 이는 앞 (3)에서 언급한 형성권의 분리 존치 혹은 형성권만의 분리 양도 문제와 같은 차원의 문제로 변환되는 것으로 봐야 한다.

4. 채권양도가 있는 경우 비독립적 형성권의 양도

(1) 계약견련 형성권을 계약당사자로서의 지위에서 분리시키는 문제

1) 형성권이 분리되어 양도된다는 것의 의미

독일 민법학에서 형성권의 "분리"가 문제되는 상황은 크게 두 가지이다. 첫 번째는 당사자의 법적 지위가 계약인수 등을 통해 포괄적으로 양도되는 것이 아니라, 채권자로서의 지위만 개별적으로 양도되는 경우이다. 이 경우 채권양수인이 신채권자로 등장하지만, 채권양도인은 여전히 전체 법률관계의 당사자이며, 채무자이고, 경우에 따라서는 일부 채권의 채권자이기도 하다. 이 상황에서 형성권이 신채권자에게 양도된다고 하게 되면, 형성권은 전체 법률관계의 당사자 지위에서 분리된다고 말할 수 있다. 둘째, 의도적으로 형성권만 분리시켜 제3자에게 양도하는 경우이다. 이 경우와 비슷한 상황은 계약인수를 시키면서 형성권만 원계약당

사자에게 존치시키기로 합의하는 경우에도 생길 수 있다. 이 중에서 첫
번째 경우는 형성권의 양도성 문제라고 표현해도 충분하지만 형성권의
분리양도라는 표현을 많이 사용한다. 바로 앞에서 언급했듯이 형성권이
본래의 전체 법률관계에서 분리되기 때문이다. 두 번째 경우는 그야말로
형성권만 분리되어 양도되는 경우이므로 형성권의 분리 양도 또는 형성
권만의 분리 양도라는 표현을 사용해야 한다. 독일 문헌에서 형성권의
"분리" 양도 문제를 다루는 경우 후자의 형성권 분리 양도가 아니라 전
자, 즉 계약당사자의 지위에서 형성권이 분리되는 상황을 논할 가능성이
크므로 유의할 필요가 있다.

2) 개별적으로 채권이 양도된다는 것의 의미

앞의 3에서 당사자로서의 지위가 포괄적으로 양도되는 계약인수가 일
어나는 경우에 계약견련 형성권이 수반되어 양도될 수 있음을 확인하였
다. 이하에서는 채권이 개별적으로 양도되는 경우에 계약견련 형성권의
양도성은 어떻게 되는가를 살펴보기로 하자. 그러려면 우선 개별적인 채
권양도가 일어난다는 것이 어떤 상황을 의미하는지를 알아야 한다. 채권
이 개별적으로 양도되는 경우는 크게 두 유형으로 나뉜다. 첫 번째는, 전
체 계약관계에서 채권 측면만 양도되는 유형이다. 계약당사자로서의 지
위를 포괄적으로 인수하는 계약인수의 경우와는 달리, 이러한 유형의 채
권양도에서 양수인은 계약관계의 적극적 측면만 양수하고 소극적 측면
을 인수하지 않는다. 이 경우 양도인은 여전히 채무자로서의 지위를 가
지고, 양수인은 좁은 의미의 채권채무관계에서 채권자가 된다.[32] 두 번
째는, 전체 계약관계에서 주된 채권만 양도되는 유형이다. 이 경우 양도
인은 잔존 채권의 채권자로서의 지위와 채무자로서의 지위를 가지고, 양
수인은 주된 채권의 채권자가 된다. 이 두 유형 중에 어느 쪽에 속하든

---

32) Larenz, Bd.I, S.526, S.575; Dörner, S.153.

개별적인 채권양도가 있는 경우, 양도인은 여전히 계약당사자의 지위를 가지게 된다. 따라서 개별적으로 채권이 양도되는 경우에 형성권의 양도성 문제는 곧 계약당사자로서의 지위에서 형성권을 분리시켜 양도시키는 것을 인정할 것인가의 문제로 된다. 물론 이 중에서도 형성권의 양도성 여부를 답하기가 더 애매해지는 것은 주된 채권의 양도가 이루어 진 경우이다. 채권 전부가 양도된 경우보다 주된 채권의 양도가 이루어진 경우에 양도인이 가지는 계약당사자로서 지위가 두드러지기 때문이다. 마찬가지 이유에서 주된 채권이 양도된 경우에 형성권의 양도성이 인정되면, 채권 전부가 양도된 경우에 형성권의 양도성을 인정하기가 쉬워진다. 역으로 채권 전부가 양도된 경우에도 형성권의 양도성을 인정하지 않는다면, 주된 채권이 양도된 경우에는 인정하기가 더욱 힘들어 지게 된다.[33]

채권이 개별적으로 양도되는 경우에, 특히 주된 채권이 양도되는 경우에 계약견련 형성권의 운명은 어떻게 되는가에 대해서 독일의 학설이나 판례는 일치를 보지 못하고 있다.[34] 이 문제를 놓고 학설은 계약견련 형성권의 양도는 불가능하다는 부정설(준다수설[35]), 원칙적으로 양도가

---

33) 나아가 주된 채권이 양도된 경우에는 형성권의 양도성 인정 자체도 문제이지만, 형성권의 양도성이 인정된다 하더라도 가령 채권의 양도 비율이 각각 95%, 75%, 51%이라면 주된 채권의 양도가 이루어졌다고 해야 하는가도 문제로 된다. 이 문제는 또한 채권양수인이 취득한 채권의 범위 문제가 될 수도 있다. 설령 형성권의 양도성이 인정되는 경우라 하더라도, 양수인이 취득한 채권자의 법적 지위라는 범위에 계약견련 형성권도 포함되는가도 문제인 것이다.

34) Schwenzer, S.216. 특히 독일의 실무는 확실한 태도를 수립시키지 못하고 학설의 분석에 의존하고 있다. 실무가 파악하고 있는 학설의 태도와 관련해서는 뒤, 제4장, 비독립적 형성권의 양도성에 관한 독일 법원의 태도, 4. 부분에 소개되어 있는 판례인 BGH NJW 1985, 2640과, Steinbeck, S.63, Fn.11-13 부분을 참조하라.

35) 뒤, 제4장, 4. 부분에 소개되어 있는 BGH NJW 1985, 2640은 이 부정설을 다수설로 보고 있다

불가능하기는 하지만 양도인과 양수인 사이에 별도의 합의가 있으면 가능하다는 제한긍정설(다수설), 별도의 합의가 없어도 형성권의 양도가 가능하다는 긍정설(극소수설) 등으로 나뉜다.

(2) 부정설(준다수설): 채권양도의 경우 계약견련 형성권의 양도성 부정

개별적으로 채권이 양도된 경우 계약견련 형성권의 양도성을 부정하는 학설은 기본적으로, 계약견련 형성권은 계약관계 전체에 포괄적이며 결정적인 영향을 미치기 때문에, 형성권 행사를 통해 전체 계약관계를 처분할 가능성은 계약당사자에게만 주어져야 한다는 입장이다. 이와 같은 부정설의 논거는 구체적으로 다음의 두 가지로 정리된다.

1) 계약견련 형성권의 부종성

부정설의 첫 번째 논거는 계약견련 형성권의 부종성이다. 부종성에 바탕을 둔 부정설의 법적 논거는 독일 민법 제401조[부수적 권리 또는 우선권의 이전]이다.36) 독일 민법 제401조에 따르면 채권양도가 있으면 저당권이나 질권은 명시적 의사표시 없이도 그 채권의 양수인에게 이전한다. 이러한 권리들은 그 기능상 주된 권리에 부종된 부수적 권리로서, 그 주된 권리와 법적 운명을 같이 한다. 독일 민법 제401조에 관해 학설은 이 조문이 조문에 언급된 담보관련 권리뿐 아니라, 기능상 부수적 역할을 하는 다른 권리들에 적용이 가능하다고 한다.37) 그리하여 독일 민

---

36) 독일 민법 제401조 [부수적 권리 또는 우선권의 이전] ① 양도채권과 함께, 그 채권을 위한 저당권, 선박저당권이나 질권 및 그 채권을 위하여 설정된 보증에 기한 권리도 양수인에게 이전된다. ② 양수인도 강제집행 또는 도산 절차에 관하여 채권과 결합된 우선권을 행사할 수 있다.

37) Steinbeck, S.64f.; 그런데 von Tuhr, Bd.I, S.230은 부수적 권리의 정의를 단순히

법 제401조가 말하는 담보관련 권리에 계약견련 형성권을 대응시키고, 동조가 말하는 주된 권리에 형성권이 기초를 두고 있는 계약관계 그 자체를 대응시킬 수 있다고 본다. 그 결과 개별적으로 채권양도가 이루어지는 경우에 계약견련 형성권은 계약당사자에게 머물러야 한다는 해석이 나온다. 대체로 형식논리적이라고 할 수 있는 이러한 논거를 Eckart는 취소권의 경우를 구체적인 예로 들어 보강하려 한다. Eckart에 따르면 취소권은 취소할 행위를 한 자가 아니라, 취소의 기초가 되는 법률관계의 담지자에게 귀속한다.[38] 그러므로 취소권의 기초로 되어 있는 법률관계의 담지자가 아닌 자는 그 법률관계의 존속 여부를 정할 자격이 없다. 그러니까 채권만 양도되는 경우 혹은 채권의 일부만 양도되는 경우 채권양수인은 그 법률관계의 담지자라고 보기 힘들기 때문에 취소권을 가질 수 없게 된다. 나아가 Eckart는 이러한 논리구성이 취소권뿐만 아니라, 여타의 비독립적 형성권들에도 마찬가지로 적용된다고 한다.[39]

그러나 이 부종성 논거는 형성권의 양도성을 부정할 만큼 강력한 설득력을 가지지는 못한다. 일단 비독립적 형성권의 양도는 문제의 법률관계와 유관한 사람이 일정한 목적을 가지고 추구하는 것이다.[40] 더욱이 채권양수인이 문제의 법률관계를 존재시킨 계약의 체결에 관여하지 않았다 하여 항상 법률관계의 담지자가 아닐 수는 없다. 즉 채권양수인은 채권자이며, 동시에 넓은 의미의 채권채무관계에 연관을 갖는 이해당사자이다. 그러므로 채권자로서의 지위 전부가 양도된 경우는 말할 것도

"주된 권리를 전제로 하는" 권리가 아니라, "주된 권리의 목적에 공여하는" 권리라고 한다. 따라서 von Tuhr는 부수적 권리(akzessorische Rechte) 부분에서 형성권을 전혀 언급하고 있지 않다.

38) 앞, 제2장 형성권의 양도 금지, 4. 일신전속성으로 인한 양도 금지, (3) 취소권 부분을 참조하라.

39) Eckart, S.44.

40) Bydlinski, S.37; Steinbeck, S.105; 경제적인 이해뿐 아니라 관념적인 이해도 형성권의 양도를 의미있게 만든다. Hans Forkel, Literatur (Peter Bydlinski, Die Übertragung von Gestaltungsrechten, 1986), AcP 189, 1989, SS.401-402.

없고, 주된 채권의 양도가 이루어진 경우에도 계약견련 형성권이 지니는
부종성의 강도는 형성권의 양도성을 부정할 만큼 강하지 못하다고 봐야
한다.

그렇지만 부정설은, 주된 채권의 양수인이 본래의 법률관계에 법적
연관뿐 아니라 사실적 연관을 가진다 해도, 이와 같은 사정은 주된 채권
의 양수인이 그 법률관계의 존속 여부를 결정하는 사람으로 되기에는
충분하지 않다고 한다. 계약당사자인 양도인이 개별적으로 채권을 양도
하는데 그치는 경우라면 그 양도인은 재산가치로서의 채권을 잃는 것뿐
그 계약관계의 지배자로서의 지위를 잃는 것은 아니라는 것이다. 따라서
문제의 법률관계에 부종되어 있는 계약견련 형성권은 원칙적으로 개별
적 채권의 양수인에게 양도되어서는 안 된다고 한다.[41]

2) 형성상대방의 이익 침해 가능성

부정설의 또 다른 논거는 계약견련 형성권의 양도성을 인정하면 형성
상대방의 이익에 고도로 배치될 수 있다는 것이다.[42] 계약견련 형성권의
양도성이 인정되면 계약 당사자 중의 일방인 형성상대방은 자신과 계약
을 체결하지 않은 사람에게 형성권이 이전되어 있는 상황에 처하게 되
는데, 형성상대방은 자신이 계약을 체결할 때 전제로 했던 것과 다른 이
러한 상황이 자신의 이익 또는 불이익과 무관하다고 생각하지는 않을
것이다. 아울러 형성권의 양도를 인정하는 경우 신형성권자가 구형성권
자보다 가혹하게 형성권을 행사할 수 있는데 이러한 사정도 형성상대방
의 이익에 대한 침해 가능성의 증대라고 할 수도 있겠다. 이와 관련하여,
극단적인 경우 형성권의 양도가 양수인에 의해 악용되어 법질서가 부당
한 목적을 실현하는데 일조할 수도 있을 것이다. 그러나 이 문제는 형성

---

41) Schlochoff, S.39; Pieper, S.167; Waltermann, S.30.
42) Seckel, S.220; Loewenthal, S.27; Waltermann, S.26.

권 양도만의 특별한 문제가 아니다. 모든 채권의 경우에 채권자의 개인적 동기에 따라 권리를 관철시키는 강도에 차이가 나는데, 형성권의 경우에만 구권리자와 신권리자 사이의 그런 강도 차이가 부당한 결과를 가져올 가능성이 크다고 할 근거가 없다.[43] 다시 말해, 형성상대방이 일반 채무자보다 더 큰 보호가치를 가져야 할 근거가 없다. 더욱이 형성권은 그 일방적 행사가능성을 본질적 특성으로 한다. 형성권 행사의 요건들이 존재하면, 형성상대방은 항상 그 행사가능성을 계산하고 있어야만 한다. 그런 상황에서 형성권이 누구에게 양도되었다면 실제적 행사 가능성에 변화가 올 수는 있지만 그것은 어차피 일방적 행사가능성의 범위 내에 드는 것이라 생각한다. 신형성권자의 형성권 행사가 독일 민법 제226조[권리남용의 금지]나 제242조[신의성실에 좇은 급부]의 한계 안에 머무는 한, 형성상대방에 대한 부당한 침해는 없다고 보아야 한다. 요컨대 형성권 소지자의 인적 변화로 인해 형성상대방의 보호가치 있는 이익이 직접 침해되는 것은 아니므로, 형성상대방 보호라는 사고를 기반으로 해서 형성권의 양도성이 곧바로 부인될 수는 없다고 하겠다.[44]

(3) 제한긍정설(다수설): 채권양도의 경우 계약견련 형성권의 합의 양도 긍정

개별적으로 채권이 양도된 경우 계약견련 형성권의 양도성에 관하여 다수설은 부정설에서 출발하면서도 양도의 허용으로 결론을 내리고 있다. 다수설에 의하면 부정설의 논거가 옳기는 하지만, 이 논거로써는 문제되는 법률관계의 지배권이 채권양수인에게 이전되어 있는 경우까지 형성권이 양도되는 것을 막지는 못한다고 한다. 다수설은 계약견련 형성

43) Uwe Seetzen, Sekundäre Gläubigerrechte nach Abtretung des Hauptanspruchs aus einem gegenseitigen Vertrag, AcP 169, S.365.
44) Walermann, S.27; Schwenzer, S.220; Bydlinski, S.48; Steinbeck, S.71.

권 양도성 문제의 중점이 개별적 채권의 양도에 의해 전체 법률관계에 대한 양도인의 지배가 어느 정도로 상실되느냐 여부에 놓여있다고 본다. 그리하여 주된 채권의 양도에 의해 전체 법률관계에 대한 지배가 양수인에게 넘어갔다면 계약견련 형성권의 양도도 가능하다고 한다. 그렇다고 계약견련 형성권이 법률관계에 대한 지배의 이동에 수반하여 자동적으로 이전된다는 것은 아니다. 계약견련 형성권은 기본적으로 양도에 친하다고 할 수 없으므로, 양도되려면 양도인과 양수인 사이에 형성권의 양도에 대한 합의가 필요하다. 따라서 양도인과 양수인 사이에 형성권의 양도에 대한 합의가 없으면 계약견련 형성권은 원칙적으로 양도인에게 머물게 된다.45)

(4) 긍정설(극소수설): 채권양도의 경우
계약견련 형성권의 수반 이전을 주장

Steffen은, 주된 채권이 양도된 경우 계약견련 형성권의 양도 여부가 양도인과 양수인 사이의 합의에 달려있다는 다수설과는 달리, 계약견련 형성권도 채권견련 형성권과 마찬가지로 독일 민법 제401조[부수적 권리 또는 우선권의 이전]에 의거하여46) 양수인에게로 이전한다고 보았다. 즉 Steffen이 독일 민법 제401조 제1항에서 읽어낸 것은 단순히 양도(Übertragung)가 가능하다 정도가 아니라, "수반되어 일어나는 법률상 당연한 이전(ein begleitender ipso-iure-Übergang)"이다.47) Steffen은 계약견련 형

---

45) Joachim Gernhuber, Synallagma und Zession, FS f. Raiser, 1974, S.79; Dörner, S.298; Schwenzer, S.219, S.221; Larenz, Bd.I, S.601; Steinbeck, S.67, S.80; Staudinger/ Busche, (1999), §413, Rn.13.

46) 독일 민법 제401조 [부수적 권리 또는 우선권의 이전] ① 양도채권과 함께, 그 채권을 위한 저당권, 선박저당권이나, 질권 및 그 채권을 위하여 설정된 보증에 기한 권리도 양수인에게 이전한다. ② 양수인도 강제집행 또는 도산 절차에 관하여 채권과 결합된 우선권을 행사할 수 있다.

성권이 전체 계약뿐만 아니라 개별 채권과도 견련되어 있음에 유념하고
있다. 계약견련 형성권이라 하여 그 형성권을 양도인에게 남긴다면, 개
별적 채권 양도가 이루어진 경우 원래의 형성권자인 양도인이 양수인의
것이 된 채권을 무효화시킬 위험이 있다는 것이다. Steffen은 채권을 양수
하는 자가 그 채권의 존립이나 현실화를 지배할 수 있는 자라는 생각을
기반으로 이 경우에도 형성권이 당연히 수반 이전되어야 한다고 주장했
다. 누가 타인의 채권을 양수했다면 사람들은 양수인이 채권의 존립이나
현실화를 지배할 수 있는 자로 되고, 이제 양도인은 배제된다고 생각하
기 마련이라는 것이다. 양수인이 그 채권을 양수하기 위해 부담했을 반
대급부를 생각할 때 더욱 그러하다. 따라서 Steffen은 양도인이 채권양도
이후에도 양수인이 취득해 간 법적 지위를 무효화시킬 가능성이 있는
형성권을 계속 가지고 있는 것은 그 무엇을 통해서도 정당화할 수 없는
것으로 보았다. 나아가 Steffen은 양수인이 가지는 형성권이 양도인이 가
지던 형성권을 대위하는 것으로 보지 않았다. Steffen은 양수인은 독자적
인 채권자로서 양수한 채권과 견련되어 있는 형성권을 당연히 가진다고
보았다. 그리고 그 법적 근거로 채권양도 계약의 체결로써 양수인은 종
전의 채권자에 "갈음한다"는 독일 민법 제398조[채권양도]의 문언을[48]
들었다.[49]

　이와 같은 Steffen의 주장에 대해서는, Steffen이 양수인의 이익만을 고
려하고 있을 뿐이라는 비판이 제기된다. 아무리 양수인이 주된 채권을
양수했다 하더라도 계약견련 형성권을 양수인만이 행사하도록 하는 것
은 양도인의 계약당사자로서의 법적 지위에 간섭하는 것이라는 사실을
완전히 무시하는 것이라 한다.[50] 이러한 비판이 지적하듯이 Steffen은 개

---

47) Steffen, S.91.
48) 독일 민법 제398조 [채권양도] 채권은 다른 사람과의 계약에 의하여 채권
　　자로부터 그 사람에게 양도될 수 있다("채권양도"). 계약의 체결로써 양수인
　　은 종전의 채권자에 갈음한다.
49) Steffen, SS.89-94.

별적 채권양도가 있는 경우 계약견련 형성권의 양도성을 일방적으로 긍
정함으로써 양도인과 양수인의 이해를 균형 있게 반영하지 못하는 문제
점을 노출시켰다.

(5) 협동모델들(Kooperationsmodelle)

앞의 (3)에서 살폈듯이 독일의 다수설은 양도인과 양수인 사이에 형성
권의 귀속 문제에 대해 별다른 합의가 없었던 경우에는 원칙적으로 형
성권이 양도인에게 머문다고 보고 있다.[51] 그런데 처음의 논의들이 양도
인이나 양수인 중에 상대적으로 더 적절한 사람에게 형성권을 귀속시키
는 구성을 하였다면, 상대적으로 나중의 논의들 중에는 양도인과 양수인
의 협동 작업이라는 측면에서 형성권의 귀속을 구성하는 것들도 있다.
이른바 협동모델들의 주장자들은, 다수설이 형성권 양도에 관한 합의가
없는 한 형성권은 양도인에게 머무는 것으로 하고 있는데 그 경우 생길
수 있는 부작용에 주목한다. 즉 양도인이 양도한 채권을 부당하게 소멸
시키는 형성권 행사를 하여 양수인이 손해를 입는 경우 양도인이 양수
인에게 손해배상채무를 진다는 것 자체는 궁극적인 해결책이 못 된다는
것이다. 그리고 부당한 결과를 피하는 방법으로 양도인과 양수인의 협동
에 의한 형성권 행사가 제안하고 있다. 우선 가능한 방법은 다음과 같다.
(a) 양도인을 형성권자로 하면서, 형성권을 행사할 때는 양수인의 동의를
얻어 행사하도록 하는 방법; (b) 양도인과 양수인이 공동으로 형성권을
행사하도록 하는 방법; (c) 양수인을 형성권자로 하면서, 형성권을 행사
할 때는 양도인의 동의를 얻어 행사하도록 하는 방법.[52] 이 협동모델들

---

50) Steinbeck, S.79.
51) Staudinger/Busche, (1999), §413, Rn.13.
52) 각 모델의 주장자와 전거가 되는 문헌은 다음과 같다: (a) 모델: Blomeyer,
   SchuldR, 1969, S.272; Brügmann, S.38, S.42; Erman/Westermann, (1981), §398,
   Rn.26; Grunsky, Athenäum Zivilrecht I, 1972, S.671; Palandt/Heinrichs, (1980),

은 형성권의 행사에 양도인이 관여할 가능성을 확보해준다는 점에서 다
수설과 배치되지 않으며, 보기에 따라서는 절충설, 혹은 다수설 내의 변
형이라고 할 수도 있다. 다음에서 협동모델로 언급된 세 가지 방법을 하
나씩 검토해 보자.

(a) 모델은 양도인이 유일한 형성권자로 남되 형성권을 행사하고자 하
는 경우에는 양수인의 동의라는 구속을 받도록 하는 구성이다.[53] 외형적
으로는 형성권의 양도가 일어나지 않지만, 실질적으로는 형성권이 양도
인과 양수인에게 공동으로 귀속되는 셈이다. 이는 계약견련 형성권의 귀
속에 대한 합의가 없는 경우 형성권이 양도인에게 머문다는 다수설의
입장을 견지하면서, 양수인의 이익도 고려해 줄 수 있는 장점을 가진다.
그러나 (a) 모델은 양수인의 이익을 담보한다는 목적을 달성하는데 부적
당하다는 비판을 받을 수 있다. 양수인의 동의 요구는 동의 없이 행해진
양도인의 형성권 행사 행위 자체를 무효로 만들지는 않는다. 양도인이
양수인의 동의를 얻지 않고 형성권을 행사하는 경우에 양수인은 다만
양도인을 상대로 하는 손해배상청구권만을 가진다. 따라서 아무리 양수
인의 동의를 요구해도 양수인의 동의 없이 내지는 양수인의 의사에 반
하는 형성이 일어날 수 있다. 이 경우 양수인의 입장에서 볼 때 결국 아
무것도 개선되지 않은 셈이므로 굳이 이런 논리구성을 할 필요가 없게
된다.[54]

(b) 모델은 양도인과 양수인이 공동으로 행사하는 경우에만 유효한 형
성권 행사로 인정하는 것이다. 엄밀히 말하면 형성권의 전적인 양도가

---

§398, Anm.3a; Seetzen, AcP, 1969, S.366; Siber, SchuldR, 1931, S.142. (b) 모델:
Gernhuber, Synallagma, S.95; Larenz, SchuldR, (1979), §34, I, S.467.; MünchKomm/
Roth, (1979), §398, Rn.72. (c)모델: MünchKomm/Emmerich, (1979), §325, Rn.15;
RGRK/Weber, (1976), §401, Rn.19 (Schwenzer, S.217, Fn.9에서 재인용). 각 모델
의 주장자와 문헌은 뒤, 제4장 비독립적 형성권의 양도성에 관한 독일 법원
의 태도, 4. 부분에서 소개되는 BGH NJW 1985, 2640에도 정리되어 있다.

53) Seetzen, S.364; Steinbeck, S.74.
54) Dörner, S.296; Bydlinski, S.27; Steinbeck, S.74.

이루어진 것은 아니고, 형성권이 양도인과 양수인에게 공동으로 귀속되어 있는 상황이다.[55] (a) 모델과 (b) 모델의 차이는, (a) 모델에서는 양수인의 동의가 형성권 양도 계약 당사자들 사이의 내부관계에서만 필수라는데 있다. 이에 비해 (b) 모델의 공동 행사의 경우에는, 양수인의 동의가외부관계에서도 필수라는 점에서 다르다. (a) 모델에서는 양도인이 양수인의 동의를 얻지 않고 형성권을 행사하는 경우 양도인은 양수인에 대해 계약상 부수적 의무를 위반하는 것이 되지만, 형성권 행사의 유효성자체는 문제되지 않는다. 이에 비해 (b) 모델에서는 형성권 행사가 양도인과 양수인에 의해 동시에 행해져야 하는 것이 아니라 일방의 타방에대한 사전적 동의나 사후적 추인으로도 족하지만, 공동행사 자체는 형성권 행사의 진정한 유효조건이 된다. 공동의 권한이라는 의미에서 진정한공동작용을 요구하는 (b) 모델은 분명 양수인의 이해를 충분히 담보하는데 적당하지만 그 법적 근거가 결여된다는 것이 문제이다. 물론 당사자들이 합의에 의해 공동으로 행사하기로 정하면 문제가 없지만, 당사자들이 합의하는 경우에는 아예 협동모델을 살필 이유가 없을 것이다. 그러니까 (b) 모델이 의미하는 바는 채권의 양도가 있으면 별도의 합의가 없이도 자동적으로 형성권의 공동 권리행사 형태로 간다는 것이다. (b) 모델의 법적 근거로 거론되는 것은 독일 민법 제351조[해제권의 불가분성]이다.[56] 이 조문을 보면[57] 해제권의 행사가 다수인의 권리영역에 영향을 미치는 경우에 해제권의 행사는 전체 관여자의 동의와 함께만 허용된다. 일단 이 조문은 양도인과 양수인의 공동 해제권 행사를 뒷받침해 줄 수 있는 것처럼 보인다. 그러나 독일 민법 제351조의 규정은 해제

---

55) Gernhuber, S.95.

56) Loewenthal, S.35.

57) 독일 민법 제351조 [해제권의 불가분성] 계약당사자의 일방 또는 타방이
   수인인 경우에는 해제권은 전원에 의하여 전원에 대하여 행사되어야 한다.
   해제권자 중 한 사람에 대하여 해제권이 소멸하면, 다른 해제권자에 대하여
   도 소멸한다.

권을 가지는 측이나 해제상대방이 되는 측이 다수당사자일 경우에 적용
되는 것이라는데 문제가 있다. 즉 독일 민법 제351조가 개입하는 것은
다수당사자가 해제권을 가지고 있다는 사실을 전제로 하는 것이며, 제
351조 자체가 해제권이 다수당사자에게 귀속되어야 하는 근거로 되어주
는 것은 아니다. 또 양도인과 양수인이 같은 계약의 일방 당사자인지도
의심스럽다. 따라서 독일 민법 제351조는 협동모델의 법적 근거로 사용
될 수 없다.58) 법적 근거의 결여 외에도 (b) 모델의 효율성은 의심스러워
보이는데, 양도인과 양수인에 의한 권리의 공동행사를 요구하는 것은 현
실적으로 형성권의 행사를 아주 어렵게 만들 것이기 때문이다. 어떤 한
권리가 두 사람에게 공동적으로 귀속하는 경우, 그 두 사람 사이의 이해
가 대립적으로 가는 경우도 많으므로, 그들이 이해 대립 없이 무난하게
공동으로 형성권 행사를 할 것이라고 추정하기 어렵다.

　(c) 모델은 양수인을 형성권자로 하면서, 형성권을 행사할 때는 양도인
의 동의 아래 행사하도록 하는 방법이다. 외형적으로 형성권의 양도가
존재하지만, 실질적으로 형성권이 양도인과 양수인에게 공동으로 귀속
하는 것이다. (c) 모델과 (a) 모델은 양도인의 동의가 양도인과 양수인 사
이의 내부관계에서만 필수라는 점에서 비슷하다. 다만 (c) 모델은 양수인
을 우선하고, (a) 모델은 양도인을 우선한다는 점만이 다르다. 따라서 (c)
모델은 (a) 모델과 동일한 한계를 가진다. 즉 양수인이 양도인의 동의 없
이 형성권을 행사하는 경우에 양수인은 양도인에 대해 계약상 부수적
의무를 위반하는 것이 되지만, 형성권 행사의 유효성 자체는 문제되지
않는다. 그리고 한 권리자가 다른 권리자의 동의를 얻어 형성권을 행사
해야 하는 경우, 형성상대방으로서는 형성권을 행사하는 자가 타권리자
로부터 실제로 동의를 얻은 후 행사하는 것인지 여부를 일반적으로 인
식하기 어렵다는 것도 (c) 모델의 문제점이다.

　결론적으로, 협동모델들은 양수인이 합의를 통해 명시적으로 형성권

---

58) Steinbeck, S.77.

을 양수하지 못하는 경우에도 양수인의 법적 지위를 개선시킬 수 있다
는 장점을 가진다.[59] 그렇지만 협동모델들은 나름대로 한계를 가지고 있
다. 협동모델을 택한다고 해서 형성권의 양도성 문제 자체가 해결되는
것도 아니고, 법적 명료성이라는 측면에서는 협동모델이 단독권리자 모
델을 취하는 것보다 나을 것이 없다.[60] 물론 양도인과 양수인 사이에 협
동으로 형성권을 행사하도록 하자는 합의가 있는 경우는 말할 것도 없
고, 형성권의 귀속에 대해 별다른 합의가 없었던 경우 양도인과 양수인
이 협동해서 형성권을 행사하는 것은 유효하다. 독일의 법원도, 협동모
델이라는 용어를 사용하는 것은 아니지만 (a), (b), (c) 모델에 해당하는 경
우들을 인정해주고 있다.[61] 다만 협동모델을 형성권 양도에 관한 원칙으
로 삼는 것은 고려하지 않는 것으로 보인다.

(6) 소결 : 채권양도의 경우
계약견련 형성권의 합의 양도 긍정

계약인수의 경우에는 계약견련 형성권의 양도성이 별로 문제되지 않
으나, 개별적으로 채권이 양도된 경우에는 다투어지고 있다. 이렇듯 채
권양도가 있는 경우 계약견련 형성권의 양도가 문제되는 것은 이를 긍
정할 경우 근본적으로 문제의 계약관계에서 계약당사자로서의 지위와
형성권자라는 지위를 분리시키는 결과를 가져오기 때문이다. 학설들의
장단점을 살펴본 필자의 견해는 결국 계약견련 형성권의 양도성에 대한
판단 기준은 누가 계약관계의 실질적인 지배자로서 보호받을 자인가 여
부가 되어야 한다는 것이다.[62] 그렇다면 누가 계약관계의 실질적인 지배

---

59) Steinbeck, S.74f.
60) Dörner, S.314.
61) 뒤, 제4장 비독립적 형성권의 양도성에 관한 독일 법원의 태도, 5. 1997년
    12월 17일자 연방대법원 판결 (BGH NJW 1998, 896) 부분을 참조하라.
62) 채무자인 형성상대방은 채권양도를 통지받음으로써 비로소 그 계약관계의

자인가? 필자는 채권양도가 일어난 법률관계에서는 기본적으로 주된 채권의 양수인이 그 계약관계의 실질적인 지배자라고 생각한다. 이런 상황에서 직접적으로 채권의 존속에 영향을 미치는 계약견련 형성권을 어떤 식으로든 양도인에게 남기는 것은 채권의 유동성을 해칠 수 있다. 그리고 이런 측면을 감안하여 협동모델들이 등장하였다고 생각한다. 결론적으로, 주된 채권이 양도된 경우라면 계약인수의 경우와 마찬가지로 양수인이 채권견련 형성권뿐 아니라 계약견련 형성권을 행사할 수 있도록 해야 한다. 다만 계약견련 형성권의 무조건적인 양도를 인정하는 것도 문제의 소지를 가지는 만큼 형성권 양도를 위해서는 채권양도의 합의와는 별도로 형성권 양도를 위한 합의를 필요로 한다고 해야 무리가 없을 것이다. 이것이 다수설의 입장이기도 함은 앞의 (3)에서 살펴 본 대로이다. 아울러 형성권의 양도와 관련하여 합의가 없던 경우 양도인과 양수인이 협동하여 형성권을 행사하는 것을 유효로 하는 것에는 찬성하나, 이를 원칙으로 삼는 것에는 부정적인 것도 독일의 다수설과 같은 입장이다.

5. 형성권만의 분리 양도

(1) 형성권만의 분리 양도: 독일 학설은 부정

앞의 3과 4에서 비독립적 형성권들이 그 기초가 되는 법률관계 또는 주된 채권과 함께 양도가 가능하다는 결론을 확인했다. 그렇다면 비독립적 형성권만을 분리해내어 제3자에게 양도하는 것이 가능한가. 비독립

실질적 지배자가 누구인지, 즉 형성권자가 누구로 되는지 알게 된다. Dörner, S.297f.; Bydlinski, S.62, Fn.85.

적 형성권의 경우에는 아무리 형성권자와 형성권 양수인이 될 자 사이에 합의가 있더라도 형성권만 분리시킨 양도란 인정되지 않는다는 것이 독일의 압도적인 통설이다. 그 첫째 근거는, 비독립적 형성권은 그 기초가 되는 법률관계 또는 주된 권리에 부종되어있기 때문에 분리시키는 것이 의미가 없다는 것이다. 그 둘째 근거는, 계약에 관여하지 않은 양수인이 타인들 사이에 존재하는 법률관계의 존립을 결정한다는 것은 불합리하며, 특히 양수인이 형성상대방의 이익을 침해하는 것으로 드러날 가능성이 크다는 것이다.63) 이 두 가지 논거는 앞에서 논한 바, 개별적 채권양도가 있는 경우 계약견련 형성권의 양도성을 부정하는 데 사용된 논거와 다를 바 없다. 이 논거들이 형성권만의 분리 양도 문제에서는 어떻게 전개되는지, 그에 대해 이의를 제기할 여지는 없는지 구체적으로 살펴보자.

(2) 형성권의 부종성 논거

다양한 형성권들을 통일적으로 다루는 것이 항상 가능한 것은 아니지만, 일반적으로 비독립적 형성권은 그 기초가 되는 법률관계의 한 구성요소이고, 그렇다고 한다면 비독립적 형성권을 그 기초가 되는 법률관계에서 분리시키는 것은 의미가 없다고 할 것이다. 독일의 통설은 비독립적 형성권만을 분리시켜 양도하는 것은 형성권이 그 기초가 되는 법률관계 또는 주된 권리에 부종되어 있기 때문에 허용될 수 없다고 한다.

그러나 형성권이 그 기초가 되는 법률관계 또는 주된 권리에 부종성을 가진다 해도 항상 같은 강도의 부종성을 가지는 것은 아니다. 비독립적 형성권 중에서도 어떤 형성권은 그 기초가 되는 법률관계 또는 주된 권리와 같은 구성요건으로 동시에 성립하고, 어떤 형성권은 같은 구성요

---

63) Seckel, S.221, Fn.1; von Tuhr, Bd.I, S.225f.; Larenz, Bd.I, S.601; Steinbeck, S.46; Staudinger/Busche, (1999), §413, Rn.13.

건으로 성립하되 동시에 성립하지는 않으며, 어떤 형성권은 같은 구성요
건으로 성립하지도 않고 동시에 성립하지도 않는다.[64] 이러한 부종성 정
도와 그에 비례한 독립성 정도는 다시 양도성에 차이를 가져올 것이다.
그렇기 때문에 부종성의 정도가 다양하다는 것이 양도성을 인정하는 직
접 근거는 못 된다 하더라도, 양도성을 금지하는 논거로도 부족하다는
것이 필자의 생각이다.

(3) 형성상대방의 이익 침해 가능성 논거

통설의 둘째 논거는, 비독립적 형성권만을 분리해 양도시키는 것은
형성상대방의 이익에 배치된다는 것이다. 그러나 "권리"에서 우선 중요
한 것은 의무자가 아니라 권리자이다. 의무자의 보호는 권리자의 권리행
사가 법질서가 예정하고 있는 한계를 넘지만 않으면 된다. 일방적으로
행사되는 형성권의 특성상 다른 권리보다 상대방을 보호할 필요성이 강
하다고 하여도, 그것이 권리자(형성권자)보다 의무자(형성상대방)를 우선
시해야 한다는 의미는 아니다. 권리가 자신의 이해를 추구하는 힘이라고
정의된다면, 필자는 권리자가 특별한 보호가치를 가지고 그 힘과 이해를
분리시킬 수 있게 해달라고 법질서의 보호를 요구할 때에 법은 그 힘과
이해의 분리가 항상 불가능하다고 할 수만은 없다고 생각한다. 형성권자
가 법률관계와 전혀 상관없는 제3자에게 형성권만 분리하여 양도하는
것은 허용하지 않아야 하지만, 적절한 이익을 가지는 제3자에게 양도하
는 것은 허용해 주어야 한다. 비록 간접적이기는 하나 이에 대한 법적
근거로 독일 민법도 그 힘과 이해가 적법하게 분리된 경우를 인정하고
있음을 들 수 있다. 예를 들어 독일 민법 제317조[제3자에 의한 급부의
지정]은[65] 계약에 관여하지 않은 제3자가 당사자들의 이해관계와 직접

---

64) Seckel, SS.219-220.
65) 독일 민법 제317조 [제3자에 의한 급부의 지정] ① 급부의 지정이 제3자에

적으로 관련되는 급부를 지정하는 것을 명시적으로 허용하고 있다. 민법이 당사자들의 이익과 관련하여 제3자가 형성권을 소지하는 것을 인정하고 있다면, 당사자들이 이익을 위해 형성권을 제3자에게 양도하는 것을 막을 필연적인 이유도 없다고 해야 할 것이다.66)

　더욱이 제3자가 형성권의 취득에 적법한 이해를 가지는 경우도 있을 수 있다. 그 구체적인 예는 간접대리와 리스이다. 우선 간접대리의 경우, 본인은 제3자라고는 하지만 간접대리인이 수행하고 있는 업무의 실질적이며 경제적인 관여자로서, 대리인이 취득한 형성권을 양도받는 것에 이해를 가지고 있다. 그리고 리스의 경우, 리스업자인 은행은 대개 그 리스물에 어떤 하자가 있어야 하자로 인한 해제권이 주어지는지 여부를 정확히 판단할 수 없다. 그에 반해 리스상대방인 소비자는 리스물을 사용하는 자이기 때문에 리스물의 하자 여부와 직접적으로 관계되어 있다. 그런데 리스상대방인 소비자는 계약당사자도 아니고 리스물 인도청구권의 소지자도 아니기 때문에 제3자라 말할 수 있으므로, 리스관계에서 하자로 인한 해제권의 양도는 각 당사자들의 이해관계에 맞는 것이며 리스계약 자체의 법적 연관상 필연적인 것으로 된다.67) 결과적으로 간접대리나 리스의 예는 제3자가 형성권의 양도에 적법한 이해를 가질 수 있음을 보여준다. 따라서 제3자가 형성권 행사에 개입할 가능성 자체가 부당한 것이 아니라, 아무런 이해관계가 없는 혹은 형성상대방이 원하지 않는 제3자가 개입하는 것이 부당한 것이다. 따라서 형성상대방의 이익의 침해라는 것은 형성상대방이 제3자에게의 형성권 양도에 동의하지 않는 경우에만 고려의 대상이 되는 것으로 제한되어야 한다.

게 위탁된 경우에, 지정은 의심스러운 때에는 공평한 재량에 좇아 행하여져야 한다. ② 다수의 제3자가 지정을 하여야 하는 경우에, 의심스러운 때에는 전원의 일치를 요한다; 액수가 정하여져야 하는 경우에 지정된 액수가 일치하지 아니하면, 의심스러운 때에는 평균액에 의한다.

66) Bydlinski, S.40.
67) Steinbeck, S.106f.

(4) 소결: 형성권만의 분리 양도를 허용하는 쪽으로

형성권만의 분리 양도에 반대하는 것이 독일의 압도적인 통설이지만,[68] 필자는 통설에 대한 비판 부분에서 제시한 바와 같은 이유에서 형성권만의 분리 양도 인정을 원칙으로 삼을 필요까지는 없지만, 적어도 인정은 해주는 것이 더 낫다고 본다.[69] 이는 또한 사실상 형성권만의 분리 양도가 행해진다고 볼 수도 있는 다른 경우와의 형평성 차원에서도 그러하다. 그 다른 경우란, 계약인수계약에서 당사자 사이에 형성권을 계약양도인에게 남기기로 합의하는 경우를 말한다.[70] 독일 학설은 계약인수시 형성권 존치의 합의가 없는 한 형성권이 계약인수인에게 이전된다고 말하고 있는데,[71] 이는 존치의 합의가 있는 경우 형성권이 계약양도인에게 남는 것을 전제로 한다고 하겠다. 그런데 필자처럼 통설과 다르게 형성권만의 분리 양도를 인정하는 쪽으로 이론 구성을 시도한다 하더라도 형성상대방의 보호 필요성을 도외시할 수는 없으므로, 분리 양도를 인정하되 적당한 범위로 한정 또는 양도 요건의 강화라는 방법을 모색해 볼 필요가 있다고 본다. 그 방법은 형성상대방에게의 통지 또는 형성상대방의 동의에서 찾을 수 있다. 개별적으로 채권양도가 이루어지는 경우 비독립적 형성권이 양도가 가능하기 위해 다수설이 요구했던 것은 주된 채권이상이 양도될 것과 형성권의 양도에 대한 양도인과 양

---

68) Loewenthal, S.27; Steffen, S.98; Waltermann, S.22; Steinbeck, S.95; Staudinger/Busche, (1999), §413, Rn.13.
69) 이와 비슷한 맥락에서 Gottgetreu, S.214f.는 형성권의 분리 압류를 부정하는 통설에 맞서 형성권 자체의 재산권적 가치 내지 금전적 가치를 주장하면서 분리 압류(isolierte Pfändung) 인정의 필요성을 주장하고 있다.
70) 앞, 제3장 형성권의 독립성 또는 비독립성과 양도성, 3. 계약인수가 있는 경우 비독립적 형성권의 양도, (3) 계약인수의 경우 형성권의 존치 가능성 부분을 참조하라.
71) Staudinger/Busche, (1999), §413, Rn.13; Dörner, S.298; Schwenzer, S.221; Leverenz, S.4.

수인 사이의 합의가 있을 것이었다. 이 때 형성권의 양도에 대한 양도인과 양수인의 합의만 요구되고 형성상대방에게 통지하는 것이 따로 요구되지 않은 것은 기본적으로 형성상대방인 채무자에게 그 형성권이 부종하고 있는 채권의 양도를 통지하는 것이 요구되어 있기 때문이다. 그렇지만 여기서처럼 주된 채권의 양도가 없이 이루어지는 형성권만의 양도를 인정하려면, 아무리 형성권의 유동화가 필요한 상황이라는 전제가 있다고 하더라도, 형성상대방으로 하여금 누가 형성권자인가를 알게 할 방법이 제공되어 있어야 한다. 따라서 근본적으로 형성권의 양도성이 독일민법상 채권양도 규정을 준용받는 것을 감안하여 형성권만의 분리 양도를 위한 구체적인 방법도 채권양도 방법에서 유추해 볼 수 있을 것이다. 즉 채권양도를 위해 채무자에게 그 사실을 통지하게 하듯, 형성권만의 분리양도를 위해서 형성권만의 분리 양도에 관한 사실을 형성상대방에게 통지할 것을 요건으로 하는 방법을 생각해 볼 수 있다. 만약 통지만으로는 형성상대방 보호에 충분하지 않다고 생각한다면 형성상대방의 동의를 구하게 하는 것도 하나의 방법이 될 것이다.

제4장 비독립적 형성권의 양도성에 관한 독일 법원의 태도

형성권의 양도성과 관련해서는 다른 형성권 관련 논점들에 비해 상대적으로 많은 수의 판결들이 나와 있다. 특히 비독립적 형성권에 속하는 대표적 권리라고 할 해제권 또는 해지권의 양도성에 관한 판결이 많은데, 다음에서 독일 법원의 태도를 연대순으로 살펴보기로 한다.[1]

1. 1903년 10월 21일자 독일 제국법원 판결 (RGZ 55, Nr.99, S.402ff.)

형성권의 양도성 문제와 관련된 가장 오래된 판례에 속하는 1903년 10월 21일자 독일 제국법원 판결은 해제권의 양도성과 관련된 내용을 담고 있다. 독일 개정 전 민법 제326조[지체; 거절예고부 기간설정]은[2]

---

1) 대상판결의 선택은 Steinbeck, SS.47-48과, 판결들의 상호 참조에 의거했다.
2) 독일 개정 전 민법 제326조 [지체; 거절예고부 기간설정] ① 쌍무계약에서 당사자 일방에 의무있는 급부에 대하여 그가 지체중인 경우에, 상대방은 그에 대하여 급부의 실행을 위한 상당한 기간을 지정하고 그 기간 경과 후에는 급부의 수령을 거절할 것임을 표시할 수 있다. 급부가 적시에 실행되지

쌍무계약을 전제로 의무있는 당사자 쪽에서 이행을 지체하면 그 상대방
이 거절예고부 기간을 설정한 후 해제할 수 있는 권한을 규정하고 있다.
이 판례는 쌍무계약상 당사자 일방의 채권이 양도된 경우에, 그 당사자
가 가졌던 거절예고부 해제권 또한 양수인에게 이전하는지 여부를 문제
삼고 있다. 독일 제국법원 민사판례집(RGZ[3])은 사실관계는 생략하고, 다
음과 같은 판결 이유를 보여주고 있다.

  항소심에 따르면, 쌍무계약에서 나오는 일방 당사자의 채권을 양수한
제3자가 쌍무계약의 적극적 측면인 채권의 양수와 더불어 쌍무계약의
소극적 측면인 반대급부 의무도 같이 인수하지 않은 한, 그 제3자에게는
독일 민법상 쌍무계약에 관한 규정들이 적용되어서는 안 된다고 한다.
그 이유는 제3자가 권리 측면만 양수하고 의무 측면을 인수하지 않는 경
우, 양수인인 제3자와 그의 상대방이 된 원 계약상 타방 당사자 사이에
계약관계의 소극적 측면이 결여되어 제대로 된 쌍무계약이 존재하지 않
기 때문이다. 따라서 채권양도가 일어난 경우에, 독일 개정 전 민법 제
326조에서 언급된 권한(거절예고부 해제권)도 동시에 같이 양도되었으
리라고 가정할 수는 없다고 한다.

  상고심은 위와 같은 항소심의 논리 전개를 법적으로 문제의 여지가
있다고 보고 있다. 첫째, 독일 개정 전 민법 제326조는 그 문언만 봐도,
또 다른 민법 규정들과 연결해 봐도 항소심이 행한 것처럼 그렇게 좁게
해석할 이유가 없다. 따라서 원 계약상 타방 당사자는 자신의 이행지체
가 양수인을 상대로 일어난 것이라면 독일 개정 전 민법 제326조에 규정
되어 있는 거절예고부 해제권 같은 자신에게 불리한 권리가 양수인에

아니하면 채권자는 그 기간의 경과 후에 불이행으로 인한 손해배상을 청구
하거나 계약을 해제할 수 있다; 이행청구권은 배제된다. 그 기간 내에 급부
가 부분적으로만 실행되지 아니한 때에는, 제325조 제1항이 준용된다. ②
계약의 이행이 지체로 인하여 상대방에게 이익이 없는 경우에는, 그는 기간
을 지정할 필요없이 제1항에 정하여진 권리를 가진다.

 3) Entscheidungen des Reichsgerichts in Zivilsachen (1.1880-172.1945).

의해 행사되는 것도 감수해야 한다고 한다. 이러한 논리 전개는 독일 개정 전 민법 제326조에 규정되어 있는 거절예고부 해제권이 채권 양수인이 당연히 가지는 이행청구권 자체와 분리불가능하게 묶여져 있다는 점에 근거를 둔다. 둘째, 채권양도를 규율하고 있는 독일 민법 제398조는 편무계약인지 쌍무계약인지를 구분하지 않고 일반적으로 모든 채권은 양도가 가능하며, 채권양도 계약의 체결로 구채권자의 지위는 신채권자에 의해 완전히 갈음되는 것으로 규정하고 있다. 신채권자가 구채권자를 갈음한다는 의미가 해제권까지 인정한다는 것인지를 놓고 상고심은, 이 사건에서 실제로 해제가 행해진 것은 아니라는 이유로 이 문제를 직접 다루는 것을 피하고 있다. 그렇지만 상고심은 명시적으로, 가령 양수인이 해제권을 가지도록 허용해 주면 양도인의 이해가 침해될 수 있다는 이유가 아닌 다른 이유로 해제권의 양도에 부정적인 견해를 가지고 있다면 그것은 문제가 있다고 말하고 있다. 그리고 더 나가 설령 양도인의 이해가 침해될 여지가 있다고 하더라도, 해제권의 양도 가능성을 전체적으로 배제하는 식으로 문제를 해결할 것이 아니라, 양수인이 해제권을 행사할 때 경우에 따라서 양도인의 동의를 얻게 하는 식으로 해결하면 된다고 제시하고 있다.

본 판결을 종합해 보면, 개별적으로 채권이 양도된 이 사건에서 독일 제국법원은 양수인이 해제권을 양수받아 단독으로 행사할 수 있는지 여부의 문제에 대해 본 판례의 계쟁사항이 아니라는 이유로 미해결로 남기고 있다. 그러나 분명 독일 제국법원은 해제권의 양도성을 명시적으로 제한하는 것도 거부했다. 그리고 다만 양도인의 이해가 침해될 가능성이 있을 때 "경우에 따라서" 해제권의 양도성이 제한될 수 있다고 보고 있다. 또한 판결문의 문언을 그대로 따르면, 양수인이 해제권을 행사할 때라 하더라도 양도인의 동의를 요구하는 것이 당연하다는 것이 아니라, 양도인의 동의를 구하는 것은 양도인의 이해를 침해할 가능성을 막아야 한다는 의미에서 정당화된다는 입장이다. 결과적으로 독일 제국법원의 태도는 기본적으로, 계약인수가 아닌 개별적 채권 양도가 있는 경우라 하더라도 형성권(해제권)이 양도될 수 있으며, 양수인이 주도하여 형성권(해제권)을 행사할 수 있으며, 경우에 따라서는 양수인이 단독으로 형성권(해제권)을 행사하는 것을 인정하는 쪽으로 해석될 여지를 보이고 있다.

2. 1926년 2월 23일자 독일 뮌헨고등법원 판결
(Seufferts Archiv,[4] Bd.80, Nr.116, S.207ff.)

　　소외 합명회사가 1915년 6월 17일자 서면계약을 통해 회사 소유의 숙박시설들 중 하나를 피고 ML과 지금은 사망한 ML의 남편 AL에게 용익임대하였다. 그 용익임대차 계약은 그 숙박시설을 위한 모든 맥주 수요를 위회사 소속의 W양조장에서 공급할 것과, W양조장의 맥주가 아닌 다른 맥주를 사용하는 경우 용익임차물의 명도를 요구할 수 있음을 명확히 하고 있었다. 1918년에 소외 합명회사가 회사의 양조장과 그 회사에 속해있는 여섯 개의 숙박시설을 함께 — 그 중에는 피고 부부에게 용익임대된 숙박시설도 속해 있었는데 — Le에게 매도하였다. 그 매매의 결과 매수인인 Le는 매도인인 소외 합명회사에 갈음하여, 소외 합명회사와 피고 ML 부부 사이에 존재하는 1915년 6월 17일자 용익임대차 계약상 임대인으로 되었다. 이후 용익임대인인 Le는 1919년 10월 6일 위 양조장과 숙박시설들을 서면계약을 통해 원고에게 용익임대하면서, 원고(중간 임차인)에게 자신(Le)의 동의를 얻어 기존의 임차인인 피고 ML 부부와의 용익임대차 관계를 해지시킬 권한을 부여함을 명확히 하였다. 원고는 1922년 피고의 남편 AL에게 — 맥주문제로 추정되는 — 계약상 사유를 들어 재판상 해지를 하면서 용익임대된 문제의 숙박시설의 명도를 요구했다. 이 다툼은 법원의 조정에 의해

---

4) Seufferts Archiv=SeuffArch.=Seufferts Archiv für Entscheidungen der obersten Gerichte in den deutschen Staaten=Archiv für Entscheidungen der höchsten Gerichte Deutschlands(1.1847-98.1944).

1923년 1월 29일 다음과 같이 종료되었다. 즉, 피고의 남편 AL은 1923년 3월 1일부터 문제의 숙박시설에서 소매되는 모든 맥주를 W양조장에서 구입하기로 하되, 그밖에는 원래의 1915년 6월 17일자 용익임대차 계약상 조건들을 그대로 유지하기로 하는 구속력이 있는 조정이 이루어졌다. 1925년 4월 22일 AL이 사망하면서 피고 ML에게 상속이 이루어졌다. 그리하여 위 숙박시설의 운영을 피고 ML이 맡게 되었고, 피고 ML의 아들 A가 피고 ML의 대리인 역할을 하였다. AL이 사망할 당시 2000RM을 넘었던 맥주채무가 있었는데 1925년 5월 11일 계약에 의해 2000RM만큼 소비대차채무로 전환되었다. 피고 ML과 아들 A는 사망한 AL이 진 위 채무를 연대책임으로 인수했다. 그러면서 문제의 숙박시설에서 W양조장에서 나오는 맥주 외에 예외적으로 일정 분량의 밀맥주를 소매할 수 있다는 점을 분명히 했다. 물론 피고가 이 조건을 지키지 않으면 용익임대차 계약이 해소될 뿐만 아니라 소비대차상 원금과 이자를 즉시 갚아야 한다는 점도 분명히 했다. 1925년 8월 18일 원고는 문제의 숙박시설에서 계약조건 외의 갈색맥주와 계약조건을 넘는 양의 밀맥주를 소매한다는 이유를 들어 재판외에서 서면으로 피고 ML과 그의 아들 A에게 소비대차 계약과 용익임대차 계약의 해지를 통지하였다. 용익임대인인 Le와 원고 사이에 체결되었던 계약에 따르면, 원고가 피고 ML과의 용익임대차 관계를 재판외에서 해지하려면 Le의 동의를 얻도록 되어 있었는데, 이 전제는 만족되었음이 재판과정에서 입증되었다. 궐석재판으로 이루어진 소송에서 피고에게 2000RM와 이자를 지급하라는 이행판결이 내려졌다. 피고는 궐석재판에 대한 이의를 제기했다. 이후 다시 열린 절차에서 소는 원고가 피고 ML를 상대로 제기한 숙박시설 명도를 구하는 소와 병합되었다. 담당 법원은 궐석판결의 내용을 유지하면서 피고 ML는 문제의 숙박시설을 명도하라는 이행판결을 내렸다. 항소는 기각되었다. 항소심 법원의 판결이유는 다음과 같다. 원고의 용익임대차 관계에 대한 재판외 해지는 정당하다. 원고와 피고사이에 이루어진 1923년 1월 29일자 조정과 1925년 5월 11일자 계약은, 피고가 용익임차한 숙박시설에서 조건 외의 맥주는 판매하지 말아야 할 의무를 진다는 점과, 이 의무를 불이행하면 용익임대차 관계가 해지될 것이라는 점을 분명히 하고 있었다. 그런 점에서 피고의 맥주관련 의무는 용익임대차 관계와 직접적 연관을 가지며 원고와 피고 사이의 계약관계의 해소를 초래할 수 있는 요소였다. 피고는 단순히 맥주인수와 관련된 계약상 의무를 이행하지 않아서가 아니라, 전체 용익임대차상 의무를 이행하지 않은 것이 되기 때문에 계약관계의 파행을 가져왔다. 그러므로 원고는 정당한 해지사유를 가진다. 문제는 원고가 해지를 할 법적 지위에 있는가 여부이다. 이 논점과 관련하여 항소심의 생각은 다음과 같다. 즉, 원고는 용익임대인인 Le로부터 1915년 6월 17일자 용익임대차 계약에서 나오는 권리들(해지권 포함)을 적법한 방법으로 양도받았다. 이들 권리(해지권 포함)를 양도하는 것은 법적으로 허용된다. 채권의 양도에 관한 독일 민법 제399조는 내용변경이나 합의로 인한 양도금지만을 규정하고 있다. 따라서 원래의 채권자가 아닌 타인(양수인)에 대한 급부가 원래 계약의 내용에 변경을 가지고 오지 않는 한 독일 민법 제399조는 적용되지 아니한다. 용익임대차 관계를 재판 외에서 해지할 수 있는 용익임대인의 해지권은 물론 용익임대차 관계에서 분리되어 단독으로 타인에게 양도될 수는 없다. 그러나 용익임대인의 해지권은 그 용익임차물이 재용익임차되는 경우에는 양도가 허용된다.

항소심 단계에서 끝난 본 사건은 기존의 용익임대인이 계약을 통해 중간 용익임대차 관계를 새로 설정하면서, 용익임대인이 기존의 (하위) 용익임차인에 대해 가지는 해지권을 중간 용익임차인에게 양도한 경우에 관한 것이다. 항소심은 용익임대인의 해지권은 용익임대차 관계에서 분리되어 타인에게 양도될 수는 없지만, 용익임대차물이 재용익임차되는 경우에는 용익임대인으로서의 법적 지위와 아울러 해지권의 양도도 허용된다고 보았다. 그런데 사실 본 사건에서 용익임대인의 지위의 양도는 2번 있었다는 점에 주목할 필요가 있다. 그 첫 번째 양도는 매매를 원인으로 이루어진 것으로, 용익임대인이라는 법적 지위가 소외 합명회사에서 Le에게 이전되었다. 그렇지만 이 사건에서 이 법적 지위의 포괄적 양도는 전혀 문제되지 않았고, 이 포괄적 양도와 함께 이루어진 해지권 양도도 문제되지 않았다. 그 두 번째 양도는 용익임대차를 원인으로 이루어진 것으로 용익임대인의 지위가 용익임대인인 Le에게서 원고(중간임차인)에게로 양도되었다. 용익임대인의 해지권의 양도가 문제된 것은 바로 이 두 번째 양도와 관련해서 이다. 사실관계를 살펴보면 이 사건에서 해지권은 용익임대인으로서의 포괄적인 법적 지위에 포함되어 원고에게 양도된 것으로 보인다. 그렇지만 원고가 용익임대인 지위를 양수받아 원고와 피고 사이가 용익임대인과 용익임차인 관계처럼 되었다고 하더라도, Le의 용익임대인으로서의 궁극적인 지위는 여전히 인정되고 있기도

하다. 여전히 존재하는 Le로 인해 원래 용익임대인인 Le와 사실상 용익임대인 역할을 하는 원고 사이에 해지권의 양도성 인정이 별로 문제되지 않는 계약인수가 있었다고는 할 수 없는 상황인 것이다. 그러므로 법원은 용익임대인의 지위가 포괄적으로 양도되어서 해지권이 양도되었다는 점을 부각시키지 못하고, 용익임차물이 재용익임차되는 경우에는 예외적으로 해지권의 양도가 허용됨을 강조하고 있다. 이와 같은 법원의 태도는 재용익임대차를 계약인수는 아니지만 법적 지위의 포괄적인 양도가 일어나는 예로 봐 주겠다는 것인지, 아니면 재용익임대차가 있는 경우 임대인 지위의 포괄적인 양도가 일어나는 것은 아니지만 예외적으로 해지권의 양도를 허용해 주겠다는 것인지 불분명하다.

어쨌든 본 판결의 중요한 결론은 계약인수가 아님에도 불구하고 재용익임대차 같은 일정한 경우 해지권의 양도성이 상대적으로 쉽게 인정되고, 또 그 경우 양수인은 양수한 해지권을 단독으로 행사할 수 있다는 점이다. 그런데 Steinbeck은, 이 판결은 해지권이 양수인에 의해 행사될 가능성을 보여주고 있지만, 양수인 단독의 행사가 아니라 양도인의 동의를 조건으로 한다고 이해한다.[5] 그러나 Steinbeck의 이러한 태도는 비독립적 형성권의 양도성 인정을 꺼리는 그 당시 학계의 입장을 고려해서 이 판결을 읽을 때는 옳은 이해인지 모르나, 판결문 자체만 놓고 볼 때는 정확한 이해가 아닐 수 있다. 본 판결의 이유 부분을 보면, 본 사건에서 양수인인 원고가 해지권을 행사하면서 양도인의 동의를 얻은 것은 재용익임대차 계약서상 그렇게 하는 것이 조건으로 되어 있었기 때문이었음이 명확히 드러나 있다. 따라서 이 판결을 법원이 해지권의 양도성과 관련하여 양도인의 동의라는 새로운 조건을 설정한 것으로 이해해서는 안 된다. 오히려 판결에서 추론해낼 수 있는 것은, 양수인이 양도인의 동의를 얻은 것이 계약서상 조건으로 되어 있었기 때문이라면, 계약서에 그런 조건이 없는 경우 양수인이 양도인의 동의를 얻지 않고 해지권을

---

5) Steinbeck, SS.47-48.

행사할 수도 있으리라는 점이다. 이런 추론은, 문제가 된 숙박시설같은 영업 용도의 건물은 임대되고 재임대되는 과정에서 채권채무관계에서의 인적인 성질을 상실한다고 보고 있는 항소심의 태도에 힘입는다. 항소심은 본 사안같은 경우에 채무자에게는, 거래상 요구되는 신의성실과 관행을 고려할 때, 일방적인 채권자 변경이 이루어지는 것을 예상하거나 용인할 것이 기대된다고 말하고 있다. 따라서 본 판결은 형성권(해지권)이 그 기초를 두는 법률관계가 경제적 목적에서 유동성을 가지고 움직이면 형성권(해지권)같이 그 법률관계에 부종되어 있는 권리들도 마찬가지로 유동적으로 양도될 수 있음을 보여주고 있다고 하겠다.

3. 1973년 6월 1일자 독일 연방대법원 판결 (BGH NJW 1973, 1793)

원고는 1970년 9월 10일 자신소유의 주택을 공증계약을 통해 피고부부에게 매도하였다. 매매계약서의 내용을 보면, 매매대금의 1/2에 대해서는 매수인의 매도인에 대한 월 1500DM의 종신정기금 지급 채무로 하기로 하고, 이 채무를 문제의 주택에 대한 物上負擔(Reallast)으로 담보시켰다. 그리고 매매대금의 나머지 1/2부분 70000DM에 대해서는 주택 소유권 이전 등기를 완료한 후 1개월 이내에 지급하기로 하고, 이 채무를 문제 부동산의 1번 저당으로 담보시켰다. 동 매매계약서 제12조는 또한 매수인이 그 1개월 이내에 잔금 70000DM를 지급하지 않거나, 종신정기금 지급을 2개월 이상 지체하면 주택의 소유권이 다시 매도인에게 돌아가는 것으로 하고 있었다. 원고도 인정하듯이 피고부부는 그 주택구입 자금을 대출을 받아 마련하려고 하였다. 이후 1970년 11월 4일 원고는 담보를 위해 잔금 70000DM에 대한 채권을 C은행에 양도하였다. 그리고 피고부부에게 이 양도에 대해 통지했다. 양도인인 원고와 양수인인 C은행의 통지문은, 이 잔금 채권이 "기초로 되어 있는 법률행위에서 비롯되는 권리들, 특히 양도된 주택의 반환을 청구하는 권리"와 함께 C은행에 양도됨을 명시하고 있었다. 1970년 12월 29일 피고부부가 문제 주택의 소유자로 등기되었다. 그러나 약속한 기간인 등기 완료 후 1개월 이내에 잔금이 지급되지 않자, 원고는 1971년 4월 6일 서면으로 동 매매계약서 제12조에 의거 문제 주택 소유권의 재이전을 위한 再 Auflassung(부동산소유권양도합의)을 요구하였다. 피고가 이 요구를 들어주지 않자 소가 제기되었다. 1심에서는 원고가 승소했다. 항소심 진행 중인 1971년 12월 15일 C은행은 원고와 은행 사이에 이루어졌던 채권양도 계약을 해제했다. 원고는 항소심 진행 중에 피고를 상대로 매매계약의 해제의 의사표시를 새로 했다. 항소심은 원고가 행한 해제의 의사표시들이 무효라는 이유로 원고의 청구를 기각했다. 상고심은 항소심이 양도금지를 규정하고 있는 독일 민법 제399조에 의거 계약당사자인 원고와 피고 사이에 약정해제권의 양도금지 합의가 있었는지 여부를 심리하지 않는 미진함이 있다고 하여 파기 환송하였다.

본 사건은 주택매도인인 원고가 매매대금 채권의 1/2을 제3자인 은행에 양도한 상태에서 원고 스스로 매매계약을 해제한 경우에 관한 것이다. 문제는 원고가 명문으로 "기초로 되어있는 법률행위에서 비롯되는 권리들"을 제3자(은행)에게 양도했으나, 실상 채권자로서의 지위의 1/2이 여전히 원고에게 남아 있었다는 데서 발생했다. 이 사건에서 독일 연방대법원은, 해제권은 계약당사자의 지위와 연결되어 있기 때문에 원칙적으로 양도인(원고)에게 남아야 한다는 원고측 상소이유를 받아들이지 않고 있다. 그리고 상고심 판결문은 해제권의 양도성 인정 여부에 대한 그 당시 학설들과 RGZ 55, 402 판결(앞 1)의 인용으로 이어진다. 우선 판결문은 해제권이 어떤 요건 아래 양도될 수 있는가에 대해 학설이 통일되어 있지 않음을 지적하고 있다. 그리고 학설상 기본적으로 일치를 보고 있는 것은, 채권의 행사나 관철에 소용되는 채권자의 보조권(Hilfsrecht)은 독일 민법 제401조[부수적 권리 또는 우선권의 이전]에 의거 부수적 권리들이 채권과 더불어 양도된다는 구성에 맞추어 양도된다는 점이라고 한다. 하지만 보조권과는 달리, 해제권이나 취소권처럼 양도인과 그 계약상대방 사이의 전체 채무관계에 변동을 가져오는 비독립적 형성권들의 양도성에 대해서는 학설이 통일되어 있지 않다고 한다. 다양한 학설을 고루 인용한 다음에 연방대법원은 해제권의 양도는 계약자유라는 측면에서 근본적으로 거부될 수는 없다고 결론을 내렸다. 그리고 독일 개정 전 민법 제326조[지체; 거절예고부 기간설정]에서 파생되는 권한들의 양도성을 제한할 수 없다고 확인해 준 RGZ 55, 402 판결(앞 1)을 그대로 따랐다. 더 나아가 채권의 양도와 결합된 해제권 양도의 유효함과 관련하여 연방대법원이 그밖의 어떠한 생각도 가지고 있지 않음을 분명히 했다. 그리고 양도인은 양수인의 협력이 없이는 더 이상 해제권을 행사할 수 없다고 명시했다.

이 연방대법원 판결은 판결문 자체가 명시하고 있듯이 기본적으로 RGZ 55, 402 판결(앞 1)의 보충(Ergänzung)이다. 앞 1에서 보았듯이 독일 제국법원 판결은 해제권의 양도성을 명시적으로 제한하기를 거부하면서 사실상 해제권의 양도성을 인정해 주는 쪽으로, 그러니까 양수인이 해제권을 행사하는 것을 인정해 주는 쪽으로 가려 했다. 그리고 적어도 양수인이 양도인의 동의를 얻는 경우에는 양수인에 의한 해제가 가능하다고 명시했다. 그에 비해 본 연방대법원 판결은 양수인에 의한 해제권 행사 가능성을 인정하면서도 양수인이 구체적으로 어떠한 경우에 해제권을 가지는가에 대한 명시적인 답을 미루고 있다. 다만 양도인이 양수인의 동의 없이 일방적으로 해제할 수 없음은 확실히 하고 있다.

여기까지의 판결들에서 확실해진 것은 다음과 같다. 첫째, 채권양도와 결합된 해제권의 양도는 유효하다. 둘째, 해제권이 유효하게 양도되었다고 하는 표현은, 양수인이 유일한 해제권자라는 것을 의미하지는 않는다. 셋째, 양도인은 양수인의 동의 없이는 더 이상 해제할 수 없다. 넷째, 양수인은 양도인의 동의를 얻어 해제할 수 있다. 다섯째, 양수인이 양도인의 동의 없이 해제할 수 있는지 여부는 분명하지 않으나, 명시적으로 부인되지도 않았다.

4. 1985년 6월 21일자 독일 연방대법원 판결 (BGH NJW 1985, 2640)

원고(매수인)와 피고(매도인)는 1982년 12월 22일 공증계약을 통해 주택 매매계약을 체결하였다. 매매당시 그 주택은 E은행에 26만 DM에 달하는 토지채무에 잡혀 있었다. 매매계약서 제4조는 매매대금은 30만 DM로 하되, 10만 DM는 1983년 1월 27일을 기한으로 하고, 20만 DM는 1983년 2월 15일을 기한으로 한다고 정하고 있었다. 또한 매수인이 제 때에 매매대금을 지급하지 않는 경우 각각 1983년 1월 28일과 2월 16일부터 지연이자가 붙는 것으로 정하고 있었다. 매매대금은 E은행에 있는 매도인 계좌로 입금시키기로 하였다. 매도인은 매매대금 30만 DM 중에서 들어오는 순서대로 26만 DM까지를 E은행에 양도하였다. 매수인은 매매대금을 전액 L보증회사를 통해 조달할 작정이었다. 즉, 매수인은 자신 소유로 될 주택을 담보로 하여 소비대차를 받을 요량이었다. 이제 매수인의 소비대차는 등기의 진척상황에 달리게 되었다. 등기신청서는 매매대금 1차분 입금일인 1983년 1월 27일을 넘겨 1월 31일에야 공증인에 의해 제출되었다. 피고 매도인은 1983년 1월 27일까지 원고의 1차분 입금이 없자, 1월 29일 토요일 저녁에 원고에게 2월 4일 금요일 10시까지 유예기간을 주되 그 이후에는 매매대금의 수령을 거부하겠다고 밝혔다. 결국 유예기간인 1983년 2월 4일을 넘겨, 2월 8일자 전신환을 바탕으로 해서 2월 10일에야 비로소 28만 8996.08 DM가 피고 매도인 계좌에 표시되었다. 피고 매도인은 문제의 금액이 지정일인 1983년 2월 4일까지 입금되지 않았었다는 이유로 1983년 2월 11일에 원고 매수인에게 서면으로 계약의 해제를 통지하였다. 그러는 사이에 원고 매수인은 부동산등기부에 소유자로서 등기되었고, 이를 바탕으로 피고 매도인에게 부동산을 명도해 줄 것을 요구하였다. 1심은 매수인인 원고 편을 들어 주었다. 항소심 절차가 진행되는 중에 피고 매도인은 강제집행을 피하기 위하여 원고 매수인에게 부동산을 명도해 주었다. 그러면서 피고 매도인은 Auflassung (부동산소유권양도합의)과 부동산의 반환을 구하는 반소를 제기했다. 항소심은 피고 매도인의 항소와 반소를 기각했다. 이후 피고의 상고에 대해 연방대법원은 항소심이 원고와 피고의 계약체결 과정에서 매도인인 피고가 매매대금 채권 중 26만 DM에 해당하는 부분을 우선적으로 소외 은행에 양도한 사실을 제대로 심리하지 않았음을 이유로 파기환송하였다.

본 사건은 주택매도인인 피고가 매매대금 채권의 26/30을 제3자인 소외 E은행에 양도한 상태에서, 매수인의 이행지체를 이유로 매매계약을 해제한 경우에 관한 것이다. 매도인인 피고가 패소한 주된 이유는 피고가 매수인인 원고에게 채무이행을 위해 유예해 준 기간이 은행업무일 기준으로 4일 몇 시간밖에 되지 않았는데, 그 기간은 주택매매라는 상황을 염두에 둘 때 독일 개정 전 민법 제326조[지체; 거절예고부 기간설정] 제1항의 "급부의 실행을 위한 상당한 기간"이라는 표현이 의도하는 만큼 적절히 길지 못하다는 것이었다. 그러니까 본 사건의 해결 자체는 형성권의 양도성 문제와 거리가 있다.

이 사안과 형성권의 양도성하고의 연관은 연방대법원이 파기환송시킨 이유의 설시 부분에서 드러난다. 매도인인 피고는 해제권을 주장하고 있는데, 항소심은 매도인인 피고가 자신의 매매대금 채권의 대부분을 소외 은행에 양도한 상태에서도 여전히 독일 개정 전 민법 제326조에 의거한 거절예고부 해제권을 가지고 있는가를 문제삼지 않았던 것이다. 연방대법원은 그 당시 다수설과 마찬가지로 독일 개정 전 민법 제326조를 근거로 기간을 설정한 다음 급부수령을 거절하는 권리가 채권양도와 더불어 양수인에게 이전한다는데 명시적으로 찬성했다. 하지만 연방대법원은 설정된 기간이 지난 후 급부수령을 거절한 다음 해제할 권리까지도 양수인에게 이전하는가의 문제에 대해서는 명시적으로 대답하지 않고, 다투어지고 있는 학설을 소개하고 있다. 연방대법원의 파악에 따르면, 대다수의 학자들이 해제권의 양도가 가능하다고 보고 있다고 한다.[6] 하지만 여전히 상당수의 견해가 해제권의 양도가 가능함에도 불구하고, 해제권은 원칙적으로 양도인에게 머물러야 한다고 한다.[7] 몇몇 학자는 해

---

6) Palandt-Heinrichs, §398 Anm.5a, §413 Anm.3c; Soergel-R.Schmidt, §413 Rn.3; Nörr-Scheyhing, §14 III 2. (BGH NJW 1985, 2640의 S.2641에서 재인용).

제권이 양도인에게 머문다고 하더라도 양도인이 해제권을 행사하기 위해서는 양수인의 동의를 얻어야 한다고 한다.8) 어떤 학자는 해제권이 오히려 양수인에게만 존재하지만 양수인이 해제권을 행사하기 위해서는 양도인의 동의를 얻어야 한다고 한다.9) 그리고 또 어떤 학자는 양도인과 양수인이 해제권을 공동으로 행사하여야 한다고 한다.10)

연방대법원은 해제권은 채권과 함께 양도될 수 있다는 이전 BGH NJW 1973, 1793 판결(앞 3)을 유지할 뜻을 밝히고 있다. 전체 채권의 1/2이 양도된 1973년 사건에서 해제권의 양도성이 인정되었음을 감안하면, 전체 채권의 26/30이 양도된 이번 사건에서는 해제권의 양도성을 인정하기가 상대적으로 쉬울 것으로 예상할 만도 하다. 문제는 이 1985년 사건에서는 앞 1973년 사건에서와는 달리 채권양도인과 양수인 사이에 해제권의 양도에 대한 명시적 언급이 없다는 것이다. 게다가 계약당사자로서의 지위뿐만 아니라, 비록 4/30에 불과하다 하더라도 채권자로서의 지위 일부가 양도인에게 남아있었던 것이다. 생각해보면 양도된 부분의 채권은 전체 채권채무관계에 기반을 두고 있기는 하다. 그러나 아무리 양도인인 매도인에게 기간설정 후 급부수령 거절권과 해제

---

7) Enneccerus-Lehmann, SchuldR, 15 Aufl., §83, 3; Erman-H.P.Westermann, §398 Rn.26, §413 Rn.3; Esser-Schmidt, SchuldR I, 6 Aufl., §37 I 3b; Grunsky, S.670f.; Palandt-Heinrichs, §398 Anm.5a, §401 Anm.3b, §413 Anm.3c; Soergel-R.Schmidt, §413 Rn.3; Brügmann, Die Abtretung von Forderungen aus gegenseitigen Verträgen, 1934, S.41f.; Nörr-Scheyhing, §14 III 2; Seetzen, AcP 169, 366. (BGH NJW 1985, 2640의 S.2641에서 재인용).

8) Erman-H.P.Westermann, §398 Rn.26, §413 Rn.3; Palandt-Heinrichs, §398 Anm.5a, §401 Anm.3b, §413 Anm.3c; Brügmann, Die Abtretung von Forderungen aus gegenseitigen Verträgen, 1934, S.41f.; Grunsky, S.670f.; Seetzen, AcP 169, 366. (BGH NJW 1985, 2640의 S.2641에서 재인용).

9) MünchKomm/Emmerich, §326 Rn.23; MünchKomm/Roth, §398 Rn.72. (BGH NJW 1985, 2640의 S.2641에서 재인용).

10) Gernhuber, SchuldR, S.95; Larenz, SchuldR I, 13 Aufl., §34 I. (BGH NJW 1985, 2640의 S.2641에서 재인용).

권이 남아있다고 하려고 해도, 4만 DM를 가지는 채권자가 26만 DM를 가지는 채권자를 제치고 채권채무관계를 지배한다고 하기는 어렵다고 하지 않을 수 없다. 만약 본 사건에서 양도인인 매도인이 양수인인 소외 은행의 동의를 얻었더라면 별 문제가 발생하지 않았을 수도 있다. 그런데 사실관계를 보면 양도인은 양수인의 동의를 얻었는지 여부가 분명하지 않다. 본 사건에서 양수인인 소외 은행은 해제권 행사에 관심이 있다고 하기보다는 매매대금 중 26/30의 우선 확보에 관심을 두는 것으로 보이기는 하지만, 그렇다고 양도인을 유일한 해제권자로 볼 사정이 있는지도 분명하지 않다. 이와 같은 불분명함이 상고심에서 문제로 되었던 것이다.

연방대법원은 본 사건에서 해제권은 채권과 함께 양도될 수 있다는 원칙을 반복하여 확인해 주었다. 그리고 양수인의 법적 지위는 채권양도계약으로 인해 생겨나므로 원칙적으로 양수인이 가지게 되는 권리의 범위의 척도는 채권양도계약의 내용이 된다는 점을 강조하였다. 그리하여 구체적으로 매매대금 채권이 부분 양도된 경우에, 양도인이 해제권 행사를 위해서 적어도 양수인과 공동으로 적격을 가지는 것으로 남고, 또 양수인은 양수 이후에 그 해제권을 공동으로 또는 양도인의 동의와 함께 행사할 수 있다는 가정에 가까이 간다고 서술하였다.

여기까지의 판결들에서 연방대법원의 태도는 다음과 같이 정리된다. 첫째, 해제권의 귀속에 대해 합의가 있으면 그에 따른다. 또는, 상대방의 동의만 있으면 양도인이든 양수인이든 누구나 해제권을 행사할 수 있다. 둘째, 그와 같은 합의가 없는 경우, 양도인을 유일한 해제권자로 볼 특단의 사정이 없는 한 양도인이 단독으로 해제권을 행사할 수는 없다. 셋째, 양수인이 단독으로 해제권을 행사하는 것은 명시적으로 부인되지도 긍정되지도 않고 있다.

5. 1997년 12월 17일자 독일 연방대법원 판결 (BGH NJW 1998, 896)

소외 W회사는 하나의 홀로 되어 있는 영업용 부동산의 소유자였다. W 회사는 이 홀을 그에 딸린 안뜰과 함께 1990년 1월 8일자와 3월 1일자 계약을 통해 자동차수리업을 위한 작업장으로 쓰려는 피고에게 임대하였다. 그러고 나서 임대인 W회사는 1994년 10월 6일자 공증계약을 통해 문제의 부동산을 원고에게 매도하였다. 그러고 나서 매수인인 원고는 사건 부동산의 소유자로 등기되어 있지 않은 상태에 있었다. 그러다가 1994년 11월 29일 W회사는, 피고인 임차인과의 임대차계약을 해지하기를 바라면서 서면으로 매수인인 원고에게 해지권을 양도하였다. 원고는 1994년 12월 6일 대리인을 통해 서면으로 원래 임대차 계약상 합의된 기간인 1995년 3월 1일자로 피고와의 임대차 계약관계를 해지하겠다는 사실과, 그 기간이 지나면 임대차목적물을 명도할 것을 요구하는 통지를 보냈다. 원고의 통지문에는 W회사가 1994년 11월 29일자로 원고에게 보냈던 해지권을 양도하는 서면의 복사본이 첨부되어 있었다. 피고가 그 해지통지에 아무런 반응을 보이지 않고 또 목적물도 명도하지도 않자, 원고는 1995년 6월 8일자로 명도의 소를 제기했다. 피고는 임대차 관계에서 해지권이 임대인에게서 분리되어 독립적으로 양도될 수 없다는 이유로 원고의 해지가 무효라고 주장했다. 1심 법원은 피고에게 부동산의 명도의 이행판결을 내렸다. 항소심도 마찬가지였다. 상고심도 피고의 주장을 기각하였다. 항소심과 상고심은 무효인 형성권의 양도를 독일 민법 제140조[무효행위의 전환]에 의거 대리(매수인)에 의한 유효한 형성권 행사로 볼 수 있다고 덧붙였다.

본 사건은 공증을 갖춘 부동산매매가 이루어진 다음, 매도인이 임대인으로서 가지고 있던 그 목적물에 존재하는 임대차관계 해지권을 별도의 서면을 갖추어 매수인에게 양도하였으나, 매매계약 후 매수인이 등기를 갖추지 않았다는 이유로 임차인이 양수인(매수인)의 해지권 행사에 대해 무효를 주장한 경우에 관한 것이다. 항소심은 임차인의 주장을 받아들이지 않았는데, 그 논리는 다음과 같다. 양수인인 원고가 아직 부동산 등기를 마친 상태가 아니므로 문제의 부동산에 관한 한 임대인은 원고(양수인)가 아니라 소외 회사(양도인)이다. 그러므로 해지권도 소외 회사(양도인)에 속한다. 하지만 이 해지권은 매매계약서와 별도의 서면 방식을 통해 원고(양수인)에게 양도되었다. 이제 문제는 해지권의 분리 양도가 유효한가가 된다. 이 문제를 놓고 항소심은 이 사건이 있기까지 독일 연방대법원이 비독립적 형성권의 분리 양도성에 관해 명시적인 입장을 표명하지 않은 상태임을 밝힌다. 그리고 그렇기 때문에 항소심이 학설을 분석하는 작업을 할 수 밖에 없다고 밝힌다. 항소심에 따르면 당시 다수설은, 임대차관계를 해지하는 권리는 임대차관계상 채권채무관계에 결합되어 있기 때문에 비독립적인 형성권에 해당하고, 따라서 임대차관계에서 해지권만 분리시켜 독립적으로 양도할 수 없다는 것이라고 한다. 그러나 항소심 스스로는 그 당시 다수설이라고 파악한 학설을 따르지 않았다. 그리고 임대차관계 해지권이 영업용 부동산에 대한 것일 때는, 해지권의 분리 양도가 언제나 유효라고 보았다. 영업용 부동산의 임대차계약은 주거용 부동산의 경우와는 달리 임대차 당사자 사이의 신뢰관계가 덜하므로 해지권을 분리하여 양도하는 것을 허용해야만 한다는 것이다. 이러한 항소심의 논리 구성에 따르면 양수인인 원고는 해지권의 소지자로서 유효하게 해지권을 행사할 수 있게 된다. 더욱이 항소심은, 항소심이 배척하고 있는 다수설의 견해가 다시 채택되어 양수인인 원고의 해지권 행사가 무효로 될 경우를 대비해 놓고 있었다. 즉 항소심에 의하면, 원고의 해지권 양수가 무효라 하더라도, 독일 민법 제140조[무효행위의 전환]에 의거[11] 무효인 원고의 해지행위가 유효한 대리행위로 전환되어 결과적으로 원고의 해지권 행사는 유효하다고 한다.[12]

---

11) 독일 민법 제140조 [무효행위의 전환] 무효인 법률행위가 다른 법률행위의 요건을 충족하는 경우에, 당사자가 무효를 알았다면 다른 법률행위의 효력 발생을 원하였으리라고 인정되는 때에는, 그 행위의 효력이 발생한다.

12) 이러한 항소심의 대비책은 이전의 연방대법원 판결의 논리구성을 차용한 것이었다. 1977년에 연방대법원은 물건의 하자를 이유로 하는 담보책임에

이제 연방대법원은 해지권 같은 비독립적 형성권의 분리 양도성에 대해 정면으로 판단할 것인지, 이전처럼 대리제도를 이용하여 무효행위의 전환을 적용시킬 것인지 선택의 기로에 놓이게 되었다. 결과를 보면, 본 사건에 대한 판결문의 많은 부분이 형성권의 법적 성질에 관한 논의에 할애되어 있음에도 불구하고, 연방대법원은 형성권론 쪽이 아닌 무효행위의 전환 쪽을 택했다. 연방대법원이 고심한 것은 항소심이 내린 결론에는 이의가 없었지만, 문제는 항소심이 어떻게 이런 결론을 냈는지 명료하지 않다는 점이었다. 연방대법원이 보기에－비독립적 형성권의 분리 양도라는 어려운 길로 가지 않고－이번 사건도 무효행위의 전환으로 해결될 수 있었다.13) 결과적으로 연방대법원은 무효행위의 전환 논리로 이 사건을 해결했지만, 비독립적 형성권의 분리 양도성 문제를 전혀 언급하지 않고 지나갈 수는 없었고, 그래서 이 사건의 주된 법률문제와 실제 사건해결의 법논리는 분리되었다.

연방대법원은 주된 법률문제인 해지권의 양도성에 정면으로 접근하기는 했다. 이 사건에서는 임대인이 제3자에게 임대차관계 해지권만 양

의한 해지권이 분리되어 양도가능한지 여부를 다룬 바 있었다(BGH NJW 1977, 848). 그때에도 학설은 이런 담보책임에 의한 해지권이 넓은 의미의 법률관계전체를 변환시키기 때문에, 그리고 계약의 존속에 대한 결정은 계약당사자들에게 남아야 하기 때문에, 해지권의 분리 양도에 반대하는 입장을 취했다. 그러자 그 당시 연방대법원은 해지권의 분리 양도성 문제는 미정으로 두고, 설령 무효로 된 해지권 양도라 하더라도 독일 민법 제140조 무효행위의 전환에 의해 양수인은 해지권을 행사할 수 있음을 분명히 했다.

13) 해지권의 양도성 인정에 반대하는 견해도 대리를 통해 비독립적 형성권이 행사되는 것은 이론의 여지없이 허용한다. 본 사건에서 원고(양수인)가 서면으로 해지하면서 소외 W회사(양도인)의 서면을 부착시켜 놓기만 했기 때문에, 해지를 자신의 이름으로 하는 것인지 아니면 임대인인 W회사(양도인)의 이름으로 하는 것인지를 분명히 하지 않았다는 점은 문제가 될 여지가 있었다. 이를 이유로 해서 피고(임차인, 해지상대방)는 원고(양수인, 해지자)에 대해 이의를 제기할 수도 있었던 것이다. 그러나 피고(임차인, 해지상대방)는 해지가 있고도 6개월이 더 지나 소가 제기되도록 아무런 반응을 보이지 않았다.

도할 수 있는가의 문제로 드러났다. 이 사건에서 원고(매수인)는 아직 부동산 등기를 마친 상태에 있지 않았으므로, 원고(매수인)가 아닌 소외 회사(매도인)가 여전히 임대인일 수밖에 없었기 때문이다. 소외 회사가 여전히 임대인이므로 해지권은 당연히 소외 회사에 속하게 된다. 이 상황에서 매도인인 소외 회사는 매수인에게 해지권만을 양도한 것으로 되고, 매수인이 바로 그 해지권을 행사했다는 것이 연방대법원이 파악한 이 사건의 실체이다. 그러므로 연방대법원은 비독립적인 형성권인 해지권을 분리하여 양도할 수 있는지 여부를 검토해야만 하는 입장에 놓이게 된 것이다. 그런데 비독립적 형성권의 분리 양도에 대해 이전의 연방대법원 판결은 명시적 태도를 밝히기를 회피하고 있고, 학설은 심하게 다투어지고 있는 것으로 드러나자, 연방대법원은 상대적으로 쉬운 방법인 대리행위에 대한 무효행위의 전환이라는 법적 구성으로 우회한 것이다.[14)

생각컨대 연방대법원이 판결 논리를 끌어가는 과정에서 오류라면 오류를 범하게 된 것은 연방대법원이 매도인과 매수인 사이에 서면으로 이루어진 임대차관계 해지권 양도계약의 정체를 잘못 파악한 것에서 연유한다. 연방대법원은 매도인인 임대인이 매수인인 원고에게 서면으로 양도한 것은 임대차관계상 임대인의 지위가 아니라, 임대차관계를 해지할 권한뿐이라고 보았다. 그러나 공증계약이라는 형식까지 갖추어 목적물을 매도한 다음 그 목적물에 걸려있는 임대차관계를 해지할 권한까지 서면으로 양도했다고 하면, 그 매수인은 아직 소유권자는 못된다고 하더라도 적어도 임대차관계상의 모든 권리를 양수받은 것이라고 보아야 한다. 연방대법원이 판결문에 "본 사안을 대리로 구성한 것에 이의의 여지가 없다고 할 것이나 여기서 그것이 중요한 것은 아니다"라고 쓴 것은 아마 이렇듯 직접적 해결 방안이 아닌 우회적 해결 방안을 선택한 것에 대한 나름대로의 평가를 뜻하는 것일지도 모른다.

요컨대, 이 사건에서는 해지권같은 비독립적인 형성권을 분리 양도할

---

14) Staudinger/Busche, (1999), §413, Rn.15.

수 있는가 하는 문제가 정면으로 다루어졌다. 항소심 판결은 영업관련 임대차계약의 경우만큼은 비독립적 형성권도 분리 양도할 수 있다고 명시적으로 확인해 주었다.[15] 그러나 연방대법원은, 항소심의 논리구성에 대하여 직접적으로 가부를 말하지 않음으로써 여전히 명시적 태도를 미루었다. 하지만 해지권만의 양도계약이 다수설에 의해 유효한 것으로 인정받지 못한다 하더라도, 양수인을 대리인으로 구성해 자유로이 해지권을 행사하게 하는 것이 언제나 유효하다는 점을 강조하고 있어, 사실상 연방대법원은 경우에 따라 비독립적 형성권의 분리 양도성을 인정해주려는 의도를 가지고 있는 것으로 해석된다. 그러나 형성권의 양도성이라는 관점에서 중요한 것은 직접적으로 양도성 허용 여부를 말해주는 것이지, 대리로 구성했을 때의 허용 여부가 아니라는 점에 본 판결의 한계가 있다.

---

15) OLG Koblenz 1996.4.19. 8 U 1614/95; LG Mainz 1995.10.19. 1 O 207/95.

제5장 맺음말

1. 비독립적 형성권의 양도성에 관한 독일 학설의 종합

형성권은 원칙적으로 양도가 가능하기는 하지만, 형성권의 일반적인 부종성(비독립성)으로 인해 형성권의 양도성은 폭넓게 제한받고 있다. 우선 학설은 형성권을 독립적 형성권과 비독립적 형성권으로 나눈다. 형성권의 양도성과 관련하여 독립적 형성권은 전혀 문제가 되지 않으므로 논외이다. 비독립적 형성권은 다시 채권견련 형성권과 계약견련 형성권으로 나뉜다. 채권견련 형성권은 포괄적인 계약인수가 이루어지든 개별적인 채권양도가 이루어지든 별 문제없이 양도되므로 이 또한 논외이다. 따라서 형성권의 양도성이 문제이기는 한데 형성권의 종류에 관해 특별한 언급이 없거나 다만 비독립적 형성권이라고만 언급하고 있다면 이는 바로 비독립적 형성권 중에서도 계약견련 형성권이 문제된 상황이라고 추정할 수 있다. 바로 이러한 계약견련 형성권에 해당하는 대표적인 예가 해제권 또는 해지권이다. 계약견련 형성권은 포괄적인 계약인수가 이루어지는 경우에는 별 문제없이 양도될 수 있지만, 개별적인 채권양도가 이루어지는 경우에는 학설이나 실무상 그 양도성 여부가 다투어지고 있다. 다수설은 주된 채권이 양도되고, 형성권의 양도에 대해 당사자 사이에 합의만 있으면 양도가 가능하다는 입장이다. 그렇지만 이 경우 형성권의 양도성을 부정하는 견해도 준다수설인 상태이다. 그리고 상황에 따라서는 형성권이 양도인에게 당연히 남아있다고 하기도, 양수인에게 이전되었다고 하기도 곤란한 탓에 여러 협동모델들이 주장되고 있다. 이와 별도로 비독립적 형성권을 그 형성권의 기초가 되는 법률관계에서 분리시켜 형성권만 제3자에게 양도하는 것이 가능한가 여부도 문제된다. 이 문제와 관련하여 현재로서는 부정하는 견해가 통설이다. 필자는 이 문제와 관련하여 비독립적 형성권의 분리 양도를 인정하는 입장을 취함은 앞에서 밝힌 바와 같다.

2. 비독립적 형성권의 양도성에 관한 독일 판례의 종합

비독립적인 형성권의 양도성 문제를 놓고 학설이 앞에서 본 바와 같이 정리된다면, 독일 법원의 태도는 다음과 같이 정리된다. 1903년 독일 제국법원 판결은 해제권의 양도가능성 자체는 쌍무계약의 성질상 당연하다고 인정하고 있다. 그러나 해제권이 양수인에 의해 독자적으로 행사될 수 있는지 여부에 대해서는 계쟁사항이 아니라는 이유로 명시적인 언급을 피하고 있다. 그럼에도 불구하고 해제권의 양도로 인해 양도인의 이해가 침해될 가능성이 있을 때에는 양도인의 동의를 요구하면 된다는 식의 제시를 하고 있는 것을 보아, 양수인이 해제권을 양수하여 독자적으로 행사할 가능성을 인정하는 쪽으로 해석할 수 있다고 여겨진다. 이후 1926년 뮌헨고등법원 판결은 해지권이 그 바탕이 되는 법률관계와 더불어 양도되는 것을 허용하고 있다. 그리고 법률관계의 목적물이 영업

용도의 부동산인 경우에는 더욱이 그 해지권의 자유로운 양도가 인정되어야 한다고 한다. 그러나 본 판결은 영업용이 아닌 경우까지 양수인에 의한 해지권 행사를 인정하는 것으로 확대할 수 없는 데다, 최고심 판결이 아니라는 한계를 가진다. 이후 1973년 연방대법원 판결은 해제권의 양도성을 인정한 1903년 독일 제국법원 판결을 명시적으로 따르고 있다. 그리고 해제권이 당사자의 법적 지위와 연결되어 있다는 것은 해제권이 양도인에게 머물러야 한다는 근거가 되지 못한다고 한다. 그리하여 이 판결은 양도인이 양수인의 동의 없이 해제할 수 없음을 명확히 하고 있다. 그러나 양수인이 양도인의 동의 없이 단독으로 해제권을 행사할 수 있는지 여부도 명확히 밝히고 있지 않다. 게다가 해당 사건이 채권의 1/2에 해당하는 부분이 양도된 사안이라는 특성을 가지기 때문에, 부분양도가 아니라 전부양도였을 경우에 대한 연방대법원의 태도를 밝힌 것은 아니라는 한계를 가진다. 1985년 연방대법원 판결은 채권의 26/30에 해당하는 부분이 양도된 사안에 관한 것이다. 1985년 판결은 해제권은 채권과 더불어 양도될 수 있다는 1903년 판결과 1973년 판결을 명시적으로 따르고 있다. 그러면서 양수인의 권리는 양도계약에서 파생되므로 당사자들의 합의를 담고 있는 양도계약의 내용이 양수인 권리의 척도가 되어야 한다는 원칙을 강조하고 있다. 1997년 연방대법원 판결은 비독립적 형성권의 분리 양도성 문제를 정면으로 다루고 있다. 이 사건에서 항소심은 1926년 뮌헨고등법원 판결과 비슷한 취지로, 영업용도 부동산의 임대차 관계에서는 해지권을 분리하여 양도하는 것을 허용해 주었다. 이와 같은 항소심의 논리구성에 대해 연방대법원은 논리전개에 미진함이 있다고 했을 뿐 항소심의 결론을 부정하지는 않았다. 그러나 1997년 판결에서 연방대법원은 비독립적 형성권의 분리 양도성을 정면으로 다루었음에도 불구하고 그 자신은 분명한 결론을 내려주지 않았다. 연방대법원은 해지권의 분리 양도성을 반대하는 다수설과의 정면대결을 피했고, 양수인의 해지권 행사가 무효로 된다고 하더라도 독일 민법상 무효행위의 전환 규정을 이용해 양수인을 양도인의 대리인으로 구성하면 양수인이 자유로이 해지권을 행사할 수 있다고 우회하고 있다.

그런데 지금까지 다룬 대상판결들은 양도인이 해제권이나 해지권을 양도한 이후로도 실제로는 문제의 법률관계에서 완전히 탈퇴하고 있지 않고, 어떤 식으로든 문제의 법률관계에 관여하고 있다는 점에서 공통적이다. 1903년 독일 제국법원 사건은 사실관계를 알 수 없으니 논외로 하자. 1926년 뮌헨고등법원 사건을 보면, 문제의 임대차 관계가 중간임차인(중간임대인)에게 이전되었다 하더라도, 원래 임대인이 중간임대차 관계의 임대인으로 남아있어 중간임대인의 지위 자체가 원래 임대인에 의해 언제든지 소멸될 수 있다는 점에서, 원래 임대인과 (하위)임차인이 임대차관계를 유지하고 있는 상황이다. 1973년 연방대법원 사건을 보면 명시적으로 문제의 법률관계의 1/2이 양도인에게 남아 있다. 1985년 연방대법원 사건을 보면 양도인에게 문제의 법률관계의 4/30가 여전히 남아 있을 뿐더러, 아울러 양수인이 해제권 행사에 직접적인 이해를 가지는지 여부가 분명하지 않다는 특징이 있다. 1997년 연방대법원 사건을 보면 사실상 법률관계를 완전히 양도했으면서도, 오히려 당사자들이 미등기를 의식해 해지권만의 분리 양도를 주장한 경우이다. 그러니까 1997년 사건은 해지권의 분리 양도 문제를 정면으로 다루었으나, 그 사실관계 자체를 보면 법적 지위가 포괄적으로 양도된 경우이지 해지권만 분리 양도된 경우가 아니다. 결국 앞 1에서 5까지 사건의 사실관계를 살펴보면 비독립적 형성권의 분리 양도를 명시적으로 밝혀줄 내용의 판결이 기대될 수 없다. 그러니까 독일 연방대법원은 아직까지 비독립적 형성권의 분리 양도를 정면으로 문제로 삼을 뜻이 강하지 않음을 짐작할 수 있다. 그러므로 지금까지 판례들의 의의는, 독일 연방대법원이 비독립적 형성권의 양도성을 인정해주고 있다는 점, 그리고 형성권의 양도가 어떤 요건아래 허용되는 것인지를 계속적으로 확인해주고 있다는 점에서 찾아야 한다.

3. 비독립적 형성권의 양도성에 관한
독일 학설과 판례의 방향

　비독립적 형성권의 양도성에 호의적이지 않은 독일의 학설은 비독립적 형성권의 비독립성(부종성)과 형성상대방의 이익 침해 가능성을 논거로 한다. 그러나 법률관계의 구체적인 내용을 고려하지 않고 비독립적 형성권이라는 이유만으로 양도성을 일괄적으로 부정하는 것은 바람직하지 않다는 것이 필자의 생각이다. 그런 점에서 비독립적 형성권의 양도성에 어느 정도 부정적인 태도를 견지함으로써 형성권 논의의 체계적 무모순성을 추구하는 독일 학계의 태도보다, 사실관계의 경제적 의미를 고려하여 비독립적 형성권의 양도성을 상대적으로 너그러이 인정하는 독일 법원의 태도가 낫다고 생각한다. 그런 한편, 독일의 법원이 학설을 필요이상으로 의식하여 사안의 개별성에 대한 고려를 줄이고 있는 모습을 아쉽게 생각한다. 예를 들어, 형성권 개념이 판결문에 명시적으로 등장하지 않았던 1903년의 제국법원 판결을 보면 오히려 현실 경제적인 필요성에 좇아 형성권의 양도를 인정하면서, 형성권의 양도로 인해 양도인을 보호할 필요가 생기는 경우에는 양수인으로 하여금 양도인의 동의를 얻게 하면 된다는 식으로 사건을 해결해 나가고 있다. 이에 비해 1997년 판결은 비독립적 형성권만에 관한 사안이라 독립적 형성권의 양도성은 전혀 문제되지 않음에도 불구하고, 판결문의 상당 부분을 독립적 형성권과 비독립적 형성권의 양도성에 관한 학설 분석에 할애하여, 오히려 형성권 관련 이론에 얽매이는 모습을 보여주고 있다. 형성권이라는 개념이 본래 권리체계를 정비하는 목적으로 고안된 상위개념이니만큼 논리체계적 명료성을 획득하기 위해 형성권이라는 용어를 사용하겠지만, 그로 인해 실체적 타당성이 감소되어야 한다면 이는 좀 비싼 대가가 아닌가 한다.

또한 독일 학설이나 판례가 비독립적 형성권의 양도성을 제한할 때 내세우는 가장 큰 근거는 비독립적 형성권의 비독립성인데, 양도성이 인정되고 부정된 실제 사건들을 살펴보면 그와 같은 결론으로 간 이유가 문제의 형성권이 법률관계 당사자의 지위와 연결되어 있기 때문만은 아닌 것으로 보인다. 예를 들어 같은 비독립적 형성권에 속한다고 하더라도 기간설정권처럼 상대방에 대한 경제적 타격이 심하지 않은 형성권은 1985년 판결이 밝히듯 애초부터 다툼의 여지없이 — 기간설정권은 계약견련 형성권이 아니라 채권견련 형성권이라는 이론구성 아래 — 양도성이 인정되어 왔던 것이다. 기간설정 후 해지에서 기간설정권은 그 기간 후의 해지를 위한 것인데 기간설정권은 채권견련 형성권으로서 양도가 가능하고, 그 기간이 지난 후의 해지권은 계약견련 형성권으로서 양도성을 인정하기가 쉽지 않다고 한다. 해지를 위한 기간설정은 양수인이 할 수 있는데, 해지는 양도인이 해야 한다니 불합리하다고 말하지 않을 수 없다. 결국 비독립적 형성권의 양도성을 제한하려는 것도 인정해 주려는 것도 각 법률관계의 바탕에 깔려있는 경제적 논리에 영향을 받는 바 크며, 그렇기에 비독립적 형성권의 양도성에 관한 협동모델들이 구체적인 대안으로 등장하는 것이 아닌가 싶다. 경제적 논리를 앞세우게 되면 독일 학설이 비독립적 형성권의 양도성을 제한할 때 내세우는 두 번째 근거인 형성상대방의 이익 침해 가능성은 입지가 좁아진다. 비독립적 형성권의 양도성을 부정하는 경우 형성권자의 이익 침해 가능성이라는 것도 생기기 때문이다. 형성상대방의 이익 침해 가능성이라는 논거는 그 자체 경제적 논리에 바탕을 두고 있기 때문에, 형성상대방의 이익 침해 논거는 받아들이면서 형성권자의 이익 침해 논거를 그저 배제시키기가 어렵게 되는 것이다. 이러한 측면 또한 비독립적 형성권의 양도성에 관한 협동모델들이 나오게 된 배경이 되었을 것이다.

이와 같이 법률관계의 경제적 측면을 주시하다 보니, 필자는 현재의

학설이 압도적으로 부정하고 있는 비독립적 형성권의 분리 양도가능성
도 그렇게 배제시킬 것만도 아니라고 생각하게 되었다. 그렇다면 비독립
적 형성권의 분리 양도 문제와 관련하여 분리 양도가능성을 열어두자는
주장은 무슨 소용이 있는가. 더욱이 필자의 주장이 비독립적 형성권의
분리 양도를 원칙으로 삼자는 것도 아니라면 도대체 가능성을 열어둔다
는 것의 실익이 무엇인가 의심스러울 수 있다. 필자는 그 가능성의 혜택
이 법원의 재량과 사건 해결의 구체적 타당성 보장에 돌아갈 것이라고
본다. 그리고 그런 의미에서 비독립적 형성권의 분리 양도가 인정되는
경우가 조금씩이나마 늘어날 것으로 예상한다.

제4부 형성권을 매개어로 하여

제1장 형성권 논의의 의미*

1. 시작하는 말

형성권(Gestaltungsrecht)은 19세기 후반에 그 기초가 마련되어 20세기 초반에 확립된 법개념이다. 하지만 해제권, 취소권, 철회권 등 형성권에 해당하는 전형적인 권리들은 형성권 개념이 없을 때부터 존재했던 법제도들이다. 말하자면 해제권, 취소권, 철회권 등의 권리가 존재하고 있었는데, 어느 때부터인가 그것들을 합쳐 부르자는 주장이 힘을 얻었고, 그리하여 마련된 것이 형성권 개념이다. 형성권과 관련해서는 엄밀히 말하자면 총론만 존재한다. 형성권 각론이라 하면 해제권론, 취소권론, 철회권론 등이 해당되는데, 그것을 형성권 각론이라고 일컫는 일은 거의 없다. 그저 해제권론, 취소권론 또는 철회권론이라고 부를 뿐이다.

---

* 이 글은 2004년 8월 20일에 열린 한국비교사법학회 제41회 학술대회에서 발표했던 내용을 수정·보완한 것이다. 사법의 새로운 동향이라는 주제로 열린 당일의 대회는 신진 법학자들에게 자신의 박사학위논문을 학계에 소개하는 기회를 제공하는 자리이기도 하였다. 필자에게 귀중한 발표 기회를 주신 주최측 여러 분들과, 그 자리에 참여하셔서 조언을 아끼지 않으신 모든 분들께 이 자리를 빌어 감사드린다.

형성권 개념이 마련되던 때가 19세기 후반이라면 이는 독일 민법 제정 작업이 행해지던 시대와 맞물리는 셈이다. 그렇지만 형성권이라는 용어는 독일 민법전에 포함되어 있지 않으며, 형성권이라는 용어의 포함여부가 논해졌음을 보여주는 입법자료도 없다. 독일 민법전에서 형성권에 해당하는 용어를[1] 찾아볼 수 없는 이유를 독일 민법은 1896년에 공포되었고, 형성권이라는 용어는 1903년에야 비로소 확립되었다는 시간적 간격에서 찾는 것은 설득력이 없어 보인다. 왜냐하면 형성권 개념이 완전히 받아들여진 상태에서, 어떻게 보면 형성권 개념에 우호적으로 행해진[2] 2002년 독일 민법 대개정 과정에서도 독일 민법전에 형성권이라는 용어를 포함시키려는 그 어떤 시도도 없었기 때문이다. 그러고 보면 형성권 개념이 민법학에서 차지하고 있는 의미는 형성권이라는 용어가 민법전 안에 포함되어 있는지 여부로 평가될 성질의 것이 아니라고 할 것이다.

형성권의 의미와 관련하여 독일의 법조계는 이미 1950년대에 형성권 개념의 확립을 위대한 '법학적 발견들(juristische Entdeckungen)' 중의 하나라고 치하한 바 있다. 그리고 그 치하의 근거를 형성권 개념을 통해 민법상 권리들의 체계가 정비되었고, 그를 둘러싼 많은 논의들로 인해 민법학이 풍부해졌다는 데 두었다.[3] 그러나 형성권 관련 논의는 형성권 개념을 사용하지 않고 형성권에 해당하는 구체적 권리인 해제권이나 취소

---

1) 형성권이라는 용어가 확립되기 이전에는 가능권(Kannrecht)이라는 용어가 사용되었다. 형성권에 관한 기본 자료인 Emil Seckel, Die Gestaltungsrechte des bürgerlichen Rechts, FG f. Richard Koch, 1903, S.209를 참조하라.
2) 독일 개정 전 민법 아래서는 하자담보로 인한 해제권과 감액권을 청구권으로 볼 것인지 형성권으로 볼 것인지 다투어졌었다. Staudinger/Honsell, (1995), §462, Rn.4; MünchKomm/Westermann, (1995), §462, Rn.3ff. 개정민법 아래서는 하자담보로 인한 해제권과 감액권은 이론의 여지없이 형성권에 해당하게 되었다. Martin Schwab, Das neue Schuldrecht im Überblick, JuS, 2002, SS.5-6; Dieter Medicus, Schuldrecht, Bd. II(Besond. Teil), 11 Aufl., 2002, S.165; 안법영, 개정 독일 매매법의 개관, 독일 채권법의 현대화, 법문사, 2003, 80면 이하.
3) Hans Dölle, Juristische Entdeckungen, 1958(1957), S.B10.

권을 들어서도 행할 수 있다는 점에서, 형성권이 그렇게까지 치하를 받을만한 개념인가가 의심스러울 수 있다. 형성권 관련 논의 중에서 가장 '실용성'을 지닌다는 형성권의 양도성에 관한 논의만 해도 그러하다. 현실에서는 형성권의 양도성을 연구한 결과가 아니라 형성권의 구체적인 모습인 해제권의 양도성이나 취소권의 양도성을 연구한 결과를 적용시켜야 할 것이다.4) 그럼에도 불구하고 해제권의 양도성을 문제 삼는 독일 연방대법원 판결은 굳이 형성권의 양도성 여부를 명시적으로 언급하고 있다.5) 이와 같은 독일 법원의 태도는 형성권 개념의 법학적 가치가 그 개념성 자체에 기반한다는 점을 감안하면 선뜻 이해하기 힘들다. 그런데 2002년 독일의 민법 개정자들은 아예 기존의 몇몇 청구권을 형성권으로 구성하는 변경을 가하였다.6) 이러한 상황은 필자로 하여금 형성권 개념의 본질에 대한 고찰을 시도하게끔 만들었다. 우리 민법이 형성권이라는 용어를 포함하고 있지 않음에도 불구하고, 우리 법실무나 민법학이 독일식 형성권 개념을 사용하고 있기 때문이다.

그리하여 필자는 독일의 형성권론을 소개하는 형식을 취하여 형성권 논의의 의미를 밝히려고 이 글을 썼다. 특히 형성권 개념의 성립 과정에 대한 고찰이 한 부분을 차지하고 있는데, 이는 오늘날 형성권 개념이 성공적으로 존재하는 이유를 그 등장 배경부터 살피기 위한 것이다. 이 글의 후반부는 우리나라에서 행해지고 있는 형성권 관련 논의를 점검하는 데 할당되었다. 이 부분에서는 형성권 관련 논의 그 자체보다 형성권론 전개시 유의해야 할 사항을 지적하는 것에 중점을 두었다. 형성권은 일종의 도구개념이므로 그 기능을 어떻게 평가할 것인가에 따라 형성권에 필요 이상의 의미를 부여하기 쉬운데, 이는 민법상 권리체계의 정비가 아니라 혼동을 불러올 것이기 때문이다.

---

4) Peter Bydlinski, Die Übertragung von Gestaltungsrechten, 1986, SS.1-2.
5) 예를 들어 1985년 6월 21일자 독일 연방대법원 판결(BGH NJW 1985, 2640); 1997년 12월 17일자 독일 연방대법원 판결(BGH NJW 1998, 896).
6) Schwab, SS.5-6; Medicus, SchuldR II, S.165.

2. 형성권 개념의 의미

(1) 형성권

독일 민법은 형성권에 해당하는 해제권, 해지권, 취소권 등을 개별적으로 규정하고 있을 뿐 형성권이라는 용어 자체를 포함하고 있지 않다. 그럼에도 불구하고 독일의 학계나 실무계에서 형성권 개념의 존재는 확고하다. 그들은 형성권을 일방적인 법률행위 또는 소송을 통해 자신 또는 타인의 구체적인 법률관계를 직접적으로 변동시키는 힘을 그 내용으로 하는 권리라고 정의하고 있다.[7] 이렇듯 형성권 개념의 핵심은 당사자가 일방적으로 법률관계의 변동을 초래할 수 있다는 점에 있는데, 이는 아주 다양한 범위의 형성권 개념을 공존하게 만들었다. 극단적인 예를 들자면, 법률행위는 종국적으로 법률관계의 변동을 가져온다는 점에서 모든 법률행위를 형성행위에 포함시킬 수 있다고 한다.[8] 그러므로 형성권에 관한 한 형성권 개념이 지나치게 팽창되거나 지나치게 분해되는 위험을 덜어내는 작업을 거쳐 적당한 수준에서 형성권의 체계를 수립하는 것이 요구된다.[9] 현재까지의 조율에 따르면,[10] 형성권에 해당하는 권리의 전형적인 예는 해제권, 해지권, 취소권, 철회권, 상계권, 최고권, 선택채권에서의 선택권, 이혼권 등이다.[11] 약간의 논의를 거쳐 형성권 영

---

7) Seckel, S.211; Staudinger/Busche, (1999), §413, Rn.10ff.; MünchKomm/Thode, (2001), §305, Rn.52; Karl Larenz, Allgemeiner Teil des Bürgerlichen Rechts (AT), 7 Aufl., 1989, SS.220-222; Dieter Medicus, Allgemeiner Teil des Bürgerlichen Rechts (AT), 8 Aufl., 2002, SS.39-43; Medicus, SchuldR I, SS.34-35.

8) Klaus Adomeit, Gestaltungsrechte, Rechtsgeschäfte, Ansprüche, 1969, S.23.

9) Seckel, S.209.

10) 이 글에서 예로 들어지지 않았다하여 형성권에 포함되지 않는다는 의미는 절대 아니므로 독자의 주의를 바란다.

11) Seckel, S.207, Fn.2.; Werner Flume, Allgemeiner Teil des Bürgerlichen Rechts, Bd.II,

역으로 들어온 예로는 채권적 선매권, 환매권, 일정 종류의 선점권(수취권), 실체법상 항변권, 하자담보로 인한 해제권과 감액권 등을 들 수 있다. 그밖에 회사해산권, 사원제명권, 업무집행사원의 대표권을 박탈하는 권리, 근로자에 대한 사용자의 지시권,12) 운송업자에 대한 送荷人의 처분권, 해상보험상의 포기권, 은행예금인출권,13) 그리고 공탁권과 공탁물회수권 등도 형성권성이 논의되고 있다.

(2) 형성권 개념의 역사적 배경

형성권에 해당한다는 권리들을 볼 때 가지게 되는 근본적인 의문은, 형성권에 속하는 개개의 권리를 논하면 충분할 텐데 형성권이라는 추상적인 상위개념이 왜 존재하게 되었는가이다. 이에 답하려면 형성권 개념이 만들어진 역사를 살펴볼 필요가 있다.

형성권 개념은 19세기 판덱텐 법학을 배경으로 태동되어, 독일 민법전 제정 작업을 의식하면서 확립되어 갔다. 형성권 논의가 판덱텐 법학 시대에 시작되었다고 하면 그 기원이 로마법에 있을 것이라고 생각하기 쉽다. 그러나 사실은 그렇지 않다. 로마법은 일방적인 법률행위에 의한 권리형성이라는 사고와는 거리가 멀었다. 로마법은 형성권에 대응되는 포괄적 개념은 말할 것도 없고, 해제권이나14) 취소권15) 등 형성권에 속

Das Rechtsgeschäft, 4 Aufl., 1992, S.137; Medicus, SchuldR I, S.34; Medicus, AT, S.39f.; Staudinger/Löwisch, (2001), §305, Rn.52; MünchKomm/Thode, (2001), §305, Rn.48ff.

12) Seckel, S.207, Fn.2; Medicus, AT, S.42; 형성권 개념의 노동법 영역으로의 수용은, Bötticher가 형성권에서 복속(Unterwerfung) 개념을 강조하면서 촉진되었다. Theo Mayer-Maly, Zur arbeitsrechtlichen Bedeutung der Lehre vom Gestaltungsrecht, RdA, 1965, S.361. 여기서 말하는 Bötticher의 저서는, Eduard Bötticher, Gestaltungsrecht und Unterwerfung im Privatrecht, (Vortrag gehalten vor der Berliner Juristischen Gesellschaft am 8.Nov.1963), 1964이다.

13) Staudinger/Löwisch, (1995), §305, Rn.16.

하는 개별적 권리들을 독립적인 법제도로 인정하지 않았다. 이에 비해 게르만법의 경우 취소권 제도는 없었지만 초기 형태의 해지, 해제 제도는 가지고 있었던 것으로 보인다.[16] 그렇다고 해서 형성권 개념이 게르만법에 바탕을 둔다는 것은 아니다. 분명 게르만법에도 포괄적인 상위개념으로서 의미를 가지는 형성권 개념은 존재하지 않았기 때문이다. 요컨대 형성권 개념의 기원은 로마법에서도 그리고 게르만법에서도 찾을 수 없지만, 형성권에 속하는 일부 권리의 단초를 게르만법에서 찾아볼 수는 있다. 그렇다면 형성권 개념이 태동하기 직전의 상태는 어떠했는지 알아보자. 19세기 독일의 법실무자들은 구체적 사안을 놓고 해제권, 해지권, 취소권 등 형성권의 핵심적 종류를 이루는 개개의 권리들을 인정해주고 있었다. 하지만 같은 시기에도 법학자로서의 임무에 더 충실했던 부류의 법실무가들은 근본적으로 로마법에 상당히 경도되어서 로마법적이지 않은 것에 우호적이지 않았고,[17] 따라서 이들 권리의 인정에 인색했다. 그렇다면 19세기 후반 독일 법조계가 로마법에 없던 어떤 유개념(결국은 형성권)을 마련하면서까지 이들 권리를 하나의 체계 속에서 설명하려고 노력하게 된 계기가 무엇인지 궁금해진다.

지금까지 연구에 따르면 형성권 개념의 맹아는 19세기 후반에 법학자들이 법적 가능(rechtliches Können) 개념에 관심을 가지면서 싹튼 것으로

---

14) Walter Richter, Studien zur Geschichte der Gestaltungsrechte des deutschen bürgerlichen Rechts, 1939, S.107.

15) 취소권 제도는 로마법에도 게르만법에도 없었다. 독일 민법학에 취소가능성(Anfechtbarkeit) 개념을 도입하는데 공을 세운 사람은 Savigny이다(Savigny의 취소가능성 이론에 대해서는 Friedrich Carl von Savigny, System des heutigen Römischen Rechts, Bd.IV, 1841, S.538을 참조하라). 소송과정에서 분리된 취소권 제도의 결정적인 발전은 1860년 작센민법 제2초안 준비과정에서 이루어졌다. Richter, S.75, SS.148-149; Manfred Harder, Die historische Entwicklung der Anfechtbarkeit von Willenserklärungen, AcP 173, 1973, S.210.

16) Walter Immerwahr, Die Kündigung, historisch und systematisch dargestellt, 1898, S.21f.; Richter, S.108, S.131.

17) 현승종/조규창, 게르만법, 제3판, 박영사, 2002, 404면.

보인다.18) 이 당시 법학자들이 가졌던 법적 가능 개념에 대한 관심은 18세기 자연법론자들과 19세기 학문적 법실증주의자들에 의한 입법사업 과정에서 가지게 된19) 법질서(사회, 국가)와 권리의 상호관계에 관한 고찰의 연장선상에 있는 것으로 보인다. 인간이 사고의 중심에 서면서 '인간이 무엇인가 할 수 있다는 것(인간의 가능)'이 인간의 권리, 시민의 권리로 연결된 것이다.20) 그렇지만 인간의 '가능'이 법적 용어인 '권리'와 연결되기 위해서는 법질서에 의한 정당화가 필요했다. 그 정당화는 로마의 (사)법질서를 통해 이루어졌다.21) 로마법 개소들을 살펴보면 권리는 인간으로 하여금 어떤 행위를 할 수 있도록 허용(licere, dürfen)해주든지, 어떤 행위를 할 수 있도록 가능하게(posse, können)해주든지, 허용과 가능을 둘 다 포함하는 내용을 가지는 것으로 드러났다. 그러므로 인간의 행위가 법질서를 통해 다스려진다고 할 때, 인간의 행위와 관련된 법적 허용과 법적 가능이 바로 권리의 내용이라고 이해되었다. 이러한 맥락에서 인간의 가능은 권리와 연결되었다.22)

　이처럼 법적 가능 개념이 법적 허용이나 법적 당위와 구별되면서, 기존에 존재했던 허용권(Darf-recht)이나 당위권(Soll-recht)과 구분되는 가능권(Kann-recht) 개념이 등장하였다. 이렇게 등장한 가능권 개념이 그 입지를 확고히 하는 데는 Zitelmann이 기여하였다.23) 가능권 개념은 Hellwig의

---

18) Rolf Steiner, Das Gestaltungsrecht, 1984, S.42f.

19) Franz Wieacker, Privatrechtsgeschichte der Neuzeit, 2 Aufl., 1967, S.322ff., S.458ff.

20) Oskar Bülow, Klage und Urteil, ZZP 31, 1903, S.202.

21) 1857년 경 법적 가능(rechtliches Können) 관련 논의를 활성화시켰던 Brinz는 직접적인 논리 연관성이 떨어지는 로마법 개소들도 인용하고 있는데, 그 원인은 되도록이면 로마법 개소를 사용하여 설명해야 한다고 생각하던 당대의 서술 스타일에 있다고 볼 수 있다. 달리 말하자면 법적 가능 개념에 대한 관심이 증폭된 데에는 법적 가능 개념을 설명하기 위해 로마법대전의 권위를 빌 수 있었다는 점이 크게 작용하였다.

22) Alois Brinz, Lehrbuch der Pandekten, Bd.I, 1 Aufl., 1857, SS.48-50; Brinz, 2 Aufl., 1873, S.213.

23) Ernst Zitelmann, Internationales Privatrecht, Bd.II-1, 1912(1898), S.19, S.32를 참조

변동권(Recht auf Rechtsänderung) 개념으로 이어졌는데, 법률관계에서 가능이란 곧 법률관계를 변동시킬 수 있는 가능을 의미했기 때문이다. 변동권 개념의 등장은 법률관계의 변동이 곧 법률관계의 형성을 의미한다는 점에서 형성권 개념에 대한 학문적 합의가 가까워졌음을 알리는 신호가 되었다.24) 이러한 단계를 거쳐 독일 민법학계의 승인을 받게 된 것이 바로 Seckel의 형성권(Gestaltungsrecht) 개념이다.25)

형성권 개념의 전개 과정에서 유념할 사실은 형성권이 형성의 소와 관련되어 발전되었고, 지금도 형성권과 형성의 소는 짝을 이루어 다루어지곤 한다는 점이다. 그러므로 형성권이라는 법률용어의 직접적인 단초를 독일 민법학 문헌이 아닌 민사소송법학 문헌에 등장한 법률관계의 형성(Gestaltung)이라는 데서 찾아 볼 수 있다는 것이 전혀 뜻밖은 아니다.26) 형성의 소는 1880년대 중반에서야 비로소 독립적인 소의 종류로 법률문헌에 등장하기 시작했다.27) 그러니까 독일 민사소송법의 기초자

하라.

24) Konrad Hellwig, Lehrbuch des deutschen Civilprozeßrechts, Bd.I, 1903, §34, §35, S.233f.

25) Seckel은 형성권 개념의 발견자로서 추대받고 있지만 그의 형성권 사고가 Zitelmann과 Hellwig의 영향 아래 그 시대에 이미 받아들여지고 있었던 가능권(Kannrecht)에서 출발했다는 사실은 분명하다. Seckel의 제자로서 그의 사후 문헌정리 작업을 했던 Abraham도 Seckel의 형성권론이 Zitlemann과 Hellwig의 영향을 받아 쓰여 진 것이라고 증명하고 있다. Paul Abraham, Emil Seckel: Eine Bio-Bibliographie, 1924, S.15. Seckel 스스로도 자신의 형성권 개념이 Zitelmann의 가능권 개념과 거의 동일하다고 쓰고 있다. Seckel, S.209.

26) 독일 민사법학상 형성권 개념이 먼저인지 형성의 소 개념이 먼저인지를 명확히 해 놓은 문헌을 찾아볼 수 없었다. 여러 자료를 비교한 바, 형성권에 속하는 개별적 권리를 기준으로 하면 형성권 개념이 먼저이다. 하지만 포괄적 개념으로서 법률관계의 형성(Gestaltung)이라는 용어는 소송법학 분야에서 먼저 사용되었다. 형성권과 형성의 소의 연관과 관련해서는 김영희, 독일 민법학상 형성권에 관한 연구, 서울대학교 법학박사학위논문, 2003, 143면 이하를 참조하라.

27) Peter Schlosser, Gestaltungsklagen und Gestaltungsurteile, 1966, S.18; Helmut Staab,

들은 1877년에 공포한 독일 민사소송법(CPO)을 이행의 소를 기초로 편성하였음은 물론이고, 형성의 소를 특수한 권리보호형식으로 인식하고 있지도 않았었다고 추정된다.[28] 형성의 소가 명칭을 얻지 못한 상태로나마 독립적으로 다루어지기 시작한 것은 1885년 나온 Wach의 Handbuch des deutschen Civilprozessrechts에서이다. Wach는 소를 소의 목적에 따라 확인의 소와 이행의 소로 구분한 후, 이 두 가지 외에 청구된 법적 효과를 집행행위 없이 기판력과 더불어 바로 발생시키는 소의 종류가 있음을 언급했다.[29] 1889년에는 von Rechtenstamm이 이 종류 소의 특성이 법원을 통해 당사자의 법적 지위를 변경(umändern)시키거나 변형(umgestalten)시켜 법률관계를 형성해주는 기능을 한다는 데 있음을 간파하고 형성의 소(Rechtsgestaltungsklage, Gestaltungsklage)라는 명칭을 부여했다.[30]

하지만 형성권과 형성의 소 체계의 발전에 결정적인 역할을 한 것은 다름 아닌 독일 민법전 편찬 작업이었다고 평가할 수 있다. 민법전 편찬 작업이 구체적으로 진행되던 1890년대에 (아직 형성권이라는 명칭을 얻지 못한 단계의) 형성권 그리고 (이제 형성의 소라는 명칭을 얻은 단계의) 형성의 소 체계의 확립은 실체법적 측면에서나 소송법적 측면에서나 급히 해결해야 할 현실적인 문제이었다. 왜냐하면 독일 민법전 제1초안이 — 민법안 기초자들이 형성권 개념을 분명히 의식하고 있었던 것도 아니고, 형성의 소라는 용어를 구사한 것도 아니지만 — 취소권과 해제권같은 오늘날 (좁은 의미의) 형성권에 해당하는 권리들과, 소송을 통해 형성을 이루어야 하는 권리(형성소권)들을 규정하고 있었기 때문이다.[31] 그

Gestaltungsklage und Gestaltungsklagerecht im Zivilprozeß, 1967, S.1.

28) Hans Friedhelm Gaul, Randbemerkungen zum Wesen der Ehelichkeitsanfechtung, FamRZ, 1963, S.631; Staab, SS.2-3.

29) Adolf Wach, Handbuch des deutschen Civilprozessrechts, Bd.I, 1885, SS.11-12.

30) 예를 들어 이혼판결은 당사자의 이혼권을 선언해 주는 것이 아니라, 이혼시키는 역할을 한다. Emil Schrutka von Rechtenstamm, Literatur (Adolf Wach, Der Feststellungsanspruch, 1889(1888)), GrünhutsZ 16, 1889, S.619.

31) Ludwig Enneccerus/ Hans Carl Nipperdey, Lehrbuch des Bürgerlichen Rechts,

러자 로마법에 경도되어 있던 학계로서도 현실적인 문제로 대두된 형성
권을 더 이상 피해갈 수 없었다. 그리하여 법학자들은 로마법적 구성을
토대로 하여 형성권을 포함한 다양한 권리들에 대해 통일적인 규율을
만들어 내려고 노력하게 되었다. 이런 노력은 1900년 독일 민법전의 시
행으로 가속되었고, 곧 그 결실을 보게 되었다. 1903년은 형성권이나 형
성의 소 양 쪽에 의미있는 한 해이었다. Kisch가 "Beiträge zur Urteilslehre"
라는 형성판결에 대한 가장 중요한 초기 문헌을 냈던 것이다.32) 그리고
바로 이어 Seckel이 "Die Gestaltungsrechte des bürgerlichen Rechts"라는 형성
권론 역사상 기념비적인 논문을 발표했다.33)

(3) 형성소권

형성권은 법률행위를 통해 행사되는 것이 일반적이다. 그러나 일정한
경우에 법률은 실체법상 법률행위만으로 유효한 형성을 이룰 수 없고,
법원이 개입한 형성판결을 통해 형성을 이루도록 하고 있다. 소송을 통
해 형성을 이루도록 되어 있는34) 경우는 친족상속법 분야와 상사법 분

Allgemeiner Teil des Bürgerlichen Rechts, 15 Aufl., 1960, Bd.II, S.1379f.

32) 이 당시에는 형성판결을 Gestaltungsurteil로 할 것인지 Konstitutivurteil로 할
것인지 용어가 확정되지 않은 상태였다. Seckel의 형성권(Gestaltungsrecht) 용
어가 보편적인 호응을 얻으면서 그 짝으로 Gestaltungsurteil, Gestaltungsklage
라는 용어로 굳어진 것으로 보인다. Kisch, S.10을 참조하라.

33) Seckel의 형성권론은 실체법상 형성권에 초점을 맞춘 글이지만, 실체법상 형
성권이 행사되는 방법 중의 하나로서 형성의 소를 다루고 있다. Seckel의 형
성권론을 보면 Kisch의 형성판결론을 상당히 중요시 여기고 있음이 드러난
다. Seckel, S.210, Fn.2; S.239, Fn.6; S.240, Fn.1; S.242, Fn.2를 참조하라.

34) 형성을 소송을 통해 이룬다는 것과 형성권이 소송 중에 행사된다는 것, 그
리고 형성권이 소송법상 행사된다는 것은 서로 다른 의미이다. 소송을 통해
형성을 이룬다는 것은 법률이 정해 놓은 일정한 경우 형성권자가 형성의
소를 통해서 형성을 실현하는 것이다. 그리고 소송 중에 형성권이 행사된다
는 것은 실체법상 형성권이 소송 중에 행사되는 것(예를 들어 변론에서 취

야에 많다. 이혼, 친생부인, 업무집행권한 박탈, 회사의 해산, 주주총회결의 취소가 흔히 들어지는 예이다. 이렇듯 소송을 통해 형성을 이루는 경우 이용되는 소가 바로 형성의 소이다.[35] 그리고 형성의 소에서 내려진 청구인용 판결을 형성판결이라고 한다.[36] 형성판결은 피고에게 무엇인가를 행하라고 명하는 것이 아니라, 판결과 더불어 직접적으로 법률관계에 변동이 일어나게 만든다. 다시 말해, 형성판결은 그 판결 없이는 존재할 수 없는 어떤 법률관계를 성립시키거나, 존재하는 법률관계를 변경시키거나 또는 소멸시키는 법적 효과를 가져온다.[37]

그렇다면 어떤 경우에 형성의 소가 이용되는가. 입법자가 어떤 권리주체에게 일방적으로 법률관계에 변동을 가져올 권한을 부여해 주고 싶은데 법적안정성 등의 문제로 인해 선뜻 형성권을 인정해 주기가 꺼려지는 경우가 있을 수 있다. 그 경우 대안이[38] 형성의 소를 제기할 수 있

소의 의사표시를 하는 것)이다. 이에 비해 형성권이 소송법상 행사된다는 것은 실체법상 형성권을 행사한 결과를 소송법상 공격방어 방법으로 주장하는 것이다. 이 구분과 관련하여 이영섭, 형성권의 행사와 항변, 고시계, 1967/10, 25면을 참조하라.

35) Medicus, AT, S.40f.; Rosenberg/Schwab/Gottwald, Zivilprozessrecht, 15 Aufl., 1993, S.526f.; Othmar Jauernig, Zivilprozeßrecht, 27 Aufl., 2002, S.140; Gernhuber/Coester-Waltjen, Familienrecht, 4 Aufl., 1994, S.20f.; Stein/Jonas/Schumann, (1996), Vor §253 II, Rn.39f.; MünchKommZPO/Lüke, (1992), Vor §253, Rn.27-30. 강현중, 민사소송법, 제5판, 2002, 272-273면은 형성의 소를 창설의 소 또는 권리변동의 소라고도 부른다고 한다. 그러나 형성의 소에는 법률관계를 창설하는 종류만 있는 것은 아니므로 창설의 소라는 명칭은 적합하지 않다고 생각한다.

36) 이에 비해 형성기각 판결은 확인판결이다.

37) P.Schlosser, S.29.

38) 넓은 의미에서 당사자가 법적 형성을 초래하는 방법으로 법이 예정하고 있는 것은 세 가지이다. 형성권, 형성소권, 그리고 법률관계의 변동을 야기하기 위해 상대방의 협력을 구하는 청구권(권리변동을 야기하기 위한 청구권)의 인정이 그것이다. 법질서가 형성권, 형성소권, 그리고 권리변동을 야기하기 위한 청구권 중 어떤 방법을 사용하게 하고 있는지, 일방 당사자가 타방 당사자의 의사에 반하여 권리변동을 가져올 수 있다는 점에서 이 세 가

도록 형성소권을 인정해주는 것이다. 왜냐하면 형성소권이라는 방법을 사용할 경우 개인이 이루려는 형성을 법원이라는 국가기관을 통해 사전적으로(예방적으로) 통제할 수 있다는 장점이 있기 때문이다. 이에 비해 일방적 법률행위를 통해 형성을 일으키는 형성권이라는 방법을 사용할 경우 법원은 문제가 생긴 경우에 한하여 사후적으로 관여할 수 있을 뿐이다. 사적자치라는 민사법의 대전제상 당사자들끼리 해결하는 것을 원칙으로 하는 형성권으로 구성하는 것이 형성소권으로 구성하는 것보다 바람직하다. 하지만 그 형성이 공중의 이익이나 법적안정성과 관련되는 경우에는, 국가는 더 이상 당사자 스스로 형성하는 것을 허용하지 않고 법원을 거쳐 형성하도록 할 필요가 있다. 이렇듯 형성에 대한 국가의 사전적 통제의 필요성이 입법자로 하여금 그때마다 형성권이 아닌 형성소권으로 결정하게 만드는 것으로 보인다. 그러나 그 필요성 판단에 논리적 필연성은 없는 듯하다.[39] 그리하여 예를 들어 민법상 조합에서의 업무집행권한 박탈은 독일 민법 제712조에 의거 단순한 형성의 법률행위에 의해 이루어지고, 합명회사에서의 업무집행권한 박탈은 독일 상법 제117조에 의거 형성의 소를 통해 이루어진다. 조합의 해산은 독일 민법 제723조에 의거 법률행위에 의해 이루어지고, 합명회사의 해산은 독일 상법 제133조에 의거 형성의 소를 통해 이루어진다.

(4) 만들어진 개념의 정당화

일단 만들어진 형성권 개념은 성공적으로 살아남았다. 물론 상위개념으로서의 형성권 개념이 꼭 필요한가에 대한 의심이 완전히 해소된 것

지 방법은 넓게 볼 때 동일한 기능을 한다. 물론 각 방법의 뒤에는 각각을 정당화시켜주는 법정책적 논거들이 자리 잡고 있다. P.Schlosser, SS.28-29.

39) Josef Fenkart, Wesen und Ausübung der Gestaltungsrechte im schweizerischen Privatrecht, 1925, S.120; Hans Dölle, Zum Wesen der Gestaltungsklagerechte, FS f. Eduard Bötticher, 1969, S.95.

은 아니었다.[40] 그러나 형성권 개념을 굳이 폐기할 이유가 없었다. 형성권 개념은 형성의 소 개념과 짝을 이루어 실체적 권리의 체계와 소의 체계를 근사하게 설명해주었기 때문이다. 그리하여 독일의 법학자들은 형성권 개념의 존재를 정당화시키기 위해 노력하게 되었는데, 그 방법은 형성권 개념의 필요처를 찾아내는 것이었다. 따라서 형성권 관련 논의의 범위는 지속적으로 확대되었다.

　이런 관점에서 형성권 관련 문헌들을 연대기적으로 살펴보면 일종의 흐름을 발견할 수 있다. Seckel 이후 초기 단계에서는 형성권이 주로 독일 민법 관련 이론서들에서 권리체계와 결부되어 다루어졌다. 그러다가 1920년대 후반에서 1930년대에 들어서서는 형성권의 양도성이나 형성권 행사의 철회가능성 여부 같은 형성권의 법적 성질과 관련된 논제들이 빈번히 다루어졌다. 제2차 세계대전으로 인해 1940년대 들어 주춤했던 연구는 전후인 1950년대 후반에 이르러 재개되었다. 1957년에 Dölle는 형성권 개념을 근대 독일 민법학상 위대한 발견들 중의 하나라고 치하하였는데, 마치 이에 반응하듯 1960년대와 1970년대 초반은 형성권 연구의 전성기를 이루었다. 특히 1960년대에 들어서서는 형성권이 내포하는 일방성이라는 특성이 사회학적 개념인 복속(Unterwerfung)과 연결됨으로써 형성권 논의가 노동법 등의 인접 분야로 확대되었다. 1970년을 전후로 해서는 형성권과 관련하여 일반론적인 논제는 거의 모두 다루어졌으며, 특히 형성권과 청구권의 관계 그리고 형성권과 형성소송의 관계 등으로 형성권 논의의 폭이 상당히 넓어지는 양상을 보였다. 1980년대와 1990년대에는 한편으로 민법상 형성권을 포괄적으로 정리하는 일반론적인 논문들이 여전히 나오는가 하면, 다른 한편으로 소비자보호법이나 강제집행법상의 형성권과 같이 형성권 관련 영역을 새로이 확장시키는 전

---

40) Jacob Joussen, Das Gestaltungsrecht des Dritten nach §317 BGB, AcP, 2003, S.444f.; Christian Hattenhauer, Zur Widerruflichkeit einer Anfechtungserklärung-Begriffliche Befangenheit in der Lehre vom Gestaltungsrecht, ZEuP, 2003, S.408.

문적인 논문들도 나왔다. 그리고 이러한 추세는 2000년대에도 이어지고
있다.[41]

(5) 법정책적 차원에서 보는 형성권 개념의 의미

형성권 관련 저서들 목록이 말해 주듯이, 형성권과 관련된 세부적인
논점들이 형성권에 해당하는 해제권, 해지권, 취소권 등의 개별적인 권
리들을 전제로 해서도 충분히 다루어질 수 있음에도 불구하고, 형성권론
이 계속해서 나오고 있다. 형성권에 관한 연구가 처음에는 독일 민법상
권리체계를 정비하려는 의도로 행해졌을지라도 그 이후로도 연구가 끊
이지 않고 지속되고 있다는 것은 무엇인가 독자적인 의미가 존재한다는
것을 말해 준다. 그렇다면 그 의미가 무엇인지 찾아보자.

형성권론의 가장 큰 의미를 형성권 개념이 민법학을 풍부하게 해주고
또 법체계의 이해를 심화시킨다는 데서 찾을 수 있다는 사실은 분명하
다.[42] 그런데 형성권의 법체계적 의미는 다시 두 방향에서 접근할 수 있
다. 그 하나는 형성권이라는 권리 개념을 매개로 민법학상 권리체계를
정비한다는 것이다. 이는 형성권 개념의 확립을 전후로 독일의 학자들이
몰두했던 방향이지만, 새로운 권리 유형의 창출과 더불어 앞으로도 지향
할 바이기도 하다. 일정한 법률관계에 부종되어 있으면서도 그 법률관계
자체의 존폐를 결정지을 수 있는 형성권의 이중적 속성은 권리체계 탐
구의 묘미를 보장해줄 것이다. 다른 하나는 형성권의 체계론적 의미를
법학방법론적으로 활용할 수 있다는 점이다. 여러 법학자들이 법률관계
상 권리·의무를 주된 권리(1차적 권리)-부수적 권리(2차적 권리) 혹은

---

41) 자세한 문헌 정보는 김영희, 독일 민법학상 형성권에 관한 연구, 285면 이하
를 참조하라.

42) Dölle, Juristische Entdeckungen, SS.B10-B12; Ernst Zitelmann, Das Recht des
Bürgerlichen Gesetzbuchs, Bd.I, Allgemeiner Teil, 1900, S.22f.의 권리체계도를 참
조하라.

주된 의무─부수적 의무의 대립적 구조로 단순화시켜보는 시도를 해왔다.[43] 이러한 시도의 긍정적 결과는 학문적으로나 실무상으로 효율성을 증대시켜줄 것이기 때문이다. 그러므로 2차적 권리로서의 형성권에 대한 연구는 형성권 자체 차원에서뿐만 아니라 법학방법론적으로도 의미 있는 결과물들을 내주리라 기대된다.

앞서 언급한 법체계적 의미에도 불구하고 법학이 실용학문이라는 점에서 우리는 어떤 권리가 형성권이라는 것 또는 형성권적 성격을 가진다고 할 때 '보다 실제적인 소용'이 있을 것을 기대하게 된다. 여기서 필자는 그 소용을, 형성권 제도가 법정책 수단으로 활용될 수 있는 특성을 지니고 있다는 데서 찾을 수 있다고 본다. 형성권의 기본적인 특성은 그 대상이 된 법률관계에 일방적이고도 궁극적인 변동을 초래하는 기능을 한다는 것이다. 형성권의 이러한 기능을 이용해, 새로운 법현상에 대처하여 어떤 새로운 권리를 규정해야 할 때 또는 검토의 대상이 된 어떤 권리의 법적 성질을 규명해 주어야 할 때 입법자와 법해석자(법원)는 법정책적인 차원에서 그 권리를 형성권으로 구성할 수 있을 것이다. 방문판매를 통해 계약이 체결된 경우 법률이 정해 놓은 일정한 기간 동안 별다른 사유 없이 인정되는 소비자 철회권은 입법자가 소비자 보호라는 목적을 위해 형성권 개념을 차용한 예라고 하겠다. 또한 어떤 권리가 형성권에 해당하는지 여부가 의심스러운 상황에서 법원이 그 권리를 형성권 쪽으로 포함시켜 해석한다면 그것은 그 법률관계를 형성권 행사 방식과 형성권 처리 방식에 의거해 다루겠다는 법해석자의 법정책적 의지를 반영한다고 말할 수 있을 것이다.

형성권은 우리가 이미 알고 있는 해제권이나 해지권, 또는 취소권 등으로 한정된 제도가 아니다. 성립 요건, 행사 방법, 행사의 효과, 존속 기

---

43) Andreas von Tuhr, Der Allgemeine Teil des Deutschen Bürgerlichen Rechts, Bd.I, 1910, S.230; Anja Verena Steinbeck, Die Übertragbarkeit von Gestaltungsrechten, 1992, S.64f.; 이러한 시도는 [부수적 권리 또는 우선권의 이전]을 규정하고 있는 독일 민법 제401조의 존재 자체가 예정하고 있는 바이기도 하다.

간 등등 여러 가지 면에서 다양한 조합을 이룬 새로운 형태의 형성권의 등장이 얼마든지 가능하다.[44] 이는 같은 형성권 제도를 이용한다고 하더라도 형성의 소를 통한 형성이라는 또 다른 방법을 선택할 수 있는 여지가 있었음을 감안할 때, 형성권과 관련해서는 그만큼 법정책적인 사고가 개입할 여지가 크다는 것을 보여준다. 이런 맥락에서 볼 때 형성권은 아직도 형성중인 권리이다. 형성권 개념 자체는 어느 정도 밝혀져 있지만, 그 개념을 구체적으로 어떻게 활용해 나갈 수 있는가 하는 법제도로서의 발전 가능성은 미래를 향해 열려 있다고 하겠다.

3. 형성권 관련 논의시 유의할 몇 가지

(1) 우리나라의 형성권 관련 논의 현황

이 글의 시작 부분에서 언급했듯이, 형성권이란 용어와 개념은 독일의 민법학이 20세기 들어와서 비로소 확립시킨 것이다. 그럼에도 불구하고 형성권은 곧바로 로마법 전통의 긴 역사를 가진 법제도들과 섞여 독일 민법에 특유한 권리 개념 중의 하나로 자리 잡았다. 그리고 바로 독일식 민법체계를 취하고 있는 국가들에 전파되었다. 예를 들어 스위스는 법률행위에 의한 형성과 형성의 소를 통한 형성을 모두 인정하는 독일식 형성권 제도를 충실하게 따르고 있다.[45] 그리고 독일식 민법 체계를 따르는 우리나라와[46] 일본도 독일식 형성권 개념을 거의 그대로 받아들

---

44) Seckel, SS.218-219. Staudinger/Mader, (1995), Vorbem zu §§504ff., Rn.38f.

45) 이에 비해 오스트리아는 소를 통한 형성권 행사를 원칙으로 하고 있다. Michael Becker, Gestaltungsrecht und Gestaltungsgrund, AcP 188, 1988, S.24f.

46) 우리나라에서 정의되는 형성권 개념은 다음과 같다. 형성권은 권리자의 일방적인 의사표시로 법률관계의 변동을 일으키는 권리이다(김증한, 소멸시

이고 있다. 더욱이 우리나라의 경우 근래 들어 형성권이라는 용어를 포함하는 판결이 계속해서 늘고 있는 추세이다.

그 동안 우리나라 민법학계에서 행해진 형성권 관련 논의는 크게 세 부류로 나뉜다. 형성권에 해당하는 권리, 형성권과 제척기간 또는 소멸시효, 그리고 형성의 소와 관련된 논의가 그것들이다. 첫 번째 부류로 어떤 권리가 형성권에 해당하는가하는 형성권 개념 탐구와 관련된 논의들이 있다. 전형적인 물음은 형성권적 성질을 가지는 청구권이 청구권에 해당하는가 아니면 형성권에 해당하는가이다. 법문언상 청구권으로 되어 있더라도 실제적으로 형성권으로서의 특성을 보이면 문언에 구애받지 않고 형성권으로 보아야 한다는 쪽으로 수렴되고 있다.[47] 이 논의는 형성권적 성질을 가지는 청구권뿐만 아니라 형성권적 성질을 가지는 권리 일반으로 확대되었는데, 그 연구 결과는 우리 민법상 권리체계의 정비로 나타나고 있다. 두 번째 부류로 형성권과 제척기간 그리고 소멸시효의 연관성에 대한 논의들이 있다. 이 논의는 형성권-제척기간이라는 기본 구도 아래서 보면 소멸시효에 걸리는 것처럼 보이는 권리가 과연 형성권일 수 있는가 또는 형성권이 소멸시효기간을 가질 수는 없는가로 확대된다. 우리 민법 문언이 해당 권리의 법적 성질이나 해당 권리의 행사기간을 분명히 하고 있지 않아 문제되는 경우가 종종 있는데, 그 중의 일부는 형성권의 기본 구도를 사용하면 해결될 수 있게 된다. 예를 들어 형성권은 소멸시효가 아니라 제척기간에 걸리므로,[48] 법문언이 법적 성

효론, 서울대학교 법학박사학위논문, 1967, 47면); 형성권은 권리자의 일방적인 의사표시에 의하여 법률관계의 발생, 변경, 소멸을 일어나게 하는 권리이다(곽윤직, 민법총칙, 제7판, 박영사, 2002, 53면); 형성권은 권리관계를 일방적으로 변경시키는 권리이다(이영준, 한국민법론 총칙편, 박영사, 2003, 42면); 형성권은 권리자의 일방적 법률행위 또는 사실행위에 의하여 법률관계의 발생, 소멸, 변경을 일으키는 권리이다(이은영, 민법총칙, 제3판, 박영사, 2004, 112면).

47) 김증한, 소멸시효론, 48면 이하; 곽윤직, 53면; 이영준, 42면; 이은영, 112면.
48) 형성권에 관한 한 그 존속기간은 언제나 제척기간이라고 해석하는 것이 정

질을 분명히 하고 있지 않은 문제의 권리가 형성권적 성질을 가진다면 그 권리행사기간은 소멸시효기간이 아닌 제척기간으로 해석해 규율하는 것이 가능해 진다. 세 번째 부류로 형성의 소와 관련된 논의가 있다. 이 부류의 논의가 계속되는 이유는 형성권과 형성의 소라는 용어 자체가 명백히 견련성을 보이고 있기 때문이다.49)

(2) 형성권과 제척기간

어떤 권리가 형성권적인 성질을 가진다면 그 명칭에도 불구하고 그 권리를 형성권으로 분류할 수 있다. 그리고 어떤 권리를 새로 규정할 때 의도적으로 형성권으로 구성할 수도 있다. 그러나 법적 성질이 모호한 어떤 권리를 형성권이라고 단정한 후 형성권이기 때문에 형성권의 구도에 따라 취급해야 한다고 주장하는 것은 성급하다.50) 그러므로 형성권과 관련된 논의를 펼 때는 형성권 개념의 체계론적 의미를 남용하지 않도

당하다(곽윤직, 325면; 이영준, 675면); 제척기간이 인정되는 권리는 주로 청구권 이외의 권리 특히 형성권에 관한 것이다(김증한, 소멸시효론, 50면); 제척기간은 주로 형성권에 관하여 정해진 법정존속기간이다(이은영, 783면).

49) 형성을 청구하는 소라 함은 권리 또는 법률관계의 변동을 위한 일정한 법률요건의 존재를 주장하고 이에 터 잡은 권리 또는 법률관계의 변동을 선언하는 판결을 구하는 소를 말한다(강현중, 민사소송법, 272면); 형성의 소라 함은 법률관계의 변동을 요구하는 소이다. 소로써만 행사할 수 있는 형성권(형성소권)을 실현시키는 것이 형성의 소이다(이시윤, 신민사소송법, 박영사, 2002, 170면); 형성의 소는 소로써 법률관계의 변동을 구할 수 있는 경우에만 인정되는 것이고, 어떤 경우가 형성의 소를 제기할 경우인가, 어떠한 요건이 갖추어져 있어야 제기할 수 있는가는 실체법에 규정되어 있다(호문혁, 민사소송법, 제2판, 법문사, 2002, 251면).

50) 예를 들어 대법원 2000.6.27.선고 2000다11621판결(공2000.8.15.(112), 1757)은 집합건물 재건축 참가자의 매도청구권이 형성권이라는 이유로 제척기간에 걸린다고 하는데 정작 그 청구권이 왜 형성권에 속하는지에 대한 설명은 없다.

록 유의해야 한다. 이와 관련하여 우리나라에서 가장 많이 다루어진 형성
권과 제척기간 그리고 소멸시효라는 논제를 예로 들어 살펴보기로 한다.

1) '청구권-소멸시효기간' '청구권 이외의 권리-제척기간'의 구도

독일 민법 제194조 제1항은 소멸시효에 걸리는 권리를 청구권으로 제
한시키고 있다.[51] 그러므로 독일에서는 청구권이 아닌 권리는 소멸시효
에 걸리지 않는다. 청구권이 아닌 권리는 개별적인 행사기간 규정을 가지
고 있는데, 많은 경우 그 기간은 제척기간이라고 해석된다. 그렇지만 청
구권 이외의 권리가 모두 제척기간을 가지는 것은 아니고, 청구권이라고
해서 제척기간을 가지면 안 되는 것도 아니다. 그 이유는 다음을 보자.

2) 청구권 이외의 권리와 제척기간

(가) 청구권 이외의 권리와 형성권

19세기 후반, actio가 가지는 소권적 측면과 실체권적 측면을 분리하여
인식하여야 한다는 Windscheid의 주장이 독일 법학계에서 인정받게 되었
다.[52] 그러자 Windscheid는 그 분리적 사고를 바탕으로 해서 실체적 권리
만의 독자적 체계를 수립하는 작업에 들어갔다. 그 과정에서 실체적 권
리 중에는 청구권에 해당하지 않는 권리들도 존재한다는 사실이 밝혀졌
다. Windscheid는 청구권인 권리들을 제1부류의 권리로, 그리고 청구권이

---

51) 독일 민법 제194조 [소멸시효의 대상] ① 타인에 대하여 작위 또는 부작위
　　를 청구할 수 있는 권리("청구권")는 소멸시효에 걸린다.
52) 김증한, 권리의 개념과 분류에 관한 약간의 고찰, 서울대학교 Fides 제12권
　　제3호, 1966, 7면; Wolfgang Zöllner, Materielles Recht und Prozeßrecht, AcP 190,
　　1990, S.473. Windscheid가 actio에서 Anspruch(청구권)을 도출하는 과정에 대
　　한 비판과 대안적 견해에 대한 소개와 관련해서 Jürgen Schmidt, "Actio",
　　"Anspruch", "Forderung", FS. f. Günther Jahr 70 Geb., 1993, S.401f.를 참조하라.

아닌 권리들은 제2부류의 권리(Recht der sekundären Art)라고 불렀다. 이들 제2부류의 권리(또는 그보다 후대의 개념으로 2차적 권리 Sekundärrecht)를 대표하는 권리가 바로 형성권이다.[53]

(나) 형성권과 제척기간

일방적인 법률행위 또는 소송을 통해 자신 또는 타인의 구체적인 법률관계를 직접적으로 변동시키는 힘을 그 내용으로 하는 권리를 형성권이라고 한다면, 형성권의 특성으로 우선 그 권리 행사의 일방성을 들 수 있다. 이 때문에 형성상대방은 언제든 자신의 의사와 상관없는 시점에 권리변동이 일어날 가능성을 예견하고 있어야 한다. 이러한 종류의 유동적 상황은 원칙적으로 법적안정성이라는 요구와 배치될 여지가 있다. 더욱이 형성권의 강력한 효과를 생각하면 형성권이 오래간다는 것은 남용될 여지를 만들기 때문에, 일정한 기간 내에 형성권을 행사해야 하는 것으로 제한할 필요가 있다.[54] 그리하여 민법은 일련의 형성권의 경우에, 그 권리자로 하여금 적절한 기간 내에 행사할지 여부를 결정하도록 강제함으로써 바람직하지 않은 유동적 상황을 단축시키거나 제거하게 되었다. 형성권을 일정한 기간 내에 행사하지 않으면 안 된다는 시간적 제한은 제척기간이라고 설명되었다.[55] 독일 민법이 소멸시효라는 수단은 청구권을 위한 것으로 규정하고 있어서, 형성권을 위해서는 활용할 수 없었기 때문이다.

---

53) Bernhard Windscheid, Lehrbuch des Pandektenrechts, Bd.I, §37, Fn.3, 6 Aufl., S.100; 9 Aufl., S.161.

54) Seckel, S.230; Kent Leverenz, Die Gestaltungsrechte des Bürgerlichen Rechts, Jura, 1996, S.8.

55) 김증한, 소멸시효론, 51면; James Goldschmidt, Prozess als Rechtslage, 1925, S.323; Gerhard Jooss, Gestaltungshindernisse und Gestaltungsrechte, 1967, S.63. 형성권과 시간적 한계 문제에 관한 일반론은 Karl Spiro, Die Begrenzung privater Rechte durch Verjährungs-, Verwirkungs-, und Fatalfristen, 2 Bde., 1975, S.1561f., 특히 S.1568f.를 참조하라.

3) 청구권이지만 제척기간을 가지는 경우

청구권의 구체적인 성격을 살펴보면 청구권의 법적 성질을 한마디로 결론내리기 어렵다는 사실을 깨닫게 된다. 예를 들어, Kelsen은 청구권을 기존의 실체권 체계에 포함되지 않는 독립된 권리라고 했고,[56] Enneccerus는 청구권이란 물권과 채권 같은 기존의 1차적 권리에 해당하지는 않지만, 어떤 권리를 관철하기 위한 권리로서 기능하는 독립된 권리라고 보았다.[57] Adomeit는 청구권자가 청구를 통해 상대방에 대해 일방적인 힘을 미친다는 점에서 청구권은 약한 형성권적 특성을 갖는다고 했다.[58] 이렇듯 청구권 일반의 법적 성질에 대한 평가도 다양하지만, 일정 부류의 청구권은 청구권보다 오히려 형성권에 가까운 성질을 갖는 것으로 해석되고 있다.[59]

일정 부류의 청구권을 형성권으로 볼 것인가의 문제는 근본적으로 형성권 개념과 연결하여 생각하여야 한다. 어떤 권리가 형성권이기 위해서는 일방적으로 행사되어 법률관계에 궁극적인 변동을 가져와야하기 때

---

56) 청구권에서 중요한 것은 권리 측면이 아니라, 어떤 개인이 타인에 대해 일정한 방식으로 행위를 해야 하는 의무 측면이다. 그러므로 청구권 자체는 권리로서의 특성을 가지지 못한다. 어떤 개인이 타인에게 일정한 행위를 하도록 의무지우는 연관을 권리라고 표현한들, 이 권리는 그 의무의 반영에 지나지 않기 때문이다. 다만 그 의무의 불이행으로 인해 소송으로 옮겨가는 경우에는 청구권이 권리로서의 의미를 가진다. Hans Kelsen, Reine Rechtslehre, 1934, S.132f.

57) Ludwig Enneccerus, Lehrbuch des Bürgerlichen Rechts: Allgemeiner Teil des Bürgerlichen Rechts, 3 Aufl., 1908, S.280f.

58) Adomeit, S.31f.; 비슷한 맥락에서 Leverenz는 청구권이 일방 당사자의 상대방에 대한 요구로 나타난다는 점에서 간섭적 특성을 가지므로 형성권일 수 있다고 하였다. Leverenz, S.4.

59) 2002년 독일 민법 개정전 하자담보에 기한 해제와 감액청구권이 그 예이다. Staudinger/Honsell, (1995), §462, Rn.4; MünchKomm/Westermann, (1995), §462, Rn.3ff. 우리 민법의 경우에는 부속물매수청구권, 지료증감청구권, 공유물분할청구권 등이 그 예이다. 김증한, 소멸시효론, 48면 이하.

문이다. 그렇다면 여기서 법률관계의 궁극적인 변동이란 과연 어느 정도의 변동을 말하는가를 분명히 해야 할 것이다. 이와 관련하여 형성권 개념의 성립사 측면에서, 형성권이라는 권리를 전제로 독일 민법이 제정된 것이 아니라, 일방적으로 권리변동을 일으키는 부류의 권리들을 형성권이라고 불렀다는 사실을 기억할 필요가 있다. 이후로 법률가들은 형성권이라 부를 수 있는 권리의 범위를 놓고 계속 논의를 벌였던 것이고, 그 결과 지금 더 이상 다툼의 여지가 없는 형성권류와 아직도 다투어지고 있는 형성권류가 존재하는 것이다. 이와 같은 학문적 다툼 속에서 법률관계에 변동이 일어난 후 구체적 결과까지 나타날 것을 요구하는 좁은 입장을 취한다면 논의의 대상이 되는 청구권을 형성권이라고 할 수 없을 것이고, 법률관계에 변동이 온 것으로 충분하다는 넓은 입장을 취한다면 문제의 청구권을 형성권이라고 할 수 있게 된다. 그런데 형성권 개념 자체는 형성권의 행사로 인해 법률관계에 변동을 가져오면 족하지, 형성권의 행사가 법률관계에 미칠 수 있는 모든 범위에서 그 변동이 완료될 것까지 요구하고 있지는 않다. 예를 들어 부속물매수청구권자가 부동산인 부속물의 매수를 청구하는 경우 일방의 의사표시만으로 부속물의 매수는 이루어진다. 현실을 보면 부동산물권변동을 위해서는 등기라는 구체적인 후처리 과정이 남아있기는 하지만, 청구권자 일방의 의사표시에 의해 부속물의 매수가 이루어진다는 점에서 법률관계에 변동은 일어난 것이고 따라서 이 청구권은 형성권에 해당한다고 보아야 한다. 이에 덧붙여 형성권자가 중요시하는 것이 형성권 행사의 결과 변동된 법적 지위를 바탕으로 발생하는 청구권인 경우도 많다는 점에도 유의할 필요가 있다. 이 경우 형성권 행사 결과 발생한 청구권이 행사되어 그 결과가 나오기 전까지는 형성권 행사에 따른 법률관계의 변동이 완료되지 않았다고 볼 여지가 있기 때문이다. 예를 들어 해제권 행사에 따른 법률관계의 변동은 해제권을 행사한 결과 생겨난 청구권을 통해 원상회복이 되거나 손해배상이 된 상태에 이르러야 비로소 완료된다고 생각할 수도 있다. 그러나 형성권이 말하는 법률관계의 변동은 모든 상황의 완료를 의미하는 것은 아니다. 형성권은 이러한 (후속)변동이 일어나도록 하는 변동을 이미 일으켰다. 즉 형성권 행사에 의해 이미 법률관계에 변동은 일어났으며 그 변동의 결과 정해진 법적 지위를 바탕으로 이후의 법률관계가 변동하게 되는 것은 별개인 것이다. 그렇다면 형성권 개념에 비추어 봐도 일정 부류의 청구권은 청구권이라는 표현과 상관없이 형성권에 해당하게 된다.

이리하여 결국 일정 부류의 청구권은 제척기간을 가지게 된다. 비록 법문언에 청구권이라고 규정되어 있어도 그 법적 성질이 청구권이 아니라 형성권이라면 그 권리에 어울리는 권리행사 기간은 소멸시효기간이 아닌 제척기간이기 때문이다.[60] 그렇다면 어떤 권리가 소멸시효기간을 가진다는 것과 제척기간을 가진다는 것이 어떻게 차이가 나는지 다음에서 살펴보자.

(3) 소멸시효기간과 제척기간

1) 독일 민법상 차이

a) 우선 각각의 기간에 걸리는 권리의 종류에 차이가 있다. 일단 소멸시효에 걸리는 권리는 청구권뿐이다. 이에 비해 제척기간을 가지는 권리로는 형성권과 몇몇 청구권이 있다. b) 기간이 만료되었을 때 효과 면에서 차이가 난다. 소멸시효기간이 경과하면 상대방은 급부의 이행을 거절할 수 있을 뿐이므로 당사자가 시효의 완성을 원용하는 항변을 해야 한다. 이에 비해 제척기간의 경우에는 기간의 만료로 권리가 소멸한다. 그러므로 제척기간이 경과한 후 권리자가 권리를 행사한다 해도 법원이

---

60) Friedrich Lent, Die Notwendigkeit einer Begründung bei Ausübung von Gestaltungsrechten, AcP 152, 1952/1953, S.402.

직권으로 탐지해야 하며 반드시 당사자가 항변해야 하는 것은 아니다. c) 소멸시효와 제척기간의 차이는 기간의 중단이나 정지를 인정하는가 여부에도 있다. 소멸시효는 채권자의 정당한 권리를 상실시키려는 것이 아니라, 십중팔구는 이유 없을 청구로부터 채무자를 보호하려는 것이다. 따라서 권리의 존재를 확증하는 것이라고 인정할 만한 사실이 있으면 소멸시효가 중단되고, 또 일정한 사유가 있으면 기간의 진행이 정지되기도 한다. 이에 비해 제척기간은 당사자중 일방의 보호를 위한 것이 아니라 법률관계의 확정을 위해 정해진 권리행사기간이므로 원칙적으로 기간의 중단이나 정지가 인정되지 않는다.61)

2) 절대적일 수 없는 구분 기준

소멸시효와 제척기간은 시간의 경과를 원인으로 하여 권리의 실현을 막는 역할을 한다는 점에서 공통적이다. 그런데 비교법적으로 고찰해보면 우리가 일반적인 판단 기준으로 삼는 소멸시효와 제척기간의 구분 기준이 절대적인 것이 아님을 알 수 있다. 일단 바로 앞 1)에서 언급한 세 가지 차이점을 가지고 설명해 보자. a) 소멸시효에 걸리는 권리는 청구권이고 제척기간을 가지는 권리는 형성권이라지만 이는 절대적이지 않다. 일단 독일 민법의 경우 제척기간을 가지는 청구권이 있으며, 일본 민법의 경우에는 형성권도 소멸시효에 걸리는 것으로 해석되고 있다. 형성권은 권리들을 그 속성에 따라 재분류한 유개념이며, 형성권에 포함되는 권리의 범위가 확정적이지 않다는 점을 감안하면, 각 기간에 걸리는 권리 종류 차이에 의한 소멸시효와 제척기간 구분은 절대적 의미를 가질 수 없다. b) 독일 민법에 의하면 소멸시효가 완성되면 당사자는 항변권을 가지게 되는데 비해 제척기간이 만료되면 권리가 소멸한다지만 이

---

61) HKK-BGB/Hermann, §§194-225, Rn.22. 그 밖의 구분 기준에 대해서는 Medicus, AT, S.47f.; 이상태, 제척기간의 본질에 관한 연구, 저스티스 72, 2003/4, 111면 이하, 116면, 135면 이하를 참조하라.

또한 절대적이지 않다. 독일 민법이 소멸시효의 효과를 권리가 소멸하지 않는 것으로 결정하기까지, 소멸시효 완성의 효과를 권리를 소멸시키는 것으로 구성하자는 주장들이 있었다.[62] 이는 제척기간의 경우도 마찬가지여서, 제척기간 만료의 효과가 항상 권리의 소멸과 이어질 필요는 없다고 말할 수도 있다.[63] 더욱이 우리 민법의 경우에는 소멸시효가 완성되면 항변권만 가진다는 규정이 없기 때문에 어느 학설을 취할 것인가에 따라 (예를 들어 절대설을 취하면) 소멸시효 완성의 효과로 권리자체가 소멸할 수도 있다. 또한, 소멸시효 완성의 원용 필요성 여부는 소송상 원용제도와 관련하여 해당 국가의 민사소송법이 어떤 태도를 취하고 있는가와 연결된다. 따라서 권리 소멸 여부와 원용의 필요성 여부도 소멸시효와 제척기간의 절대적 구분 기준이 될 수는 없다. c) 기간의 중단이나 정지를 인정할 것인지 여부는 해당 국가의 민법이 제척기간제도를 어느 정도 엄격한 수준으로 유지시키고자 하는가에 달려있다. 독일의 경우 혼합제척기간이라는 개념을 사용해, 제척기간에도 소멸시효법상 중단이나 정지를 유추 적용시킬 가능성을 열어두고 있다.[64] 그 유추 적용의 전제는 그럴만한 필요성이 존재하는가 여부인데, 이는 각 제척기간의 성질과 당사자가 처해있는 상황을 종합적으로 검토해 정책적으로 결정되어야 할 문제라는 입장이다.[65]

3) 형성권이 소멸시효기간을 가질 수는 없는가

소멸시효제도와 제척기간제도가 공통적으로 시간의 경과를 원인으로

---

62) Savigny, S.366f.를 참조하라.

63) Spiro, S.1127.

64) 순수제척기간은 그 어떤 상황과 관계없이 엄격하게 진행된다. 이에 비해 혼합제척기간은 상황이 기간의 진행에 영향을 미치는 것을 허용한다. 그리하여 혼합제척기간의 경우에는 소멸시효법에 기인하는 몇 몇 정지규정과 중단규정들이 유추 적용된다. Jooss, S.48.

65) Staudinger/Peters, (1995), Vorbem zu §§194ff, Rn.15.

하여 권리의 실현을 막는 역할을 하는 데다 두 제도의 구분 기준도 절대적이지 않다면, 형성권이 소멸시효기간을 가질 수는 없는가라는 의문이 제기될 수 있다. 이 문제에 대해서는 형성권의 성질에 맞는 것이 제척기간이라는 이유로 부정적인 답을 할 수 밖에 없다. 그렇다면 형성권－제척기간이 짝을 이루게 된 배경을 살펴보자.

제척기간을 가지는 대표적인 권리가 바로 형성권이지만, 제척기간론과 형성권론은 따로 정립되었다. 제척기간은 로마법 시대부터 시효의 한 분야로 존재하다가 19세기 후반에 이르러 독자적인 이론체계가 정립된데 비해,[66] 형성권 개념은 19세기 후반에 생겨나 20세기 초에 정립되었다. 이렇게 보면 제척기간 개념이 정립되던 시기는 형성권 개념을 잘 알지 못하던 시대이다.[67] 형성권 개념사도 형성권론이 제척기간을 가져야하는 권리를 의식해서 전개되었다는 어떤 흔적도 보여주지 않는다. 제척기간에 관한 한 법률가들은 형성권 개념과 무관하게 권리 중에는 성질상 제척기간을 가져야 하는 부류의 권리가 있다고 생각했던 것이다. 제척기간은 일정한 권리를 일정 기간 내에 행사시키고 그 기간이 경과하면 모든 사람에 대한 관계에 있어서 그 권리가 소멸하게 함으로써 법률관계를 안정시키려는 제도이다. 그런 맥락에서 보면 어떤 권리들은 그 특성상 소멸시효기간이 아닌 제척기간을 가져야 하는데, 형성권으로 분류된 권리들 또한 그러한 특성을 가지고 있는 셈이다. 다시 말해 형성권은 일방적으로 법률관계를 변동시키는 힘을 가지고 있는데 그러한 특성을 제어하는 데는 제척기간 제도가 어울리는 것이다.

---

66) 제척기간을 본격적으로 다루기 시작한 저서가 1880년에 나온 Alexander Grawein의 Verjährung und gesetzliche Befristung이다. 그 이전의 시효 관련 저서들은 주로 소멸시효를 논하면서 제척기간은 시효와 구분되는 제도로서 언급만하고 지나갔었다.

67) 19세기 후반은 형성권이라는 용어가 등장하기 이전이며, 아직은 법적 가능 (rechtliches Können) 개념 수준에 머물러 독자적인 권리로서의 지위를 확고히 하지 못한 단계이었다. 형성권 개념의 성립사에 관하여는 김영희, 독일 민법학상 형성권에 관한 연구, 19면 이하를 참조하라.

이렇게 하여 형성권－제척기간의 기본 구도가 확립되었다고 해도 형성권은 소멸시효기간을 가질 수는 없는지 의문이 남을 수 있다. 독일의 경우에는 그럴 수가 없다. 독일 민법은 제194조 제1항에 명문의 규정을 두어 청구권만 소멸시효에 걸리도록 하고 있기 때문이다. 그렇다면 그러한 규정을 두고 있지 않은 우리로서는 어떠한지 살펴보자. 형성권과 마찬가지로 독일 민법학상 개념인 혼합제척기간이라는 개념을 끌어오면 제척기간에 소멸시효규정을 유추적용시키는 것이 가능하니, 적어도 이론적으로는 제척기간으로 할 것을 아예 소멸시효기간으로 하는 것도 불가능하지는 않아 보인다. 그러나 이미 언급했듯이 제척기간에 소멸시효규정을 유추적용시키는 것은 내재적 한계를 가진다. 과연 유추적용을 해야 할 필요성이 있는가가 그것이다. 그렇다면 다시 제척기간인 것을 굳이 소멸시효기간으로 할 필요성이 있는가라고 묻지 않을 수 없다. 앞서 보았듯이 소멸시효와 제척기간을 구분하는 판단기준들은 전형적인 소멸시효와 전형적인 제척기간을 전제로 할 뿐이기는 하다. 다시 말해 그러한 기준은 해당 법체계가 선택할 수 있는 소멸시효제도나 제척기간제도의 한 유형을 제시해 줄 뿐 절대적일 수는 없다. 그렇지만 소멸시효나 제척기간의 구분이 절대적이지 않다는 것과 하나의 법체계가 소멸시효제도와 제척기간제도를 모두 마련하고 있을 때 두 제도는 구분되어야 한다는 것은 다른 차원의 이야기이다. 법의 명료성은 법문언의 명료성뿐만 아니라 법체계의 명료성 그리고 법이론의 명료성에 힘입고 있다고 하겠다. 그렇다면 굳이 구분되어 있는 두 제도의 경계를 특별한 필요도 없이 흐리는 것은 바람직하지 않다고 하겠다.

4) 구분을 전제로 하는 의도적 혼용

소멸시효와 제척기간은 분명 유사한 기능을 한다. 그러나 양자는 기본적으로 별개의 제도인데, 오히려 별개의 제도이기 때문에 각각의 요건만 갖추어지면 두 기간이 동시에 진행하는 것도 가능하다.[68] 이러한 점을 의도적으로 이용하여 혼용시키면 권리행사기간제도의 효율성을 높일 수 있다. 이런 맥락에서 보면, 하나의 법체계 안에서 소멸시효와 제척기간이 혼용되고 있는 비교법 사례들은 오히려 소멸시효와 제척기간을 명료하게 구분할 필요성을 역설해주고 있음이 드러난다. 소멸시효와 제척기간을 의도적으로 혼용한다는 것은 두 제도를 구분한다는 것을 전제로 하기 때문이다. 다음에서 그 실례를 살펴보자.

독일 민법은 의도적으로 동일한 권리를 놓고 제척기간과 소멸시효기간을 이중으로 규정해 놓고 있다. 예를 들어 여행계약에 관한 독일 민법 제651의 g조 제1항을 보면 여행관련청구권은 계약상 정하여진 여행종료시점 후 1개월 이내에 행사하도록 하여 제척기간을 가지는 것으로 규정하고 있는데, 바로 이어 제2항에서 동 청구권은 계약에 따라 그 여행이 종료되었어야 할 날로부터 2년의 소멸시효에 걸리는 것으로 규정하고 있다. 이는 단기의 제척기간을 두어 빠른 시일 내에 법률관계를 종결짓는 것을 원칙으로 하되, 권리자에게 과책이 없는 경우에는 소멸시효로 옮겨 일정 기간 동안 추가로 권리의 행사를 보장하겠다는 취지로 보인다.[69]

이와 다르면서도 비슷한 구성은 일본에서도 찾아 볼 수 있다. 법률행위취소권을 규정하고 있는 일본 민법 제126조는 단기소멸시효로 5년과 장기 소멸시효로 20년을 정하고 있는데, 일본의 많은 법률가들은 단기는 소멸시효기간이고 장기는 제척기간이라고 한다. 장기소멸시효기간을 제척기간으로 해석하는 이유는 소멸시효기간의 잦은 중단에 의해 원래 시간적 제한을 가지는 소멸시효기간이 무한으로 길어지는 것을 막기 위해서이다.[70]

---

68) Spiro, S.972f.

69) Medicus, AT, S.48; Staudinger/Eckert, (2001), §651g, Rn.1f.

70) 椿壽夫, ≪時效期間と除斥期間 － 二重期間規定論≫序說, 法律時報, 제55권 제3호, 1983, 9면; 椿壽夫, 除斥期間論の展開, 法律時報, 제72권 제11호,

이와 구분되는 것이, 어떤 권리에 대해－그것이 형성권이든 아니든－하나의 법체계는 소멸시효기간을 두고 다른 법체계는 제척기간을 둔 경우이다. 예를 들어 물건의 하자담보책임에 기한 일정 청구권에 대해 독일 민법 제438조는 그 청구권들이 소멸시효에 걸리는 것으로 규정하고 있다. 그렇지만 비슷한 사안에 대해 유엔매매법(국제물품매매계약에 관한 유엔협약 CISG) 제39조 제2항은 제척기간을 규정하고 있다. 문제는 수범자들이 이 두 법을 모두 따라야 한다는데 있다. 이런 상황에서 매수인은 다른 정함이 없는 한 먼저 다가올 기간에 예민하게 반응하는 수밖에 없다.[71] 이러한 입법례도 두 제도의 차이를 알면서 의도적으로 다르게 규정한 경우라 아니할 수 없다. 다시 말해 이 예는 두 제도 사이에 절대적 차이가 없다는 것을 보여주는 것 같지만, 그럼에도 불구하고 두 제도는 구분되기 때문에 입법자는 수범자들을 위해서 의도적으로 어느 한 제도를 선택해 통일시켜야 함을 보여주고 있다고 하겠다.

5) 우리법상 제척기간과 소멸시효기간의 혼용

필자는 앞 4)에서 비교법적 고찰을 통해 제척기간과 소멸시효를 구분하는 것을 전제로 두 제도를 의도적으로 혼용하는 사례들을 소개했다. 그렇다면 우리나라에서 일어나는 혼용은 과연 어떠한가. 우리나라의 대표적인 혼용 사례는 민법 제1024조 제2항 제2문과 관련된다.[72] 취소권은 형성권에 해당하는 대표적 권리 중의 하나인데 법문언을 보면 소멸시

2000, 5면 이하.

71) Sven Regula/ Bernd Kannowski, Nochmals: UN-Kaufrecht oder BGB? Erwägungen zur Rechtswahl aufgrund einer vergleichenden Betrachtung, IHR, 2004/2, S.52.

72) 민법 제1024조 [승인, 포기의 취소금지] ① 상속의 승인이나 포기는 제1019조 제1항의 기간 내에도 이를 취소하지 못한다. ② 전항의 규정은 총칙편의 규정에 의한 취소에 영향을 미치지 아니한다. 그러나 그 취소권은 추인할 수 있는 날로부터 3월, 승인 또는 포기한 날로부터 1년 내에 행사하지 아니하면 시효로 인하여 소멸된다.

효에 걸리는 것처럼 표현되어 있는 것이다. 이에 대해서는 형성권임에
분명한 권리를 소멸시효에 걸리는 권리로 규정한 것은 편집자의 오류
(Redaktionsfehler)에 의한 혼용이라는 평가가 있다.[73] 사실 제척기간이 '시'
간의 경과에 권리의 소멸이라는 '효'과를 부여하는 제도라는 측면에서
보면 '시효'로 소멸한다는 법문언은 문제로 삼을 것이 아닐 수도 있다.
그럼에도 불구하고 시효로 소멸한다는 문언은 일응 소멸시효에 걸린다
는 의미로 읽힌다고 하지 않을 수 없고, 그 때문에 동 조항은 제척기간
제도와 소멸시효제도의 의미와 관련하여 논란을 야기하는 단초가 되고
있다. 이 민법상 혼용에 대해서는 이미 많은 논문들이 나와 있으므로 그
에 맡기기로 하고,[74] 대신 다음의 경우는 어디에 해당하는지 살펴보기로
한다.

(가) 백지어음 보충권

백지어음 보충권(이하 백지보충권)은 백지어음을 보충하여 완전한 어
음으로 만드는 권리이다. 백지부분이 보충되기 전까지는 어음은 미완성
상태이며, 따라서 어음상의 권리를 행사할 수 없다. 백지보충권은 이른
바 어음상의 권리는 아니지만 어음에 화체되어 있는 권리로서 어음에
강하게 부종되어있다. 이 백지보충권의 법적 성질과 관련해서는 형성권
설, 특수권한설, 대리권설, 수권설 등이 있다. 이 중에서 형성권설이 통
설인데, 백지보충권자의 일방적인 행위에 의하여 미완성어음이 완성어
음으로 되면서 어음행위의 효력이 발생한다는 것을 그 근거로 한다.[75]
백지보충권의 법적 성질에 관해서는 이미 많은 논문들이 나와 있으므

---

73) 김증한, 소멸시효론, 55면.
74) 박영규, 사법상의 권리행사기간-소멸시효기간과 제척기간을 둘러싼 몇 가
    지 쟁점들-, 민사법학 제18호, 한국민사법학회, 2000, 317면 이하; 민법주해
    /윤진수, [III], 총칙(3), 제7장 소멸시효, 박영사, 1992, 404면을 참조하라.
75) 이철송, 어음·수표법, 제6판, 박영사, 2004, 256면; 정찬형, 어음·수표법강
    의, 제5판, 박영사, 2004, 211면.

로[76] 여기서 반복하지는 않겠다. 필자가 의도하는 바는 통설처럼 형성권설을 취하는 것을 전제로 백지보충권의 행사기간 문제를 논하려는 것이다. 백지보충권의 행사기간을 논제로 삼는 만큼 백지어음 중에서도 특히 만기부분이 백지인 어음이 고찰 대상이다. 학설은 이러한 백지보충권의 법적성질을 형성권으로 봐서 그 행사기간은 제척기간이라고 하는데 반해, 우리 판례는 백지보충권을 소멸시효에 걸리는 권리로 파악하고 있다. 그 논지가 분명하게 표현되어 있는 예로 대법원 2002.2.22. 선고 2001다71507 판결을 보자. 이 판결문에 따르면 백지보충권의 행사에 의하여 생기는 채권은 어음금 채권인데, 이 어음금 채권은 소멸시효에 걸리므로, 발행일을 백지로 하여 발행된 약속어음의 백지보충권도 소멸시효에 걸려야 한다고 한다.[77] 이 판결문이 말하려는 바가 무엇인지 파악하기 위해 다음에서 백지보충권이 소멸시효에 걸린다는 것의 의미를 먼저 살펴보기로 한다.

어음을 발행하면 어음상 권리가 생긴다. 어음은 시효에 걸리는데, 어음이 시효로 소멸하게 된다는 것은 어음상 권리가 시효로 소멸한다는 것을 의미한다. 그러면 어음이 시효로 소멸하는 경우 어음에 화체되어 있는 권리인 백지보충권은 시효로 소멸하는지 의문이 생긴다. 이에 대해서는 어음이 시효로 소멸하는 한 일응 백지보충권도 시효로 소멸한다고 해야 할 것 같다. 그런데 문제는 만기가 백지인 어음의 경우에는 어음의 소멸시효의 기산점이 없으므로 만기가 보충되지 않는 한 그 어음은 시효로 소멸할 수 없고, 어음이 시효로 소멸하지 않으면 백지보충권도 시효로 소멸하지 않는다는 데 있다. 그러나 이는 불합리하므로 백지보충권의 행사에 시간적 제한을 두게 된다. 그것이 백지보충권의 행사기간이다.

---

76) 최준선, 백지어음 보충권의 제척기간, 비교사법 제9권 제2호 (통권 17호), 2002, 60면 이하; 주기종, 백지보충권의 성립이론에 관한 검토, 청주대 법학논집 제6집, 1992, 163면을 참조하라.

77) 공2002.4.16.(152), 759. 같은 취지의 판례로 대법원 2003.5.30. 선고 2003다16214판결(공2003.7.1.(181), 1446)를 참조하라.

만기가 백지인 어음에 보충권이 행사되면 어음의 만기가 정해지고 그로부터 어음의 시효가 진행될 것이다. 그런데 백지보충권에 어음과는 독립된 행사기간을 주는 경우 이 백지보충권이 행사기간의 끄트머리에 비로소 행사되면 백지보충권 행사기간, 보충되어 정해진 어음만기까지의 기간, 그리고 만기 후 어음상 권리의 소멸시효기간이 합쳐져 결국 완성어음의 경우보다 백지어음의 경우에 어음 채무의 존속기간이 상당히 길어질 수 있다. 이 문제는 백지보충권 행사기간은 보충권의 행사가 가능할 때 비로소 기산된다는 사정에 의해 심화될 수 있다. 그러나 어음 채무의 존속기간이 상당히 길어질 수 있다는 근거를 내세워 백지보충권에 독립된 행사기간을 주어서는 안 된다고 할 수는 없다. 어음 발행인이 발행일이나 만기를 백지로 했을 때는 그렇지 않았을 때보다 어음 채무의 존속기간이 어느 정도 더 길어질 수 있음을 예상했을 것이므로 더욱 그러하다. 다시 말해 어음 채무의 존속기간이 길어지는 것은 백지어음이 내포하는 일면이다. 물론 어음 채무의 존속기간이 길어지는 것은 바람직하지 않다고 할 수 있다. 그렇지만 그런 문제점이 있다면 문제를 일으키는 모든 관련 요소, 즉 백지보충권 행사기간, 보충되어 정해진 어음만기까지의 기간, 그리고 만기 후 어음상 권리의 소멸시효기간 각각을 검토 대상으로 삼아 단축시키는 방안을 모색해야지 유독 백지보충권의 독립된 행사기간을 부정하는 식으로 문제를 해결해야만 할 필연성이 없다.

그렇다면 우리 판례는 왜 백지보충권에 소멸시효라는 용어를 사용하게 되었는지 되짚어 보자. 필자는 그 이유가 백지보충권 행사기간을 구체적으로 정하는 과정에서 비롯되었다고 본다. 어음법에 백지보충권의 행사기간과 관련하여 명문의 규정이 없다고 할 때 그 기간 설정을 위해 두 가지 관련을 고려할 수 있다. 첫째로, 행사기간이 규정되어 있지 않은 권리의 경우 그 바탕이 되는 법률관계를 참작하여 그 기간을 정하는 것이다. 여기서 백지보충권의 바탕이 되는 법률관계에 해당하는 것이 어음관계라고 말할 수 있다. 그러므로 백지보충권에 행사기간이 존재한다면 그 구체적인 길이는 대략 어음이 시효로 소멸할 수 있는 기간에 해당하는 정도가 될 것이다. 왜냐하면 백지보충권이 소멸한다는 것이 의미하는 바는 결국 어음이 소멸한다는 것이기 때문이다. 둘째로, 백지보충권 행사 결과 생겨나는 어음금 채권의 법률관계를 참작하여 그 기간을 정하는 것이다. 백지보충권을 행사할 때 추구하는 바가 어음금 채권의 발생일 것이므로 그러하다. 이런 입장에서 보면 백지보충권에 행사기간이 존재한다면 그 길이는 어음금 채권이 시효로 소멸할 수 있는 기간 정도가 될 것이다. 그런데 이 두 가지 구성 중 어느 쪽을 택하든 백지보충권의 시효는 어음시효의 예에 준해서 다루어져야 한다는 결과는 달라지지 않는 것으로 보인다. 어음금 채권이 시효로 소멸한다는 것은 어음상 권리가 시효로 소멸한다는 것이며, 이는 결국 어음이 시효로 소멸한다는 것의 실체적인 모습에 해당할 것이기 때문이다. 그러므로 어느 쪽으로 구성하든 어음이 소멸시효에 걸린다고 하는 예에 따라 백지보충권도 소멸시효에 걸린다는 표현이 그다지 이상하게 보이지 않았을 것이다. 그러나 두 번째 구성은 논리적 허점을 보인다. 어떤 권리와 그 권리가 행사된 결과 발생한 권리는 원칙적으로 별개이기 때문이다. 설령 어떤 연관성을 부여하는 것이 필요하다고 하더라도, 기초가 되는 권리가 그로 인해 발생한 권리에 영향을 준다고 보는 것이 결과로서 발생한 권리가 그 기초가 되는 권리에 영향을 준다고 보는 것보다 합리적이다. 예를 들어 취소권의 행사 결과 부당이득반환청구권이 발생하는 경우 취소권의 행사기간과 부당이득반환청구권의 행사기간은 별개이며, 실제로 입법자도 부당이득반환청구권의 행사기간을 고려하여 취소권의 행사기간을 정해놓지는 않았을 것이다. 이런 점에서 백지보충권 행사 결과 발생한 어음금 채권의 소멸시효기간을 백지보충권의 행사기간과 연결시킨 위 판례의 구성은 무리로 여겨진다.

　요컨대 백지보충권의 행사기간을 어음이 시효로 소멸할 수 있는 기간

정도로 하는 것 자체는 수긍이 간다. 하지만 백지보충권이 소멸시효에 걸린다고 하는 것이 어음의 소멸시효에 착안한 표현에 의한 것이라면, 이를 제척기간으로 고쳐 읽어야 할 것이다. 형성권은 그 성질상 제척기간을 가지기 때문이다. 그렇다면 남은 고려사항은 그 기간을 굳이 소멸시효기간으로 보아야만 하는 다른 특별한 필요가 있는가가 될 것이다. 이에 대한 대답은 부정적이다. 백지보충권에 독립된 행사기간을 부여한다고 할 때, 원칙적으로 중단이나 정지가 인정되지 않는 제척기간을 주는 것이 소멸시효기간을 주는 것보다 어음관계의 빠른 명료화에 도움이 될 것이라는 점도 부정적인 대답의 보충 근거로 제시할 수 있다.

(나) 국세부과권과 국세징수권

조세채무관계는 과세권자와 납세의무자 사이에 조세법에 기하여 성립하는 일종의 채권채무관계이다. 과세권자는 추상적으로 성립한 조세채권을 구체적으로 확정하는 권능인 부과권과, 구체적으로 확정된 조세채권의 이행을 청구·수납하고 나아가 그 이행을 강제적으로 추구하는 권능인 징수권을 가진다. 현재의 통설은 과세권자의 징수권은 일반 금전채권과 다를 바 없다는 의미에서 소멸시효의 대상이 된다고 한다. 이에 비해 부과권은 공법상 형성권으로서, 시효의 중단이나 정지가 인정되는 소멸시효보다는 제척기간의 대상이 된다고 파악한다.[78]

현행 그리고 구국세기본법 제27조 제1항은 "국세의 징수를 목적으로 하는 국가의 권리"라는 문언을 가지고 있다.[79] 그런데 부과권 그리고 징

---

[78] 이철송, 부과권의 제척기간과 징수권의 소멸시효, 세무사 제2권 제12호, 1984, 16면 이하; 전정구, 구국세기본법하에서의 조세의 부과 및 징수권의 소멸시효와 시효중단사유, 대한변호사협회지 제110호, 1985, 74면 이하; 강인애, 조세채권의 제척기간과 소멸시효, 변호사-법률실무연구 제16권, 1986, 291면 이하; 한만수, 국세부과권과 국세징수권의 기간제한, 세무사 제5권 제1호 (제44호), 1987, 70면 이하; 이강국, 납세고지처분의 취소와 소멸시효의 중단, 한국조세연구 제6권, 1990, 325면 이하.

수권에 관한 별도의 규정이 마련되어 있지 않던 구법하에서는 국세의 징수를 목적으로 하는 국가의 권리는 부과권과 징수권을 모두 의미한다고 보아야 했다(조세채권설). 문언의 표면적 의미 그대로 징수권만 의미한다고 하면 부과권은 시간적 제한을 받지 않는 것이 되는데(징수권설), 이는 현대 조세행정에 반하기 때문이다.[80] 문제는 동항이 국세의 징수를 목적으로 하는 국가의 권리는 모두 소멸시효에 걸리는 것으로 규정한 데 있었다. 그로 인해 형성권으로서 제척기간에 걸려야 할 부과권도 소멸시효의 대상이 되어버리는 모순이 발생한 것이다. 이 모순을 해결하기 위해 1984년에 행해진 동법 개정시 부과권의 제척기간에 관한 제26조의2가 신설되었다. 제척기간에 걸려야 할 권리가 소멸시효에 걸리는 모순이 입법자에 의해 새로운 조문 신설로 해결된 경우이다. 여기서 필자는 조문 신설에 의한 입법적 해결 이전에 행해졌던 법원에 법해석에 주목하고자 한다. 대법원 1984.12.26. 선고 84누572 전원합의체 판결은 국세의 징수를 목적으로 하는 국가의 권리는 부과권과 징수권을 모두 포함하며, 두 권리 모두 소멸시효의 대상이 된다고 하였다.[81] 아마도 그 해석의 뒤에는, 명문의 규정이 없다는 이유로 과세권자가 부과권을 영구히 행사할 수 있도록 하는 것(부정설)보다, 국세의 징수를 목적으로 하는 국가의 권리에 부과권을 포함시켜 소멸시효에라도 걸리도록 하는 것(긍정설)이 낫다는 법정책적인 판단이 자리했던 것으로 보인다.[82]

필자는 이 판결이 비록 구법을 전제로 한 것이기는 하지만, 법해석과

---

79) 국세기본법 제27조 ① 국세의 징수를 목적으로 하는 국가의 권리는 이를 행사할 수 있는 때로부터 5년간 행사하지 아니하면 소멸시효가 완성한다.

80) 이창희, 세법강의, 박영사, 2004, 128면.

81) 공 1985.3.1.(747), 272.

82) 물론 법원이 제3의 해석을 할 수도 있었다. 바로 개정 국세기본법이 취한 태도이기도 한데, '국세의 징수를 목적으로 하는 국가의 권리─소멸시효' 구도를 해석상으로라도 '부과권─제척기간' 그리고 '징수권─소멸시효'의 구도로 나누는 것이 그것이다. 그렇지만 법원은 그 당시 국세기본법의 명문 규정의 한계를 넘는 해석을 원하지 않았던 것으로 보인다.

관련하여 몇 가지 시사하는 바가 있다고 생각한다. 첫째, 법정책적 판단을 위해 법논리적 명료성이 물러날 수 있다는 점이다. 부과권은 제척기간과 어울리는 성질을 가진다는-형성권 개념이 활용되었어야 했다는 의미가 아니다-점은 위 판결문에서 전혀 언급되지 않았다. 둘째, 국세기본법 제27조 제1항 법문언 자체는 개정 전이나 개정 후나 동일하다는 사실이다. 해당 법조문 자체는 전혀 변하지 않았음에도 불구하고 인근 법조문이 바뀜으로 해서 결과적으로 해당 법조문의 의미가 바뀐 예이다. 이는 법 해석시 지나치게 법문언 자체에 몰두해서는 안 됨을 일깨워준다. 셋째, '부과권(형성권)-제척기간' 그리고 '징수권(청구권)-소멸시효'라는 법체계적 명료성이 결국은 법개정을 통해 실현되었고,[83] 그 과정에서 세법이론이 진일보하였다는 점이다. 제척기간과 소멸시효에 관한 한 두 제도의 유사한 기능을 들어 두 제도의 혼용 상태를 계속시킬 수도 있었기에 더 주목할 만하다. 이는 적당한 조정만 가하면 '실무상으로는 별 차이 없는 결론'을 끌어낼 수 있는 문제에 굳이 법논리의 칼을 들이대는 것의 의미를 말해주는 예라 하겠다.

4. 맺음말을 대신하여

독일 민법학상 개념인 형성권은 권리체계의 정비를 위해 만들어졌다.

---

83) 법체계적 명료성이 법개정을 통해 완전히 실현되었다고 보기 어려운 점이 남아있기는 하다. 징수권의 소멸시효 중단에 관한 규정인 국세기본법 제28조 제1항 제1호를 보면 납세고지가 중단사유로 나와 있다. 납세고지가 있어야 비로소 징수권이 생기므로 어울리지 않는다. 이는 부과권이 소멸시효에 걸리던 당시에 딱 맞는 조문인데, 부과권에 관한 제척기간 조문이 생긴 이후에도 남아있어 논쟁의 여지를 만들고 있다. 이창희, 135면.

당사자 일방의 행위로 법률관계에 변동을 가져오는 권리인 형성권은 민
법 자체에 포함되어 있는 개념은 아니지만 민법에 포함되어 있는 주요
권리들의 상위개념으로 체계론적 의미를 인정받고 있다. 독일식 민법 체
계를 취하고 있는 우리나라나 일본에서 독일식 형성권 개념은 권리체계
론에 도움이 되었으며, 관련 논의가 권리체계라는 추상적 범위 안에서
행해지는 한 별다른 모순을 일으키지도 않았다. 그러나 형성권에 해당하
는 권리가 소멸시효에 걸리느냐 제척기간을 갖느냐하는 문제와 연결되
면서 논의의 대립이 생겨났다. 이는 독일식 형성권 개념을 받아들일 때
의도했던 바가 아니었다. 독일의 경우 민법 제194조 제1항으로 인해 형
성권에 관한 한 소멸시효가 아닌 제척기간만 생각할 수 있을 뿐이기 때
문이다.84) 여기서 우리나라와 마찬가지로 독일식 형성권 개념을 수입한
일본의 상황을 점검해보자. 일본 민법은 독일 민법과는 달리 청구권만
소멸시효에 걸린다는 조항을 가지고 있지 않다. 그런 한편 일본 민법의
기초를 맡았던 법학자들은 소멸시효에 걸리는 권리에 관한 규정인 일본
민법 제167조에 형성권도 포함되는 것으로 방향을 잡았다.85) 그 결과 일
본에서는 형성권은 제척기간을 가진다는 기본 구도가 깨어졌고, 제척기
간을 가져야 하는 형성권이 소멸시효에 걸리게 되는 문제를 가지게 되
었다. 그렇다면 우리의 사정은 어떠한가. 우리 민법 제162조는 일본 민
법 제167조와 상당히 비슷하게 되어 있기는 하다. 그러나 우리가 반드시
일본식의 문제점을 공유해야 했던 것은 아니다. 우리 민법에도 청구권만
소멸시효에 걸린다는 독일식 조항은 없지만, 우리 민법의 기초자들이 일
본의 경우처럼 형성권도 소멸시효에 걸리는 것으로 의도했다는 증거도
없으므로, 형성권은 제척기간을 가진다는 기본 구도를 깰 필연적인 이유

---

84) Seckel, S.230; Goldschmidt, S.323; Klaus-Peter Starke, Rückgängigmachung ausgeübter
Gestaltungsrechte, 1985, S.12.

85) 김증한, 소멸시효론, 22면; 中舍寬樹, 除斥期間と消滅時效の區別基準, 法律
時報, 제72권 제7호, 2000, 21면; 椿壽夫, 除斥期間の一義性, 法律時報, 제72
권 제11호, 2000, 49면.

도 없었다. 다시 말해 제척기간과 소멸시효제도가 공통성을 가진다하여 이미 독립적으로 활용되고 있는 두 제도의 구분을 별다른 이유 없이 흐트러뜨릴 필요는 없었다. 사실 이 문제와 관련하여 일본 민법의 기초자들이 의식적으로 독일 민법과 다르게 규정을 둔 것이 아니었다. 그렇기 때문에 오히려 일본 민법학자들은 독일식의 관념을 가지고 독일 민법과 다르게 되어 있는 일본 민법의 규정을 설명하느라고 애써야 하는 모순된 상황에 처하게 되었다.[86] 그렇다면 우리는 독일 민법과 다르게 되어 있는 우리 민법의 규정을 일본 민법 규정을 해석하는 식으로 해석한 후 다시 독일식의 관념을 가지고 설명하느라고 애쓰는 모순을 보이고 있는 것은 아닌지 성찰해 볼 필요가 있다는 생각이 든다.[87]

[비교사법 제11권 제4호 (2004.12) 1면 이하에 수록]

---

86) 김증한, 소멸시효론, 24면.
87) 이후 필자가 이 문제를 다룬 글이 김영희, 권리 행사의 시간적 제한에 관한 일 고찰, 민사법학 제29호, 2005, 1면 이하이다.

제2장 권리 행사의
시간적 제한에 관한 일 고찰*

1. 시작하는 말

이 글은 권리와 시간의 상호 관련성에 관한 고찰의 한 조각을 이룬다. 이에 대한 관심은 필자가 형성권을 주제로 박사학위논문을 준비하던 때 생겨났다. 형성권 개념이 만들어진 독일에서는 형성권을 제척기간을 가지는 권리로 보고 소멸시효와 연결시키지 않는데, 우리나라에서는 형성권을 소멸시효와 연결시킬 여지를 보이고 있기 때문이다. 그래서 권리와 시간 관련 제도들의 상관관계를 연구하기 시작하게 되었다. 계기가 형성권에 있었던 만큼 처음에 연구 대상으로 삼았던 것은 소멸시효제도와 제척기간제도였다. 이들은 권리의 행사를 시간적으로 제한한다는 점에서 공통적인데, 그 맥락에서 보면 연구의 고리는 실효제도와도 연결되어 있다. 권리의 행사를 시간적으로 제한할 필요가 있으나 소멸시효기간도 제척기간도 규정되어 있지 않은 경우 실효이론이 원용되고 있기 때문이다. 결국 연구 대상은 시간의 경과로 인해 권리를 잃게 되거나, 더 이상 권리를 행사할 수 없게 되는 것과 관련된 모든 제도들로 확대되었다. 이

---

* 이 글은 2004년 10월 30일에 열린 한국민사법학회 추계 학술대회에서 발표했던 내용을 수정·보완한 것이다. 당시의 지정토론자였던 김제완 교수와 심사를 맡으셨던 분들의 지도에 감사드린다.

글은 그 연구로 얻은 결과물 중의 하나로, 권리 행사의 시간적 제한에 관한 그야말로 일 고찰이다.

2. 소멸시효론과 형성권론의 교차

(1) 형성권을 매개어로 하여

우리나라 민법학계에서 행해지고 있는 권리 행사의 시간적 제한과 관련된 논의들을 필자가 전개하려는 글의 방향에 맞추어 분류해보면 다음의 다섯 가지 정도가 된다. 첫 번째, 소멸시효에 관한 것이다. 소멸시효의 효과, 즉 소멸시효가 완성되는 경우 해당 권리가 절대적으로 소멸하는가 아니면 상대적으로 소멸하는가가 핵심이다. 두 번째, 제척기간에 관한 것이다. 이는 형성권이 제척기간을 가진다는 점에서 실질적으로 형성권에 관한 논의이기도 하다. 세 번째, 소멸시효와 제척기간의 구분, 특히 두 제도의 기능적 차이에 관한 것이다. 네 번째, 시간의 경과를 요소로 하는 실효에 관한 것이다. 다섯 번째, 그 밖의 여러 논의들이다.

권리 행사의 시간적 제한과 관련된 논의들을 이처럼 분류할 수 있다고 하더라도 이들은 대부분 넓은 범위의 소멸시효론 안에 포섭된다.[1] 예를 들어 소멸시효에서 논의를 시작하여도 소멸시효제도와 제척기간제도의 상관성 때문에 제척기간을 언급하게 되고, 제척기간을 언급하게 되면 제척기간을 가지는 형성권으로 이어지고, 이는 다시 청구권−소멸시효

---

[1] 우리 민법학상 형성권에 대해 본격적으로 다룬 최초의 글은 1967년에 고 김증한 교수에 의해 서울대학교 대학원 법학과 법학박사학위 청구논문으로 제출되었던 소멸시효론이다. 논문 제목이 소멸시효론이라고 되어 있음에도 불구하고 그 내용의 상당 부분이 형성권에 관한 것인 이유를 위와 같은 맥락에서 이해할 수 있다.

기간과 형성권 — 제척기간이라는 구도에 대한 언급으로 이어지며,[2] 결국
에는 어떤 권리가 있다고 할 때 시간의 경과를 원인으로 그 행사를 제한
시킬 수 있는 방법들의 체계라는 일반론으로 이어진다. 이렇듯 권리 행
사의 시간적 제한과 관련된 제도들이 서로 연결되어 있다고 할 때 지금
까지는 소멸시효를 매개어로 하여 논의를 펼치는 것이 일반적이었다. 그
런데 필자는 형성권이라는 매개어를 사용하여 논하는 시도를 해보려 한
다. 소멸시효를 매개어로 하는 것은 이미 많이 행해진 바이기 때문이다.

 이러한 필자의 시도에 대한 타당성 검토라는 측면에서 우리나라에서
행해지고 있는 형성권과 권리 행사의 시간적 제한과 관련된 논의의 목
록을 훑어보면 논의들은 크게 다음의 세 가지로 정리될 수 있을 듯하다.
첫째, 형성권의 행사기간의 법적 성질은 제척기간인가 아니면 소멸시효
기간인가 여부이다. 이는 앞서 분류해 봤던, 권리 행사의 시간적 제한과
관련된 논의들 가운데 첫 번째, 두 번째, 세 번째 부류와 연결될 수 있다.
둘째, 형성권에 속하는 권리인데 행사기간 규정이 없는 경우 그 기간을
정하는 방법과 그렇게 정해진 기간의 법적 성질과 관련해서이다. 이는
앞서의 두 번째, 세 번째, 네 번째 부류의 논의와 연결될 수 있다. 그리고
셋째, 형성권을 행사한 결과 생긴 권리의 행사기간은 형성권의 행사기간
과 견련되어 있는가 여부이다. 이는 앞서의 첫 번째, 두 번째 부류의 논
의와 연결될 수 있다. 요컨대 형성권을 매개어로 해도 소멸시효를 매개
어로 하는 경우와 마찬가지로 권리 행사의 시간적 제한과 관련된 제도
들 전반을 점검할 수 있다.

 이렇듯 소멸시효론과 형성권론이 접하게 되는 바탕에는 소멸시효와
제척기간제도 사이의 상관성이 자리 잡고 있다.[3] 그런데 소멸시효와 제

---

 2) 청구권이라고 해서 제척기간을 가지면 안 되는 것은 아니다. 이와 관련하여
  김영희, 형성권 논의의 의미, 비교사법 제11권 제4호, 2004, 17면 이하를 참
  조하라.
 3) Karl Spiro, Die Begrenzung privater Rechte durch Verjährungs-, Verwirkungs-, und
  Fatalfristen, Bd.2, 1975, S.972f.

척기간제도 사이의 상관성에 관해 고찰할 때에는 우리나라 민법학상 논의와 독일 민법학상 논의가 가지는 의미에 차이가 있다는 사실에 유의할 필요가 있다. 독일의 경우에는 그들의 민법 제194조 제1항이 소멸시효의 대상으로 청구권을 규정하고 있는 까닭에4) 형성권은 소멸시효에 걸릴 수 없고, 형성권을 소멸시효에 걸리는 것으로 구성하기를 시도하는 일도 없다. 대신 소멸시효와 제척기간제도를 교량하여 각각의 기능을 활용하는 것에 의미를 두는 것처럼 보인다.5) 이에 비해 우리나라의 경우에는 형성권을 소멸시효에 걸릴 수 없는 것으로 하고 있는지부터가 확실하지 않다. 그러므로 우리의 경우에는 형성권과 소멸시효를 직접 연결시키려는 시도가 일단 의미를 가진다. 나아가 설령 우리 민법학계가 형성권은 소멸시효에 걸릴 수 없다는 독일식 구성을 견지하고 있다고 하더라도, 형성권과 소멸시효를 연결시켜 논할 의미는 여전히 존재한다. 우리 민법은 독일 민법과는 달리 소멸시효의 효과에 대해 구체적으로 규정하고 있지 않은 까닭에 소멸시효와 제척기간제도의 차이가 불분명해서 형성권을 제척기간이 아니라 소멸시효기간을 가지는 것으로 구성하면 안 되는 근거의 설득력이 상대적으로 약하기 때문이다.

사실 형성권이라는 용어가 민법전에 등장하지 않는 것은 우리나라나 독일이나 일본이나 마찬가지이다. 이들 중 어느 나라 민법에서도 형성권과 제척기간 그리고 소멸시효기간의 상관관계에 관해 직접 언급하는 규정을 찾아 볼 수 없다. 그럼에도 불구하고 독일의 경우에는 상황이 다르다고 하지 않을 수 없다. 독일의 경우 1900년에 민법이 시행된 후 1903년경에 형성권 개념이 정립되었는데, 독일의 법률가들이 민법을 바탕으로 하되 민법에 등장하지도 않는 형성권이라는 법개념을 만들어낼 때는 당연히 법체계상 모순이 발생하지 않도록 다듬었을 것이라는 점을 생각

---

4) 독일 민법 제194조 [소멸시효의 대상] ① 타인에 대하여 작위 또는 부작위를 청구할 수 있는 권리("청구권")는 소멸시효에 걸린다.

5) Staudinger/Peters, (2001), §194; MünchKomm/von Feldmann, (1993), §194; Soergel/Niedenführ, (1999), §194.

해야 한다. 그런 까닭에 독일의 경우에는 권리 행사의 시간적 제한과 관련된 여러 규정들을 종합해보면 형성권과 제척기간 그리고 소멸시효기간의 관계가 별 무리 없이 정리된다. 요컨대 독일 민법은 제194조 제1항을 두어 명시적으로 청구권만이 소멸시효에 걸릴 수 있도록 하고 있어 청구권이 아닌 형성권은 소멸시효에 걸리지 않는다. 그러므로 형성권에 관한 한 소멸시효를 생각할 수 없고 제척기간만 생각할 수 있을 뿐이다.[6]

1898년부터 시행된 일본 민법도 형성권이라는 용어를 포함하고 있지 않다. 일본 민법의 기초자들은 형성권 개념을 수입하게 되리라는 것을 예상하지 못했을 것이다. 그들이 참조했던 독일 민법 초안이나 그 밖의 입법 자료에서 형성권이라는 용어를 접하기 어려웠을 것이기 때문이다. 그런데 민법이 시행되고 얼마 지나지 않아, 그야말로 제대로 자리를 잡았다고 얘기하기도 전에 독일 민법학에 형성권이라는 용어가 등장했고, 곧바로 주요 법률용어로 자리매김하는 일이 일어났다. 형성권은 본래 권리체계를 정비하는데 사용되는 일종의 도구개념이었고 그 용도로 잘 기능하였으므로 독일 민법과 함께 독일 민법학을 수입한 나라들이 큰 고민 없이 받아들일만했다. 그러나 막상 형성권 개념을 수입했을 때 일본 민법학은 이 개념의 정체나 용도에 대해 혼동을 겪게 되었다.[7] 형성권이라는 용어의 지명도에 비하면 그 현실적 필요성은 의심스러울 수 있기 때문이다. 말하자면 현실에서 발생하는 법적 사건들은 형성권이라는 상위개념이 없다고 해도, 그저 취소권이나 해제권 등의 하위개념만 가지고도 해결될 수 있다. 그런 까닭에 형성권 개념은 사실 독일에서조차 상당

---

6) Emil Seckel, Die Gestaltungsrechte des bürgerlichen Rechts, FG f. Richard Koch, 1903, S.230; Klaus-Peter Starke, Rückgängigmachung ausgeübter Gestaltungsrechte, 1985, S.12.

7) 川島武宜, 時效及び除斥期間に關する一考察, 民商法雜誌 제11권 제5호, 1940, 720면 이하; 本田純一, 形成權概念の意味と機能, ジュリスト 增刊 法律學の爭點 3-1, 1985, 12면.

히 과대평가된 면이 있다. 그렇지만 형성권 개념을 만들어낸 독일 법률
가들의 입장에서 볼 때 이 개념은 어느 정도 상당한 의미를 부여받을만
했다. 그 당시 그들에게 중요했던 것은 막 시행된 독일 민법을 로마법
이상 완벽한 체계를 가지는 것으로 만드는 것이었는데, 권리체계의 정비
라는 민법학의 토대가 되는 일에 사용된 개념들 중에 형성권은 드물게
도 로마법에서 유래하지 않은, 참으로 독일적인 것이었던 것이다. 아마
도 20세기 전반 독일의 법률가들은 이 점을 높이 사지 않을 수 없었을
것이다. 그러나 수입국 입장에서 보면 형성권 개념은 그렇게까지 높이
평가해 줄만한 것이 아닐 수도 있다. 더욱이 독일에서는 문제로 되지 않
을 것이 수입국에서는 문제로 되기도 했다. 만들어진 나라인 독일에서는
형성권 개념이 단순히 권리체계뿐만 아니라 민법 전체에 조율된 것이겠
지만, 수입국에서의 사정은 그러하지 못했기 때문이다. 일본 민법이 독
일 민법과 상당히 비슷했음에도 불구하고 형성권 개념은 일본 민법 전
체에 고루 잘 들어맞지 못했으며, 특히 소멸시효제도와 부딪혔다. 일단
일본 민법에는 독일 민법 제194조 같은, 청구권만 소멸시효에 걸린다는
규정이 없다. 오히려 일본 민법 제167조는 소유권 이외의 재산권이 모두
소멸시효에 걸릴 수 있는 것으로 규정하고 있다.[8][9] 형성권은 재산적 가
치를 가지는 권리이므로 법문언만 놓고 보면 일본 민법상 형성권은 소
멸시효에 걸리게 된다.[10] 정작 문제는 이러한 차이가 일본 민법의 기초

---

8) 일본 민법 제167조 債權ハ十年間之ヲ行ハサルニ因リテ消滅ス。② 債權又
ハ所有權ニ非サル財産權ハ二十年間之ヲ行ハサルニ因リテ消滅ス。

9) 소멸시효에 걸리는 권리의 분류에 대한 각국의 입법례를 종합해보면, 소멸
시효에 걸리는 권리의 종류는 채권 내지 청구권에 한하고, 물권에 관하여는
물권으로부터 파생하는 청구권 또는 소권만이 소멸시효에 걸리고 물권 그
자체는 소멸시효에 걸리지 않는다고 하는 것이 모든 법제에 공통한다. 단,
일본과 만주와 한국은 물권도 소유권을 제외하고는 소멸시효에 걸린다고
한다. 이태리는 모든 권리가 소멸시효에 걸린다고 한다. 김증한, 소멸시효
론, 서울대학교 대학원 법학과 법학박사학위논문, 1967, 22면.

10) 川島武宜, 721면; 三藤邦彦, 形成權と消滅時效, ジュリスト 增刊 法律學の

자들이 철저한 대비 아래 의식적으로 초래한 것이 아니라는 데서 복잡해져 갔다.[11] 그리하여 이후 일본의 민법학자들은 독일식 관념을 가지고 독일 민법과 다르게 되어 있는 일본 민법의 규정을 설명하느라고 애쓰게 되었다. 점점 더 독일의 영향을 많이 받게 된 후대의 일본 민법학자들은 독일식 권리 체계의 근간을 부정하고 싶지는 않았기 때문이다.[12]

이제 우리 민법을 놓고 살펴보면, 우리 민법이 일본 민법의 영향을 받은 탓인지 우리나라는 일본과 유사한 논의 상황을 연출하고는 한다.[13] 실제로 우리 민법 제162조는 일본 민법 제167조처럼 소유권 이외의 재산권이 소멸시효에 걸린다고 규정하고 있다.[14] 우리 민법 제162조와 일본 민법 제167조의 유사성이라는 측면에서 보면 우리 민법학계도 형성권이 소멸시효에 걸릴 수 있다는 일본식 구성을 따라갈 여지가 있다.[15] 그러나 일본 민법 규정들을 분석해보면 소멸시효의 효과에 관한 입법의 태도가 우리와 다른 탓에 일본식 구성을 참고하는 것이 마땅치 않게 된

爭點 3-1, 1985, 78면.

11) 일본 민법상 소멸시효제도의 입법 배경에 대해서는 김학동, 소멸시효에 관한 입법론적 고찰, 민사법학 제11·12권, 1995, 72면 이하를 참조하라.

12) 椿壽夫, 除斥期間論の展開, 法律時報 제72권 제11호, 2000, 7면; 松岡久和, 民法566條3項による權利行使期間制限の趣旨, 民商法雜誌 제109권 제1호, 1993, 108면.

13) 소멸시효제도에 관한 우리의 입법태도의 정리는 김학동(주11), 74면 이하와, 양창수, 민법안에 대한 국회의 심의(II), 민법연구 제3권, 박영사, 1995, 63면 이하를 참조하라.

14) 우리 민법 제162조 [채권, 재산권의 소멸시효] ① 채권은 10년간 행사하지 아니하면 소멸시효가 완성한다. ② 채권 및 소유권이외의 재산권은 20년간 행사하지 아니하면 소멸시효가 완성한다.
일본 민법 제167조 債權ハ十年間之ヲ行ハサルニ因リテ消滅ス。② 債權又ハ所有權ニ非サル財産權ハ二十年間之ヲ行ハサルニ因リテ消滅ス。

15) 우리 민법학이 일본 민법학의 영향을 받던 구민법 시대에 주장되었던 시효학설에 대해서는 김기선, 시효제도의 검토, 재산법연구 제1권 제1호, 1984, 11면과, 김증한, 소멸시효 완성의 효과, 서울대학교 법학 제1권 제2호, 1959, 249면 이하를 참조하라.

다. 소멸시효의 효과에 관한 한 일본 민법은 제167조에서 해당 권리가 소멸한다고 하면서도, 제145조에서는 시효의 이익을 얻으려면 당사자의 원용이 필요하다고 한다.16) 일본 민법은 권리가 소멸한다고 해놓고는 권리가 소멸되었음을 원용해야만 한다는, 우리가 보기엔 모순인 조문들을 가지고 있는 것이다.17) 이유가 분명히 드러나 있지는 않지만 우리 민법학계는 형성권에 관하여 독일식 구성을 많이 참고하고 있는 듯하다.18) 일본을 참조하는 경우 바로 앞에서 언급한 문제가 발생한다는 점, 형성권은 본래 독일 개념이라는 점, 그리고 독일에서 형성권은 소멸시효가 아닌 제척기간과 연결되어 있다는 점들에 대한 고려가 독일식 구성을 선호하게 하였을 것으로 짐작된다. 그러나 우리 민법에 있는 형성권과 연관을 갖는 규정들이 독일식 구성에 잘 들어맞는다고 확언하기는 힘들다. 무엇보다 우리 민법에는 소멸시효에 걸리는 권리는 청구권이라는 독일 민법 제194조식의 규정이 없어, 형성권 문제를 소멸시효가 아닌 제척기간 영역으로 보내야만 하는 법적 근거가 약하다. 게다가 소멸시효의 효과와 관련된 규정을 참고할 수도 없다. 우리 민법은 소멸시효가 완성되면 해당 권리가 소멸하는 것이 아니라 상대방에게 급부거절권이 생긴다는 독일 민법 제214조식의 규정을 가지고 있지 않기 때문이다.19)

---

16) 일본 민법 제167조 債權ハ十年間之ヲ行ハサルニ因リテ消滅ス。② 債權又ハ所有權ニ非サル財産權ハ二十年間之ヲ行ハサルニ因リテ消滅ス。
   일본 민법 제145조 時效ハ當事者カ之ヲ援用スルニ非サレハ裁判所之ニ依リテ裁判ヲ爲スコトヲ得ス。

17) 일본 민법상 소멸시효의 효과와 관련된 문제점들에 대해서는 윤진수, 소멸시효 완성의 효과, 한국민법이론의 발전(I), 박영사, 1999, 197면 이하를 참조하라.

18) 대표적인 예로 형성권의 행사기간의 법적 성질 문제에 관한 논의 현황을 살펴보면, 우리 민법학자들 중 대부분은 독일의 학자들과 마찬가지로 형성권에 관한 한 그 행사기간은 언제나 제척기간이라고 한다. 곽윤직, 민법총칙, 제7판, 박영사, 2002, 325면; 이영준, 한국민법론 총칙편, 박영사, 2003, 675면; 김증한/김학동, 민법총칙, 제9판, 박영사, 1995, 514면 등을 참고하라.

19) 우리 민법 제162조 [채권, 재산권의 소멸시효] ① 채권은 10년간 행사하지

우리의 민법체계가 그들과 닮았으나 같지는 않다면 우리의 체계는 무엇인가. 필자의 생각은 형성권을 매개어로 해서 권리 행사의 시간적 제한에 관해 검토하다보면 우리의 체계에 대한 정리가 이루어지리라는 것이다. 이런 생각으로 이하에서는 앞에서 언급해 놓은, 우리나라에서 행해지고 있는 형성권과 소멸시효 관련 논의들을 차례로 검토하기로 한다. 즉 2의 (2)에서는, 형성권 행사기간의 법적 성질은 제척기간인가 아니면 소멸시효기간인가를, 그러니까 이른바 형성권의 행사기간과 법문언의 문제를 다룬다. 2의 (3)에서는, 형성권 행사기간의 규정이 없는 경우에 그 기간을 정하는 방법과 그렇게 정해진 기간의 법적 성질을 다룬다. 그리고 2의 (4)에서는, 형성권을 행사한 결과 권리가 생긴 경우 그 권리가 가지는 행사기간은 형성권이 가지는 행사기간에 견련되어 있는가 여부를 다룬다.

(2) 형성권의 행사기간과 법문언

1) 소멸시효기간과 제척기간

소멸시효는 권리자가 자신의 권리를 행사할 수 있음에도 불구하고 일정한 기간 동안 행사하지 않는 경우 권리자로 하여금 그 권리가 소멸된 것과 마찬가지 상황에 처하게 하는 제도이다.[20] 그러나 '소멸'시효라고

아니하면 소멸시효가 완성한다. ② 채권 및 소유권이외의 재산권은 20년간 행사하지 아니하면 소멸시효가 완성한다.
독일 민법 제214조 [시효완성의 효력] ① 소멸시효가 완성된 후에는 채무자는 급부를 거절할 권리를 가진다. ② 소멸시효가 완성된 청구권의 만족을 위하여 급부된 것은 급부가 시효완성을 알지 못하고 행하여진 경우에도 반환을 청구할 수 없다. 채무자가 계약에 좇아 행한 채무승인 및 담보제공에 대하여도 또한 같다.
20) 곽윤직, 316면 이하; 이영준, 670면 이하.

해서 곧바로 그 권리 자체가 소멸한다는 것을 의미하지는 않는다.[21] 법체계의 선택에 따라 권리가 소멸하는 것으로 하기도 하고, 권리는 존속시키되 그 상대방에게 급부를 거절할 수 있도록 시효의 항변권을 부여하기도 한다.[22][23] 권리를 소멸시키는 것이 아니라 시효의 항변권만 부여하는 경우라면 엄밀히 말해 권리의 행사 자체를 시간적으로 제한하는 것은 아니다. 권리자는 소멸시효기간이 경과했다고 하더라도 권리를 행사할 수 있기 때문이다. 그러나 그 경우 상대방의 항변권이 권리자의 권리 실현을 저지할 것이므로, 소멸시효도 사실상 권리 행사를 시간적으로 제한하는 제도로서 기능한다고 말할 수 있다. 이에 비해 제척기간은 일정한 기간 내에 권리를 행사시키고 그 기간이 경과하면 모든 사람에 대한 관계에 있어서 그 권리가 소멸하게 함으로써 법률관계를 안정시키려는 제도이다.[24] 법이 제척기간을 두어 위협하는 법적 손해라는 것이 권리의 소멸이라면, 제척기간은 권리의 행사 자체를 시간적으로 제한하는 제도라고 말할 수 있다. 제척기간제도의 이러한 기능에 주목하여 —특히 일본 민법의 기초자들이— 제척기간은 '단기간 내에' 권리를 행사하게 하기 위하여 둔 것이라고 한다.[25] 그러나 이는 잘못된 생각이다.[26] '단기

---

21) 우리 민법은 소멸시효와 관련하여 정의 규정을 가지고 있지 않으므로 '소멸'이 가지는 체계상 역할이나 체계형식논리를 통해 소멸시효제도의 의미를 찾아야 한다. 서봉석, 소멸시효의 본질과 민법체계상의 부조화에 대한 고찰, 사법행정 제43권 제6호, 2002, 7면.

22) 각국의 입법례를 종합해보면, 소멸시효의 만료만으로 실체권 자체가 소멸한다는 법제는 거의 없다. 다만 일본, 이태리가 소멸한다는 표현을 사용하고 있다. 김증한(주9), 22면.

23) 우리 민법상 소멸시효 항변의 소송법적 취급과 관련하여서 강명선, 소멸시효 항변에 관한 고찰, 비교사법 제6권 제2호, 1999, 341면 이하와, 장석조, 소멸시효 항변의 소송상 취급, 민사재판의 제문제 제10권, 2000, 667면 이하를 참조하라.

24) 곽윤직, 319면 이하; 이영준, 674면 이하.

25) 松久三四彦, 時效(2) － わが民法における權利の期間制限, 法學敎室 제108호, 1989, 53면.

26) 김증한(주9), 51면 이하.

간'이라는 것은 상대적이며, 예를 들어 20년의 제척기간도 있고, 6개월
의 소멸시효기간도 있기 때문이다. 여기서 다시 두 제도를 구분하는 다
양한 기준 중에서27) 소멸시효제도는 채무자를 보호하는 기능을 하고, 제
척기간제도는 결과적으로 채무자를 보호하는 기능을 하기는 하지만 채
무자를 보호하기 위해서라기보다 법률관계의 조속한 안정을 위한 것이
라는 설명을 검토해 보자. 여기서 우리는 곧 채무자 보호 그리고 법률관
계의 안정이 크게 다른 얘기가 아님을 알게 된다. 권리의 행사 여부를
너무 장기간 권리자의 자의에 맡겨 두는 것이 그 사회의 법생활이라는
측면에서 볼 때 바람직하지 않은 것은 제척기간을 가지는 권리뿐만 아
니라 소멸시효에 걸리는 권리의 경우에도 마찬가지라고 할 것이기 때문
이다. 그런 까닭에 독일의 경우 대개의 학자들이 제척기간과 소멸시효제
도의 기능적 공통성을 인정하고 법률관계의 안정이라는 목적에 관한 한
양자를 구분하지 않는다.28) 그렇다면 형성권은 왜 소멸시효기간이 아닌
제척기간을 가져야 하는지 다음에서 살펴보자.

2) 형성권과 제척기간

형성권은 당사자 일방의 행위를 통해 법률관계에 변동을 가져오게 할
수 있는 권리이다.29) 이와 같은 형성권의 일방성으로 인해 형성상대방은
언제든 자신의 의사와 관계없는 시점에 법률관계에 변동이 일어날 수

27) 소멸시효와 제척기간과의 차이와 구분 기준에 대해서는 윤기택, 제척기간
을 둘러싼 몇 가지 쟁점들에 관한 연구, 청주대학교 법학논집 제19집, 2003,
95면 이하와, 이상태, 제척기간의 본질에 관한 연구, 저스티스 72, 2003.4,
110면 이하를 참조하라.
28) Spiro, S.939f. 독일의 제척기간제도의 특징을 요약해 놓은 윤기택, 93면을 참
조하라.
29) Seckel, S.211; Staudinger/Busche, (1999), §413, Rn.10ff.; MünchKomm/Thode,
(2001), §305, Rn.52; Dieter Medicus, Allgemeiner Teil des Bürgerlichen Rechts, 8
Aufl., 2002, SS.39-43.

있음에 대비해야 한다. 이러한 종류의 유동적 상황은 근본적으로 법적 안정성이라는 일반적 요구와 배치된다. 그리하여 법률관계 당사자들이 바람직하지 않은 유동적 상황에 머물게 되는 시간을 단축하거나 제거하기 위해, 독일 민법은 형성권에 해당하는 일련의 권리들에 관한 규정에서 권리자로 하여금 적절한 기간 내에 권리를 행사할 지 여부를 결정하도록 강제하고 있다.30) 독일의 경우 형성권은 민법 제194조로 인하여 소멸시효에 걸리지 않기 때문에,31) 이러한 목적에 도달하기 위한 법적 수단으로 활용되는 것이 바로 제척기간제도이다.32) 형성권 개념이 만들어진 독일 민법학에서 형성권은 소멸시효기간을 가질 수 없고 대신 제척기간을 가진다.

3) 법문언이 판단 기준으로 적합 한가

(가) 문제 제기

앞서 보았듯이 형성권은 독일 민법학상 개념인데, 독일 민법 규정상 형성권은 소멸시효기간을 가질 수 없으며, 대신 제척기간을 가진다. 그렇다면 이 기본 구도가 우리 민법학에서도 그대로 통용될 수 있는지 살펴보자. 주지하듯이 우리 민법은 형성권이나 제척기간이라는 용어를 포함하고 있지 않다. 그러나 우리 민법학은 형성권 개념을 인정하고 있다. 상황이 그러하므로 어떤 권리가 시간적 제한을 받는다는 내용의 법조문을 만나게 되면 몇 가지 검토가 필요하다. 우선 그 권리가 형성권인가를

---

30) Seckel, S.230; Kent Leverenz, Die Gestaltungsrechte des Bürgerlichen Rechts, Jura, 1996/1, S.8.

31) Motive, §113, S.221=Benno Mugdan, Die Gesamten Materialen zum BGB für das Deutsche Reich, 1979(1899), Bd.1, S.475; Staudinger/Peters, (2001), §194, Rn.18; MünchKomm/von Feldmann, (1993), §194, Rn.21; Soergel/Niedenführ, (1999), §194, Rn.19.

32) 김증한(주9), 51면; Gerhard Jooss, Gestaltungshindernisse und Gestaltungsrechte, 1967, S.63.

검토해야 한다. 문제의 권리가 형성권에 속하지 않는다면 소멸시효기간
이나 존속기간 영역으로 넘어가게 될 것이다. 만약 문제의 권리가 형성
권에 속한다면, 그 다음은 그 권리가 받는 시간적 제한을 제척기간이라
고 할 것인지 아니면 소멸시효기간이라고 할 것인지를 검토해야 한다.
형성권의 짝은 제척기간이라는 기본 구도를 적용하려 해도 위와 같은
사항들을 검토해야만 하는 것은 우리 민법이 형성권에 속하는 권리에
관한 조문에 소멸시효와 관련이 있는 표현들을 사용하고 있기 때문이다.
상속의 승인이나 포기에서 민법총칙 규정에 의한 취소를 하는 경우를
규율하고 있는 우리 민법 제1024조 제2항 제2문이 그 한 예인데 "… 시
효로 인하여 소멸된(한)다"라고 되어 있다.[33] 이 경우 그 취소권이 제척
기간을 가진다고 할 것인지 아니면 형성권에 속함에도 불구하고 소멸시
효기간을 가지는 예외적인 경우라고 할 것인지 견해가 나뉘고 있다.[34]
필자는 이 문제를 다루기 전에 이러한 문제가 발생하는 것 자체가 독일
이나 일본의 논의의 영향 때문은 아닌지 먼저 아래 (나)와 (다)에서 살펴
보려 한다.

(나) 독일 민법의 경우

독일 민법학상으로도 제척기간인가 소멸시효기간인가의 구분에 법문
언이 역할을 하기는 한다. 즉 verjähren이나 Verjährung이라는 표현이 들어
가 있으면 그 기간은 소멸시효기간이라고 한다. 이에 비해 "…기간 동안
만 행사할 수 있다(kann nur während der Frist erfolgen)"라든가, "…의 권리
는 소멸한다(das Recht erlischt)"라든가, "…는 배제된다(ist ausgeschlossen)"와

---

33) 우리 민법 제1024조 [승인, 포기의 취소금지] ① 상속의 승인이나 포기는
   제1019조 제1항의 기간 내에도 이를 취소하지 못한다. ② 전항의 규정은 총
   칙편의 규정에 의한 취소에 영향을 미치지 아니한다. 그러나 그 취소권은
   추인할 수 있는 날로부터 3월, 승인 또는 포기한 날로부터 1년 내에 행사하
   지 아니하면 <u>시효로 인하여 소멸된다</u>.
34) 견해들에 대한 소개는 아래 (라) 우리 민법의 경우 부분에 있다.

같은 표현이 들어가 있으면 그 기간은 제척기간이라고 한다.[35] 그러나 이러한 표현 차이에 대한 강조는 한국이나 일본식 고찰의 투영으로 보인다. 독일에서는 이 표현에 따른 구분이 그다지 필요하지 않다. 왜냐하면 독일 민법상 소멸시효에 걸리는 것은 청구권뿐이고(독일 민법 제194조 제1항), 소멸시효에 걸린 권리들은 실제로 소멸하는 것이 아니라 상대방의 항변을 받을 뿐이므로(독일 민법 제214조 제1항), 이 두 가지만 가지고도 어떤 권리가 소멸시효에 걸리는지 아니면 제척기간을 가지는지를 판단할 수 있기 때문이다. 독일 민법 조문들을 살펴보니 소멸시효에 걸리는 권리는 이러이러한 표현을 가지고, 제척기간을 가지는 권리는 저러저러한 표현을 가지더라는 식의 고찰은 가능하지만, 그 표현 자체가 어느 권리를 소멸시효에 걸리는 권리로 또는 제척기간을 가지는 권리로 만들어 주는 것은 아니다.

(다) 일본 민법의 경우

소멸시효에 관한 조문인 일본 민법 제167조는 "시효로 인하여 소멸한다"라고 되어 있으며, 소멸시효에 걸리는 권리로 채권 내지 청구권뿐만 아니라, 소유권 이외의 물권, 그리고 그 외의 권리들도 포함시키고 있다. 그렇다면 일본 민법의 기초자들은 형성권을 소멸시효에 걸리는 권리로 보았다고 말할 수 있다. 이를 확인할 수 있는 예가 취소권은 추인을 할 수 있는 때로부터 5년간 행사하지 않으면 "시효로 인하여 소멸한다"는 일본 민법 제126조이다.[36] 그렇다고 일본 민법의 기초자들이 소멸시효

---

35) Staudinger/Peters, (1995), Vorbem §§194ff, Rn.12; 이상태, 113면 이하; 橋本恭宏, ドイツにおける除斥期間論, 法律時報 제55권 제3호, 1983, 23면.

36) 일본 민법 제167조 債權ハ十年間之ヲ行ハサルニ因リテ消滅ス。② 債權又ハ所有權ニ非サル財產權ハ二十年間之ヲ行ハサルニ因リテ消滅ス。
　　일본 민법 제126조 取消權ハ追認ヲ爲スコトヲ得ル時ヨリ五年間之ヲ行ハサルトキハ時效ニ因リテ消滅ス。行爲ノ時ヨリ二十年ヲ經過シタルトキ亦同シ。

제도와 별도인 제척기간제도를 몰랐던 것은 아니다.[37] 하지만 의도했든 의도하지 않았든[38] 독일과는 다르게 행해진 입법으로 인해 후대의 일본의 민법학자들은 한편으로 형성권은 제척기간을 가진다는 독일식 구성을 고수하는 것과, 다른 한편으로 법문언에 충실하게 형성권도 소멸시효에 걸리는 것으로 하는 것 사이에서 모순을 겪게 되었다. 필자의 생각에 이와 같은 상황에서 시도해 볼 만한 이론적 구성이 적어도 다음의 네 가지 정도는 되는 것 같다. 그 첫 번째는, 문제의 형성권이 소멸시효에 걸린다고 하는 것이다. 비록 형성권 개념을 독일에서 받아들이기는 했지만, 일본의 민법체계를 전제로 해서는 형성권도 시효에 걸릴 수 있다고 하는 것이다. 이 경우 형성권이 시효에 걸릴 수 있다는 근거는 "시효로 인하여"라는 법문언에서 찾을 수 있을 것이다. 그러나 이 구성은 형성권이라는 개념을 독일에서 수입했으면서도 형성권은 제척기간을 가진다는 독일 민법학상 기본 구도를 관철시킬 수 없다는 약점을 가지게 된다. 그 두 번째는, 문제의 권리가 소멸시효에 걸리는 것이니 형성권이 아니라고 하는 것이다. 이 경우도 그 근거는 "시효로 인하여"라는 법문언에서 찾을 수 있을 것이다. 그러나 이러한 구성은 형성권인 것을 형성권이 아니라고 해야 하는 약점을 가지게 된다. 그 세 번째는, 문제의 권리는 형성권이며 형성권은 제척기간을 가져야 하므로 법문언이 잘못되었다고 하는 것이다. 이러한 구성은 "시효로 인하여"라는 법문언을 정면으로 거슬러야 한다는 약점을 가지게 된다. 그 네 번째는, 시효로 소멸한다는 표현이 소멸시효만 가리키는 것이 아니라, 시효로(시간 경과의 효과로) 권리

---

37) 椿壽夫, 除斥期間論にする一つの視點, 法律時報 제72권 제7호, 2000, 4면.
38) 어쩌면 일본 민법의 기초자들은 조문 차이가 가져올 법이론상의 불협화음을 심각하게 생각하지 않았을 수도 있다. 소멸시효 대상과 소멸시효의 효과 문제는 조응을 이루어야 하는데, 결과만 놓고 보면, 일본 민법 제167조와 제145조를 어떻게 조화시키느냐에 따라 일본의 소멸시효 효과체계가 독일의 소멸시효 효과체계와 비슷해질 수 있기 때문이다. 그 경우 항변권자 혹은 원용권자의 범위가 논의의 핵심으로 될 것이다.

가 소멸하는 것과 마찬가지의 효과를 가지는 제척기간의 효과를 표현하는 문구로 해석할 수 있다고 하는 것이다. 이러한 구성은 형성권은 제척기간을 가진다는 독일식 관념을 관철시킬 수 있게 해주지만, "시효로 인하여"라는 법문언을 자의적으로 전용시킨다는 비판을 받을 수 있다는 약점을 가지게 된다. 이 문제를 다룬 일본의 논문들을 살펴보면 일본의 민법학자들은 형성권도 소멸시효에 걸린다는 첫 번째 구성과, 소멸시효가 아닌 시효의 효과라는 맥락에서 제척기간을 결부시킬 수 있는 여지를 제공하는 네 번째 구성의 혼합 형태를 취하는 것으로 보인다. 구체적으로는, 형성권이 소멸시효에 걸린다는 것의 의미를 형성권이 소송을 통해 행사되는 경우 형성소권이 시효로 소멸하는 문제, 혹은 형성권을 행사한 결과 생긴 청구권이 시효로 소멸하는 문제로 변형시키기도 하고,[39] 혹은 형성권의 소멸시효 문제를 일단 제척기간과 소멸시효제도의 구분 문제로 전이시켰다가 다시 두 제도에 공통된 권리 행사의 시간적 제한 문제로 환원시키는 우회를 통해 형성권이 제척기간을 가지면서도 시효에 걸린다는 결론 도출에 대한 저항을 줄이는 방법을 사용하기도 한다.[40] 그러나 어떤 구성을 취하든지 일본의 민법학자는 "시효로 인하여"라는 표현에 민감할 수밖에 없는 상황에 처해 있다고 하겠다. 일본의 많은 민법학자들이 형성권-제척기간이라는 독일식 기본 구도와,[41] "시효로 인하여"라는 법문언이 있는 한 형성권도 소멸시효에 걸릴 수 있는 것으로 보는 일본 판례의 확고한 태도 사이에서 조심스럽게 균형을 잡으려 애쓰고 있는 것이다.[42]

---

39) 川島武宜, 736면.

40) 川島武宜, 732면.

41) 中川利彦, 註解 判例民法, 第1編 總則, 第6章 時效, 第3節 消滅時效, 第167條 債權・財産權の消滅時效, 青林書院, 1994, 706면.

42) 永田眞三郎, 權利行使の期間制限, 民商法雜誌 創刊50周年記念論集 1: 判例 における法理論の展開 臨時增刊 第93卷 第1號, 1986, 65면 이하; 註解 判例 民法/中川利彦, 706면.

(라) 우리 민법의 경우

우리의 경우에는 "…시효로 인하여 소멸한다"라는 법문언을 어떻게 해석해야 하는지 이제 앞 (가)에서 제기해 놓았던 우리 민법학상 논의로 되돌아오자. 이에 대해서는 대략 세 가지 정도의 견해가 표출되어 있다. 첫 번째 견해는, 설령 법문언이 "시효로 인하여"라고 되어 있다고 하더라도 형성권에 관한 한 제척기간이라고 해석한다.[43] 두 번째 견해는, 법문언을 존중해 소멸시효기간이라고 해석한다.[44] 권리행사기간을 소멸시효기간으로 할 것인지 제척기간으로 할 것인지는 입법자의 선택에 따라야 한다는 것이 그 근거이다. 세 번째 견해는, 법문언과는 상관없이 대상이 되는 권리의 성질과 규정의 취지에 따라 제척기간이 될 수도 있고 소멸시효기간이 될 수도 있다고 해석한다.[45]

생각건대 첫 번째 견해는 형성권–제척기간의 구도에 충실하다. 그러나 법문언을 거스르는 바가 있다. 두 번째 견해는 법문언에 충실하다. 그러나 입법자가 소멸시효기간의 대상이 되는 경우를 일일이 정확히 명시하고 있다고 확신하기 어렵다는 약점이 있다.[46] 세 번째 견해는 합리적인 듯 보이지만 결국은 다시 첫 번째 혹은 두 번째 견해 중 하나를 선택해야 한다는 점에서 한계를 드러낸다. 이 문제와 관련하여 필자는 근본적으로 법문언보다 법체계적인 명료성이라는 측면이 더 중요하다고 생각한다. 명료한 법문언은 법체계의 명료함을 구현하기 위한 도구이며, 현재의 법문언은 현상에 지나지 않기 때문이다. 법문언보다 법체계적인 명료성을 우선한다면 결국 위 문제에 관한 한, 어떤 권리의 행사를 위해

---

43) 곽윤직, 325면.

44) 이영준, 675면; 윤진수, 민법주해 [III], 총칙(3), 제7장 소멸시효, 박영사, 1992, 404면.

45) 박영규, 사법상의 권리행사기간–소멸시효기간과 제척기간을 둘러싼 몇 가지 쟁점들–, 민사법학 제18호, 2000, 295~297면은 법규정의 취지를 강조하고 있다는 점에서 이 견해를 취하는 것으로 추정된다.

46) 박영규, 294면.

정해져 있는 기간은 그 권리에 맞는 법적 성질을 가져야 한다고 해야 할 것이다. 요컨대 필자는 법문언상 소멸시효에 걸리는 것처럼 읽히는 경우라 하더라도 형성권에 관한 한 이를 제척기간으로 해석해야 한다고 본다.

(마) 이중기간규정에서 소멸시효기간과 제척기간

필자는 앞 (다)에서 일본 민법학이 "시효로 인하여"라는 법문언에 상당히 구애받는 입장이라고 했다. 그리고 앞 (라)에서 우리 민법을 전제로 해서는 "시효로 인하여"라는 법문언에 그렇게까지 구애받을 필요는 없다고 했다. 그런데 근래에 일본 민법학계에서 행해지고 있는 이중기간규정과 관련된 논의들을 들여다보면47) 한편으로 "시효로 인하여"라는 법문언을 중시하여 형성권-제척기간이라는 구도를 고수하지 않는 것 같으면서도, 다른 한편으로 "시효로 인하여"라는 법문언을 고수하지 않고 형성권-제척기간이라는 구도를 참작하여 복합적인 이론전개를 시도하는 모습들을 발견할 수 있어 흥미를 끈다.

이중기간규정이란 권리의 행사기간이 이중으로 규정되어 있다는 의미로, 대표적인 예로 법률행위 취소권을 들 수 있다. 일본 민법 제126조를 보면 취소권은 추인할 수 있는 날로부터 5년이 지나면 시효로 인하여 소멸하는데, 취소될 법률행위를 한 날로부터 20년이 지났을 때도 역시 마찬가지이다.48) 취소권이 형성권에 해당함에도 불구하고 시효로 인하

---

47) 이중기간규정은 근래 들어 일본 민법학계에서 상당히 자주 다루어진 논제이나, 우리나라에서는 비슷한 규정이 있음에도 불구하고 아직 크게 주목받지 못하고 있다. 흥미로운 것은, 우리나라에서 (신)민법이 시행된 이후라 하더라도 구민법 시대부터 활동하던, 일본 민법학의 영향을 받은 법학자들 사이에서는 오히려 이 주제가 다루어진 바 있다는 사실이다. 그 예로 김기선, 17면을 참조하라.

48) 일본 민법 제126조 取消權ハ追認ヲ爲スコトヲ得ル時ヨリ五年間之ヲ行ハサルトキハ <u>時效ニ因リテ消滅ス</u>。行爲ノ時ヨリ二十年ヲ經過シタルトキ <u>亦同シ</u>。

여 소멸한다는 표현을 감안하여 단기인 5년의 기간을 소멸시효기간이라
고 한다면, 장기 20년의 기간도 소멸시효기간이라고 해야 할 것이다. 그
런데 일본의 민법학자들은 5년의 단기 기간과는 별도로 20년의 장기 기
간에 관해 새로운 성격 규명이 필요하다고 한다. 해당 법문언을 보면 단
기 관련 부분은 "시효로 인하여 소멸한다"고 되어 있는데 비해, 장기 관
련 부분은 "역시 마찬가지이다"라고 되어 있지 시효로 인하여 소멸한다
고 되어 있지 않다는 것이 그 이유이다.49) 여기서 주목할 것은 일본의
많은 민법학자들이 이 장기 기간을 제척기간이라고 해석한다는 사실이
다.50) 동일한 권리를 놓고 그 행사기간을 단기로 제한하면 소멸시효기간
이고, 장기로 제한하면 제척기간이라는 것이다. 언뜻 모순으로 보이는
이러한 해석은 형식적으로는 법문언을 근거로 하고 있지만, 실제로는 권
리의 행사기간을 제한하는 법규정의 실효성을 감안한 법정책적 고려에
기인하는 것으로 보인다. 필자는 앞 (다)에서, 일본의 판례가 취소권이
속해 있는 형성권도 소멸시효에 걸릴 수 있는 것으로 본다는 사실을 언
급한 바 있다. 그런데 단기 소멸시효기간인 5년에 소멸시효제도에서 인
정되는 시효중단이 있게 되면 소멸시효기간이 단기를 넘어 어느 정도
장기로 연장될 수 있다. 단기만 해도 상당히 연장될 수 있는데, 장기까지
소멸시효기간이라고 하면 이 또한 상당히 연장될 수 있을 터이니, 소멸
시효 중단제도의 악용이라는 측면에서 보면 이중기간규정은 제 기능을
못하게 된다. 형성권은 제척기간을 가진다는 독일 민법학상 기본 구도를
관철하면 제척기간의 경우 원칙적으로 기간의 중단이 인정되지 않으므
로 위와 같은 문제가 생기지 않을 것이지만, 일본의 판례가 형성권을 소
멸시효에 걸릴 수 있는 것으로 보는 한, 기간의 중단을 인정하지 않을

---

49) 椿壽夫, ≪時效期間と除斥期間 － 二重期間規定論≫序說, 法律時報 제55권
   제3호, 1983, 8면; 永田眞三郎, 66면.
50) 椿久美子, 法律行爲取消權の長期消滅規定と除斥期間, 法律時報 제72권 제7
   호, 2000, 28면 이하; 林幸司, 詐害行爲取消權の長期消滅規定と除斥期間, 法
   律時報 제72권 제7호, 2000, 35면 이하; 椿壽夫(주49), 8면 이하.

수 없기 때문이다. 그러므로 일본의 경우 법정책적 견지에서 장기 기간을 제척기간으로 보는 구성이 필요하고도 유용하다.

이에 견주어 볼 때, 우리 민법에도 이중기간규정은 있다. 법률행위 취소권에 관한 우리 민법 제146조가 그 중 한 예이다. 그러나 우리 민법 제146조는 표제부가 [취소권의 소멸]이라 되어 있을 뿐 법규정 자체는 일본 민법처럼 "시효로 인하여 소멸한다"가 아닌 "행사하여야 한다"로 되어 있다.[51] 그래서 일본의 경우처럼 적어도 단기만이라도 소멸시효기간으로 봐야 하는 문제는 발생하지 않을 수 있다. 물론 우리의 경우에도 이중기간규정과 관련하여-논의 대상이 되는 권리가 형성권이든 아니든 -장·단기 제한의 법적 성질을 달리 볼 것인가의 문제는 발생할 수 있다. 예를 들어 이중기간규정으로 되어 있는 우리 민법 제766조의 불법행위로 인한 손해배상청구권의 경우에는 일본과 비슷한 문제를 발생시킬 여지가 있다. 우리 민법 제766조가 일본 민법과 마찬가지로 "시효로 인하여 소멸한다"는 표현을 가지고 있기 때문이다.[52] 이에 대해 우리 대법원은 이중기간의 법적 성질을 동일한 것이라고 판단했다.[53] 우리 대법원이 불법행위로 인한 손해배상청구권을 청구권으로 해석해서 그렇지, 문제의 권리가 형성권이었다면 두 기간 모두 제척기간이라고 판단했을 수도 있는 셈이다.

---

51) 우리 민법 제146조 [취소권의 소멸] 취소권은 추인할 수 있는 날로부터 3년 내에 법률행위를 한 날로부터 10년 내에 <u>행사하여야 한다.</u>
일본 민법 제126조 取消權ハ追認ヲ爲スコトヲ得ル時ヨリ五年間之ヲ行ハサルトキハ<u>時效ニ因リテ消滅ス</u>。行爲ノ時ヨリ二十年ヲ經過シタルトキ<u>亦同シ</u>。

52) 우리 민법 제766조 [손해배상청구권의 소멸시효] ① 불법행위로 인한 손해배상의 청구권은 피해자나 그 법정대리인이 그 손해 및 가해자를 안 날로부터 3년간 이를 행사하지 아니하면 <u>시효로 인하여 소멸한다.</u> ② 불법행위를 한 날로부터 10년을 경과한 때에도 <u>전항과 같다.</u>

53) 대법원 1996.12.19.선고 94다22927 전원합의체 판결 [공 1997.1.1.(25),75].

4) 형성권을 제척기간 내에 행사한다는 것

앞 3)의 (라)에서 필자는 우리 민법학상 형성권은, 독일과 좀 더 비슷하게 그리고 그런 한에서 일본과 조금 다르게, 원칙적으로 제척기간을 가지는 것으로 봐야 한다고 했다. 그렇다면 어떻게 하는 것이 제척기간 내에 형성권을 행사하는 것인가? 이에 대해 우리 민법학자들은 대략 세 가지 견해를 피력하고 있다.54) 형성권의 행사 방법과 관련한 출소기간설(제소기간설), 재판외 행사설, 그리고 구별설이 그것이다. 첫 번째 견해인 출소기간설에 따르면, 제척기간 내에 형성권을 행사해야만 한다고 할 때 권리의 행사란 소를 제기하는 것을 의미한다. 여기서 형성권의 행사 방법으로 재판외 행사를 포함시키지 않는 이유는, 형성권자가 재판외 행사로 얻어지는 결과에 만족하지 못하면 다시 재판으로 갈 것이라는 데 있다. 형성권의 행사 방법으로 재판외 행사를 포함시키면 법률관계를 속히 확정하려는 제척기간의 취지를 달성하기 어렵다는 것이다.55) 그러나 형성권의 행사 방법에 대한 그와 같은 제한은 법이론적인 뒷받침을 확보하기 어렵다. 왜냐하면 형성권에는 재판을 통해 행사될 수 있는 것뿐만 아니라, 재판외 행사라 할 법률행위를 통해 행사될 수 있는 것도 있기 때문이다.56) 게다가 오늘날 민법학과 민사소송법학은 소권과 실체적 권리를 엄밀하게 구분한다. 그 어떤 소권이 실체권을 바탕으로 한다고

---

54) 일본 민법학에서도 이 논의는 중요하게 다루어지고 있다. 그러나 이 논의가 차지하는 의미가 우리와 약간 다름에 유의해야 한다. 일본에서 이 논의는 소멸시효의 대상에 형성권을 포함시키는 시도로서 의미도 가진다. 즉 법문언에 최대한 충실하게 형성권도 소멸시효에 걸릴 수 있는 것으로 구성하는 한 가지 방법으로, 형성권을 소송을 통해 행사해야 한다고 한 후, 출소기간이 도과해 형성(소)권이 소멸하는 것을 형성권의 시효소멸로 연결하기도 한다. 川島武宜, 737면 이하를 참조하라.

55) 곽윤직, 320면; 이영준, 674면.

56) 형성권과 형성소권의 관계 일반론에 대해서는 김영희, 독일 민법학상 형성권에 관한 연구, 서울대학교 대학원 법학과, 법학박사학위논문, 2003, 144면 이하를 참조하라.

해도 그 소권은 실체권이 아니고 역으로 그 실체권도 소권이 아니다. 출소기간과 제척기간 모두 권리의 행사를 시간적으로 제한하고 있지만, 각각이 정하고 있는 대상이 다르다. 정해진 기간 내에 소를 제기할 것을 요구하는 것이 출소기간이고, 정해진 기간 내에 어떤 식으로든 실체권(형성권)을 행사할 것을 요구하는 것이 제척기간이다. 소송법적 제한을 받는 것은 실체권 자체가 아니라, 실체권을 바탕으로 인정된 소권인 것이다. 두 번째 견해인 재판외 행사설에 따르면, 법률이 특별히 재판을 통해 형성권을 행사할 것을 요구하지 않는 한, 원칙적으로 형성권의 행사는 재판외 행사만으로 족하다고 한다.[57] 이 설을 재판외 행사설로 따로 구분하기도 하지만 이 설의 실질은 바로 다음에서 설명할 구별설과 다르지 않아 보인다.[58] 세 번째 견해인 구별설의 기본 태도는, 이 문제를 일률적으로 다룰 것이 아니라 권리의 성질 및 법률의 규정에 따라 달리 처리해야 한다는 것이다. 구체적으로 말하자면, 법률이 재판을 통해 형성권을 행사할 것을 요구하면 그 기간 내에 소를 제기하도록 해야 할 것이나, 그렇지 않은 한 재판외 행사로 충분하다고 본다.[59]

생각건대 이 문제는 법률이 해당 형성권을 어떻게 행사할 것으로 예정하고 있는가에 따라 판단해야 한다. 법률행위로 행사하게 되는 일반적인 형성권의 경우에는 제척기간 내에 재판외 행사만을 요구할 뿐이다. 이에 비해 법률이 재판을 통해 형성권을 행사하도록 하고 있는 경우에는 제척기간과 출소기간이 겹칠 수 있다. 그렇지만 이 경우 오히려 형성권의 출소기간은 소송법적 성격뿐만 아니라 실체법적 성격도 가지는 것으로 이해되어야 한다. 왜냐하면 출소기간을 도과한 효과가 실체법적 영역에서 형성권의 소멸로 나타나게 되기 때문이다.[60]

---

57) 김증한/김학동, 515면.
58) 특별한 규정이 없는 한 재판상 행사하거나 재판외에서 행사하거나 자유이다. 김학동, (판례연구) 형성권에 관한 제척기간, 판례월보 322, 1997.7, 11면.
59) 이은영, 민법총칙, 제3판, 박영사, 2004, 787면; 민법주해/윤진수, 402면; 박영규, 300면; 윤기택, 106면.

(3) 형성권에 속하는데 행사기간 규정은 없는 경우

1) 형성권인데 행사기간이 규정되어 있지 않은 경우 정해질 기간의 법적 성질

어떤 권리가 형성권으로 분류되기는 하는데 그 권리의 행사기간과 관련된 규정이 없을 수 있다. 예를 들어 우리 민법 제283조 제2항의 지상권자의 매수청구권이나, 제543조 이하 해제권 그리고 해지권 등이 그러하다. 명문의 규정이 없고, 당사자 사이의 합의가 없거나 합의의 도출이 곤란한 상황이라면 해석에 의하게 될 터인데, 그렇게 정해질 행사기간의 법적 성질을 두고 대략 두 가지로 견해가 나뉜다.61) 통설은 제척기간이라고 한다.62) 형성권에는 제척기간만이 가능하므로 어떻게 정해진 행사기간이든 그 실질은 제척기간이라는 것이다. 이에 비해 소수설은 실효(실권)를 위한 기간이라고 한다.63) 제척기간제도가 당사자에게 미치는 영향을 고려하면, 법률이 정하고 있지 않은 제척기간을 해석을 통해 둘 수는 없다는 입장이다. 그리하여 소수설은 문제의 기간이 소멸시효기간은 아니고, 제척기간은 될 수 없으니, 실효를 가져오기까지 유예되는 기간으로 볼 것을 제안하고 있다. 그런데 지금 다룬, 형성권인데 행사기간

---

60) Jooss, S.66f.

61) 문제가 되는 권리를 형성권이 아닌 청구권으로 분류한 다음 소멸시효기간을 가지는 것으로 구성할 수도 있으나, 여기서는 문제의 권리를 형성권으로 분류하는 것을 전제로 논하므로 그런 견해는 제외하고 검토한다.

62) 곽윤직, 325면; 이영준, 675면 이하는 행사기간이 정해져 있지 않은 경우 기본적으로 제척기간으로 보지만, 원상회복청구권에 대해서는 실효의 법리를 적용시키고 있다.

63) 박영규, 303면은 형성권의 행사기간이 정해 있지 않은 경우 실효의 원칙에 의해 해결해야 한다고 한다. 이에 비해 민법주해/윤진수, 428면은 형성권의 행사기간이 정해 있지 않은 경우 그 기초가 되는 법률관계에 의하여 정하고, 그것이 불가능할 때 신의칙 내지 실효의 원칙에 의해 해결해야 한다고 한다.

이 규정되어 있지 않은 경우 정해질 기간의 법적 성질 문제를 독립시켜 논할 일은 별로 없다. 이 문제의 통설과 소수설은 보통 다음 2)에서 다루려는, 형성권인데 행사기간이 규정되어 있지 않은 경우 그 기간을 정하는 방법이라는 문제와 연결되어 그 구체적인 차이를 드러낸다.

2) 형성권인데 행사기간이 규정되어 있지 않은 경우 그 기간을 정하는 방법

앞 1)에서 말한 바처럼 해석에 의해 형성권의 행사기간을 정하게 되는 경우, 그 기간을 어떤 기준으로 어느 정도로 정해야 하는지를 놓고 학자들의 견해는 대략 네 가지로 나뉜다. 첫 번째 견해는, 형성권의 행사기간을 정하기 위해 소멸시효에 관한 민법 제162조를 일률적으로 유추한다.[64] 그리하여 형성권은 채권 및 소유권 이외의 재산권으로서 20년의 행사기간을 가지게 된다.[65] 이 견해는 다양한 모습의 형성권을 일률적으로 채권 및 소유권 이외의 재산권으로 유추시킬 설득력이 약하다는 한계를 지닌다.[66] 이에 비해 두 번째 견해는, 형성권의 행사기간을 정할 때 형성권을 행사한 결과 생기는 청구권의 소멸시효기간과 균형을 고려한다. 이 견해에 의할 경우 청구권의 일반소멸시효가 10년이므로 형성권은 10년의 제척기간을 가지게 된다.[67] 형성권자가 형성권을 행사할 때 의도하는 바는 형성권을 행사한 결과 생기는 청구권의 실현과 연결된다는 생각이 이 견해의 바탕에 있다. 그러나 모든 형성권이 청구권을 생기게 하지는 않는다는 데 이 견해의 한계가 있다. 설령 형성권을 행사한 결과 청구권이 생긴다 하더라도 청구권의 소멸시효기간이 청구권을 생기게

---

64) 우리 민법 제162조 [채권, 재산권의 소멸시효] ① 채권은 10년간 행사하지 아니하면 소멸시효가 완성한다. ② 채권 및 소유권이외의 재산권은 20년간 행사하지 아니하면 소멸시효가 완성한다.
65) 이영준, 676면.
66) 김증한(주9), 55면 이하.
67) 곽윤직, 325면.

한 형성권의 제척기간으로 되어야 할 필연성은 없다는 것도 이 견해의 한계이다.68) 세 번째 견해는, 법률상 행사기간이 없는 경우에는 행사기간에 제한이 없는 것으로 보고 형성권을 발생하게 한 기초인 법률관계를 바탕으로 적절한 기간을 정해야 한다고 한다.69) 그러나 이 세 번째 견해는 '적절한' 기간이라는 것은 구체적이지 않으며 결국 첫 번째나 두 번째 견해 식의 유추를 거치게 될 가능성이 크다는 한계를 지닌다. 또한 형성권의 기초가 되는 법률관계가 존재하지 않는 경우, 예를 들어 선점권과 같은 독립적 형성권의 경우를 설명할 수 없다는 한계도 지닌다.70) 네 번째 견해는, 근래 주장되는 견해로, 세 번째 견해와 동일한 사고에서 출발한다. 네 번째 견해는, 법률상 행사기간이 없는 경우에는 행사기간에 제한이 없는 것으로 보고 실효(실권)의 법리에 의존해야 한다고 한다. 실효의 법리를 적용시키되 구체적으로는 형성권을 발생하게 한 기초인 법률관계를 바탕으로 해야 한다고 한다.71) 그러나 이 네 번째 견해는 앞서 언급한 세 번째 견해가 가지는 한계 이외에도 일단 실효의 법리가 명료하지 않다는 데서 또 다른 한계를 지닌다(실효의 법리에 대한 서술은

---

68) 마찬가지로 형성권을 행사한 결과 청구권이 생기는 경우 그 청구권이 형성권의 제척기간 내에 행사되어야만 할 필연성도 없다. 이와 관련해서는 뒤 4. 형성권을 행사한 결과 생긴 권리의 행사기간 부분을 참조하라.

69) 김증한(주9), 60면. 김증한/김학동, 515면도 이에 속하는 내용을 포함하고 있다. 그러나 김학동 교수는 제척기간, 9면, 주3 부분에서 견해를 바꾸어 형성권의 행사기간이 규정되어 있지 않더라도 제척기간을 인정할 수 있다고 한다. 이은영, 785면; 민법주해/윤진수, 428면도 이에 속하나, 이 방법으로 해결되지 않을 경우 실효로 갈 것을 제안하고 있다.

70) 대부분의 형성권은 형성권을 발생하게 한 기초인 법률관계에 비독립적이어서 비독립적 형성권에 해당한다. 독립적 형성권은 엄밀히 말해 형성권이 아니라는 Bydlinski나 Steffen 주장을 받아들이면 이 세 번째 견해를 취하기가 훨씬 간단해진다. 독립적 형성권에 대해서는 Peter Bydlinski, Die Übertragung von Gestaltungsrechten, 1986, S.1; Roland Steffen, Selbständige Gestaltungsrechte?, 1966, SS.36-38, S.88을 참조하라.

71) 박영규, 303면.

편의상 아래 3)에서 하기로 한다). 예를 들어 실효법리를 엄격하게 적용
하여 시간의 경과 외에 신의칙에 반하는 형성권자의 용태를 요구한다면,
신의칙에 반하는 형성권자의 용태가 없는 경우 실효는 일어날 수 없으
니, 형성권을 발생하게 한 기초인 법률관계를 바탕으로 상당한 기간이
경과했다 하더라도 결정적인 단계에서 형성권의 실효의 인정이 어려울
수도 있는 것이다.

　필자는 위의 네 견해 모두 만족스럽지 못하기는 하나 선택을 해야만
한다면 세 번째 견해, 즉 형성권이 기초하는 법률관계를 바탕으로 형성
권의 행사기간을 정하는 방식이 낫다고 본다. 형성권은 일반적으로 채권
이나 소유권 같은 1차적 권리를 근간으로 하는 법률관계에 부종되어 있
기 때문이다. 피담보채권이 존속하는 한 담보물권만이 소멸시효에 걸리
지 않는 이유가 피담보채권과 담보물권 사이의 부종성에 있듯이, 형성권
이 기초하는 법률관계는 형성권의 행사기간을 정하는데 영향을 미친다
고 봐야 한다. 그렇다면 형성권의 행사기간을 정할 때는 형성권이 기초
하는 법률관계를 고려하는 것이 상대적으로 타당하다 할 것이다.[72] 그렇
지만 필자가 세 번째 견해를 취하였다고 하여 김증한 교수가 주장하듯
이 이 문제를 형성권의 제척기간 문제라기보다 형성권의 기초가 되는
권리(법률관계)의 소멸시효의 문제로 파악하자는 것은 아니다.[73] 형성권
의 행사기간이 규정되어 있지 않은 경우 해석을 통해 제척기간을 정할
때 형성권이 기초하는 법률관계의 개별성을 십분 고려하여 정하자는 것
이 필자의 생각이다.

---

72) 예를 들어 매매예약의 완결권을 보면, 매매예약은 일종의 채권계약이고 완
　　결권은 이로 인하여 발생한 채권관계를 기초로 하는 것이므로, 이 관계가
　　존재할 때까지 완결권도 존재하며 따라서 채권관계가 시효로 소멸하면 완
　　결권도 소멸한다고 함이 타당할 것이다. 김증한/김학동, 515면.
73) 김증한(주9), 60면.

3) 시간의 경과를 원인으로 하는 실효(실권)제도

앞 2)에서 형성권인데 행사기간 규정이 없는 경우에 그 기간을 정하는
방법과 그렇게 정해진 기간의 법적 성질을 다루면서 실효를 언급하였다.
이해의 순서를 위해서라면 실효에 대한 검토가 선행되어야 했지만, 서술
의 편의상 여기로 미루었다.

(가) 실효의 종류

가장 넓은 의미의 실효(실권 Verwirkung)는 권리를 상실하는 것 일반을
가리킨다. 여기에는 소멸시효와 제척기간으로 인한 경우는 것은 물론이
고, 허용되지 않는 권리행사(unzulässige Rechtsausübung), 이의권 불행사(침
묵 Verschweigung), 자기모순(자신이 행한 것에 반하는 행위를 하는 것 venire
contra factum proprium), 권리남용(Rechtsmissbrauch) 등 여러 가지 원인으로
인한 실효가 모두 포함된다. 실효의 여러 원인 중에는 시간적 요소를 가
지는 것이 있고 가지지 않는 것이 있다. 권리남용에 의한 실효의 두 예
를 비교해 보자. 우선 권리행사가 법의 보호 범위를 넘어 남용된 것이어
서 실효하는 경우에는 시간의 경과와 직접적인 관계가 없다. 이에 비해,
불충실한 지체 후에 권리를 행사하는 것이 권리의 남용이 되어 실효하
는 경우에는 시간의 경과와 관계가 있다. 이렇듯 실효 중에서 불충실한
지체(illoyale Verspätung)라는 맥락에서 시간적 요소를 포함하는 부류를
좁은 의미의 실효라고 부른다. 이 좁은 의미의 실효는 일반적으로 실효
라 할 때 그 지칭의 대상이 되는 실효(이하 실효)이기도 하다.[74]

이하에서 다룰 실효는 권리자가 상당 기간 권리를 행사하지 않았을
뿐만 아니라 그 동안에 자신의 용태를 통해 더 이상 권리를 행사하지
않을 것이라는 신뢰를 의무자에게 심어준 경우에, 법질서가 더 이상 권
리실현을 돕지 않겠다는 의미에서 그 후의 권리행사에 효과를 부여하

---

74) Spiro, S.931.

지 않는 제도이다.[75) 독일 민법학상 실효이론의 토대는 1934년에 나온 Wolfgang Siebert의 Verwirkung und unzulässigkeit der Rechtsausübung에 의해 세워졌다.[76) 독일 민법에 명문의 실효 근거 규정이 없기 때문에 판례와 학설은 실효제도의 근거를 신의성실의 원칙을 규정하고 있는 민법 제242조에서[77) 찾는다.[78) 우리 판례와 학설도 독일과 비슷한 법논리로 실효를 인정하고 있다. 우리나라의 경우 실효에 관한 규명이 충분한 편은 아니지만, 근래 와서 실효와 소멸시효 혹은 제척기간제도의 상관관계라는 측면이 주목받고 있다.[79)

(나) 형성권의 실효

형성권과 관련하여 행사기간의 제한이 필요하다면 대부분의 경우 법률에 규정이 있기 마련이다. 법률이 규정을 두어 형성권의 행사기간을 제한하고 있는 경우 그에 따르면 충분하다. 만약 법률이 규정을 두고 있지 않다면 당사자들은 합의를 통해 기간을 정할 수 있다. 합의가 마련되어 있지 않거나, 새로이 합의를 이끌어 낼 수도 없는 경우라면 형성권을 발생하게 한 기초된 법률관계를 고려하여 해석을 통해 그 기간을 정할 수 있을 것이다.[80) 그런데 여기서 추론해 볼 수 있는 것은, 그렇게 정해질 기간이 제척기간인가 아니면 실효를 위한 기간인가가 문제로 되는

---

75) 곽윤직, 63면; 이영준, 676면.

76) 김학동, 실효의 원칙(I), 판례월보 152, 1983, 16면.

77) 독일 민법 제242조 [신의성실에 좇은 급부] 채무자는 신의성실이 거래관행을 고려하여 요구하는 대로 급부를 실행할 의무를 부담한다.

78) Jooss, S.47; MünchKomm/Roth, (2003), §242, Rn.238f.; Karl Larenz/ Manfred Wolf, Allgemeiner Teil des Bürgerlichen Rechts, 8 Aufl., 1997, S.330, S.332f.; Medicus, AT, S.61f.; 독일의 실효이론에 관한 소개로는 김증한(주9), 7~8면과, 김학동, 실효의 원칙(I)/(II), 판례월보 152/153, 1983, 12~26면/10~21면을 참조하라.

79) 김학동(주76), 26면.

80) 앞 2) 형성권인데 행사기간이 규정되어 있지 않은 경우 그 기간을 정하는 방법 부분을 참조하라.

경우라면 아마도 형성권의 행사기간 규정이 없고, 당사자들이 합의해 놓은 바도 없는데다, 상당한 기간까지 경과했을 즈음 형성권자가 형성권을 행사한 상황이기 쉽다는 사실이다. 형성권의 행사기간 규정이 없고, 당사자들이 합의해 놓은 바도 없다고 해도, 객관적으로 기간이 얼마 경과하지 않았을 즈음에 형성권이 행사되었다면 실효로 가기는 어렵기 때문이다. 이런 경우에는 해석을 통해 형성권 행사기간이 정해지면 되고, 그 기간은 특별한 이유가 없는 한 제척기간이라고 불릴 것이다. 그렇다면 이제 형성권의 행사기간 규정이 없고, 당사자들이 합의해 놓은 바도 없는데다, 상당한 기간까지 경과했을 즈음 형성권을 행사한 까닭에 형성권자가 소기의 법적 효과를 얻지 못한 경우를 상정해 보자. 그렇게 경과된 상당한 기간은 제척기간이었다고 해야 하는가 아니면 실효를 위해 필요한 기간이었다고 해야 하는가? 해석을 통해 정해지는 제척기간이 만료되어 형성권이 소멸했다고 하는 것과, 해석상 실효를 인정할 만큼의 기간이 경과되어 형성권의 행사가 효과를 낼 수 없었다고 하는 것이 어떠한 차이를 가지는가? 이에 답하기 위해서는 실효가 제척기간과 어떻게 다른가에 대한 파악이 필요하다.

실효는 신의성실의 원칙을 규정하고 있는 일반조항을 근거로 하며, '시간적 모멘트'와 '상황적 모멘트'를 가진다.[81] 형성권의 실효에서 시간적 모멘트는 형성권 행사의 지체를, 상황적 모멘트는 신의칙을 위반한 형성권 행사를 말한다. 형성권은 일방적으로 행사되는 만큼 형성상대방은 형성권 행사에 대비하게 된다. 그러므로 상당히 지체되어 형성권의 불행사를 신뢰하게 만든 상황에서 형성권이 행사되면 형성상대방은 뜻하지 않은 손해를 입을 수 있다. 실효제도는 그러한 상황이 벌어지는 것을 막아준다. 말하자면 형성권의 실효는 형성권의 존재를 알면서 신의칙에 위반했던 형성권자의 용태에 대한 법적 결과라고 할 수 있다.[82]

---

81) MünchKomm/Roth, (2003), §242, Rn.238f.; Larenz/Wolf, S.330, S.332f.; Medicus, AT, S.61f.

형성권의 실효가 시간적 모멘트를 가지는 만큼 형성권의 실효가 인정되는 경우들을 행사기간이 정해져 있는 경우와 정해져 있지 않은 경우로 나누어 살펴보기로 하자. 먼저 형성권의 행사기간이 정해져 있는 경우를 보자. 우선 제척기간 만료 이후라면 실효가 문제될 일이 거의 없다. 제척기간의 만료로 형성권이 소멸한 것으로 다루어질 것이기 때문이다. 주목할 것은 제척기간 만료 이전이라도 실효가 일어날 수 있다는 사실이다. 비록 제척기간 이내라 하더라도 상당한 기간이 경과했고, 그 동안 형성권자가 형성권을 행사하지 않을 것이라는 신뢰를 형성상대방에게 심어주었으면 실효의 두 모멘트를 갖추게 되므로 실효가 가능하다. 그 다음, 형성권의 행사기간이 정해져 있지 않은 경우에 실효가 가능한지를 보자. 상당한 기간이 경과했고, 그 동안 형성권자가 형성권을 행사하지 않을 것이라는 신뢰를 형성상대방에게 심어주었다면 실효가 가능하다.[83] 그런데 만약 형성권의 행사기간이 정해져 있지 않은 경우에, 상당한 기간은 경과했는데, 그 동안 형성권자가 형성권을 행사하지 않을 것이라는 신뢰를 형성상대방에게 심어주지 않았다면 어떻게 되는가? 실효를 위해서는 시간의 경과만으로는 부족하고 형성권자의 신의칙에 반하는 용태를 요구하는 엄격한 입장을 견지하는 한, 이 경우 실효에 충분한 기간이 경과한들 요구되는 용태를 갖추지 못해 실효가 이루어지지 않게 된다. 필자의 개인적인 생각으로는 이러한 결과가 그다지 바람직하지 않아 보인다. 이러한 결과를 바꿔보기 위해 두 가지 구성을 시도해봤다. 첫 번째 구성은, 실효를 위해 시간적 요소 외에 신의칙에 반하는 용태를 요구하되, 상당한 기간 동안 권리를 행사하지 않는 부작위 자체가 신의칙에 반하는 용태라고 보는 것이다. 이는 현재 독일에서 사용되고 있는 구성이기도 하다.[84] 두 번째 구성은, 시간의 경과를 원인으로 하는 실효에

---

82) Jooss, S.47.

83) 이영준, 676면은 형성권의 제척기간이 정하여져 있지 않은 경우 원칙적으로 20년 내에 행사하여야 하는 것으로 해석하고, 그 전이라 하더라도 실효의 요건을 갖추면 실효를 적용시킬 것을 주장하고 있다.

관한 한 실효를 위해 신의칙에 반하는 용태가 필요하지 않다고 보는 것
이다. 그런데 첫 번째 구성에서 말하는 용태가 부작위이기 때문에 사실
상 첫 번째 구성과 두 번째 구성은 외관상 서로 구분되지 않을 수 있다.
그러므로 형성권의 행사기간이 정해져 있지 않은 경우에는 어느 구성을
취하든 형성권자가 상당 기간 형성권을 행사하지 않으면 형성권은 그대
로 실효한다고 해야 한다는 결론이 나온다. 그런데 권리를 행사하지 않
은 상태가 상당 기간 계속되면 별다른 요건 없이 실효시켜버리는 결론
또한 그다지 바람직하지는 않아 보인다. 결국 실효에 충분한 기간이 지
난들 신의칙에 반하는 용태가 없다는 이유로 실효를 인정하지 않는 것
과 권리의 불행사가 상당 기간 계속되면 별다른 요건 없이 실효를 인정
하는 것 사이의 적절한 지점에서 해결 방법을 찾아내는 것이 필요하다.
필자는 우리 민법 제552조[해제권행사여부의 최고권]에서 해결의 단서
를 얻으려 한다.[85] 이 경우 형성권인 해제권을 소멸시키는데 결정적인
것은 상대방에 의해 행해진 상당한 기간 설정의 최고이다. 여기서 형성
상대방의 기간설정을 겸한 최고를 이용할 수 있다. 행사기간이 정해지지
않은 형성권이 존재하게 된 후 상당한 기간이 지난 상황에서 형성상대
방이 그 형성권을 실효시키고자 한다면 형성상대방으로 하여금 형성권
자를 상대로 최고를 하게 하는 것이다.[86]

  그렇다면 이제 본 (나)의 앞부분에서 제기해 놓았던 문제, 즉 형성권의
행사기간 규정이 없는 경우 상당한 기간이 지난 후 제척기간이 만료되
어 형성권이 소멸했다고 하는 것과, 실효를 위해 필요한 기간이 경과되

---

84) Staudinger/Schmidt, (1995), §242, Rn.535, Rn.545f.
85) 우리 민법 제552조 [해제권행사여부의 최고권] ① 해제권의 행사의 기간을
    정하지 아니한 때에는 상대방은 상당한 기간을 정하여 해제권행사여부의
    확답을 해제권자에게 최고할 수 있다. ② 전항의 기간 내에 해제의 통지를
    받지 못한 때에는 해제권은 소멸한다.
86) 형성권 개념의 정립자였던 Seckel은 법정의 제척기간이 없고 계약으로 정한
    기간도 없다면, 형성상대방에 의한 일방적인 법률행위에 의해 정해진 기간
    이 기간흠결을 보충하게 된다고 한다. Seckel, S.231.

어 형성권의 행사가 효과를 낼 수 없다고 하는 것이 어떠한 차이를 가지는가에 대해 답해 보자. 문제의 상황에서는 실효로 가든 제척기간으로 가든 모두 상당한 기간의 경과를 요소로 한다는 유사함이 있다. 그렇지만 실효는 상당한 기간이라는 요소와 더불어 형성상대방의 신뢰에 반하는 형성권자의 용태라는 요소를 갖출 것을 요구하지만, 제척기간은 상당한 기간의 경과라는 요소만 갖추면 된다는 점에 차이가 있다.87) 그렇다면 형성권의 행사기간 규정이 없는 경우 해석을 통해 제척기간으로 구성하는 것이 해석을 통해 실효로 구성하는 것보다 만족시켜야 하는 요소가 적다는 점에서 형성상대방에게 유리할 것이라 하겠다. 반면 필요한 기간의 유연성이라는 측면에서는 실효로 구성하는 것이 제척기간으로 구성하는 것보다 오히려 형성상대방에게 유리할 수도 있을 것이다. 실효는 신의칙이라는 일반조항을 근거로 하므로 기간 설정시 재량의 여지가 상당히 있지만, 제척기간의 경우에는 민법 여기저기에 관련 규정이 있어 유추적용하는 과정에서 재량의 여지가 상대적으로 감소할 것이기 때문이다.

(다) 형성권의 실효와 제척기간제도

바로 앞 (나)에서 필자는 실효는 상당한 기간이라는 시간적 요소와 더불어 신의칙에 반하는 권리자의 용태라는 요소를 갖추어야 하지만, 제척기간은 상당한 기간의 경과라는 시간적 요소를 갖추면 된다고 했다. 그러나 필자는 다음의 두 가지 논거를 바탕으로 두 제도 사이의 상관성에 대한 연구의 필요성을 부각시키고자 한다. 첫째, 상당한 기간이라는 시간 모멘트 측면에서 보자. 상당한 기간의 경과와 상대방의 신뢰에 반하는 권리자의 용태라는 두 가지 모멘트를 갖추면 실효는 일어난다. 여기서 상당한 기간이 경과했다는 것은 제척기간을 만료시킬 만큼의 기간이 경과했다는 것을 의미하지 않는다. 제척기간이 만료하기 이전이라도 상

---

87) 곽윤직, 63면, 319면; 이영준, 676면, 674면.

당한 시간이 흐른 시점에[88] 형성권자가 형성권을 행사하지 않겠다는 용태를 보였다면 이를 신뢰한 형성상대방이 실효를 주장하는 것을 막을 수는 없다. 원래의 제척기간이 장기일수록 그럴 가능성이 높아진다.[89] 그렇지만 제척기간이 규정되어 있지 않아 해석을 통해 정하게 되는 경우에 그 기간은 실효를 위해 필요하다고 할 기간인 상당한 기간과 비슷한 정도가 될 수는 있다. 둘째, 신의칙에 반하는 용태라는 상황 모멘트 측면에서 보자. 실효와 제척기간제도의 차이로 실효의 모멘트를 구성하는 상대방의 신뢰를 언급하고는 한다. 그렇지만 일정한 기간의 경과만으로 권리의 소멸을 가져오게 하는 제척기간제도가 그 법률관계를 둘러싼 당사자들의 신뢰와 아무 상관이 없다고 말할 수는 없다.[90] 현실적으로 형성권자와 형성상대방 사이에 제척기간의 경과가 문제되는 것은, 형성권자가 제척기간의 경과로 이미 소멸한 혹은 소멸할 시점에 가까이 가 있는 형성권을 행사하려 할 때일 것이다. 그 즈음의 형성권 행사는 형성상대방의 입장에서 볼 때 그 자체가 형성상대방의 신뢰에 반하는 것이라 아니할 수 없다. 생각하기에 따라서는 실효나 제척기간제도나 모두

---

88) MünchKomm/Roth, (2001), §242, Rn.489는 형성권의 경우 실효 기간이 (법정 제척기간과 비교해) 예를 들어 몇 달 혹은 몇 주로 상당히 짧을 수 있다고 보고 있다. 그러나 형성권의 경우 실효 기간이 일반적으로 상당히 짧다는 그런 원칙은 없다. BGH 18.10.2001, ZIP 2002, 400, 401.

89) 역으로 단기간 내에 행사될 것이 예정되는 권리는 실효에 걸리기 어렵다. 백태승, 실효의 원칙에 관한 판례의 태도, 현대사회와 법의 발달 (균재 양승두교수 화갑기념 논문집 (II)), 1994, 467면.

90) 박영규, 292면은 실효 내지 실권은 신의성실의 파생원칙인데 비해, 제척기간은 상대방의 신뢰여부를 묻지 않으므로 그 근본적인 법리가 다르다고 한다. 그러나 제척기간이라는 제도 자체가 기간의 경과에 따른 법률상태의 반영과 법률관계의 조속한 안정을 위한 것일 뿐만 아니라, 권리의 불행사에 대한 제재라는 측면에서 법적 상황에 대한 상대방의 신뢰를 보호하기 위한 것이기도 하다. 그런 점에서 그 법리가 근본적으로 다르지는 않아 보인다. 양창수, 매매예약완결권의 제척기간의 기산점, 민법연구 제4권, 박영사, 1997, 271면과, Spiro, S.957을 참조하라.

형성상대방의 신뢰에 반하는 형성권자의 권리행사라는 신뢰 관련 상황적 모멘트를 가진다고 말할 수 있다. 요컨대 실효와 제척기간제도는 어느 정도 유사한 기능을 하고 있으며,[91] 서로 보완될 수도 있다는 것이 필자의 생각이다.[92] 이런 시각에서 보면 실효를 위해 신의칙에 반하는 권리자의 용태를 요구하되, 상당한 기간 동안 권리를 행사하지 않는 부작위 자체가 신의칙에 반하는 용태라고 보아 결과적으로는 기간의 경과만 요구하는 제척기간과 비슷하게 구성하는 독일의 학설이[93] 상당히 수긍이 간다.

(라) 형성권 행사기간의 기산점

형성권이 가지게 되는 상당한 행사기간과 관련하여 한 가지 더 검토해 볼 것은 형성권 행사를 위한 기산점이다. 형성권 행사의 시간적 제한이 문제가 되는 경우가 주로 법률이나 당사자의 합의에 의해 정해진 제척기간이 없을 경우일 것이므로 기간 혹은 기간의 만료점만 문제로 될 것은 아닐 것이다. 똑같이 일정한 기간이 주어진다 하여도 기산점을 어디로 정하느냐에 따라 실질적인 행사기간은 달라질 수 있기 때문이다. 기산점이 정확히 언제라고 일률적으로 말할 수는 없다. 그리고 형성권자가 언제나 곧바로 형성권을 행사하여야 하는 것도 아니다.[94] 그렇지만

---

91) 혹자는 실효는 원용을 필요로 하고 제척기간은 원용의 필요 없이 권리의 소멸을 가져온다고 그 차이를 강조한다. 그러나 제척기간 경과의 고려가 법원의 직권탐지사항인 것은 제소기간의 준수와 관련해서이다. 제척기간의 요건사실에 대해서는 여전히 제척기간이 경과되었다고 주장하는 자 또는 제척기간이 지나지 않았다고 주장하는 자의 "주장"을 필요로 한다. 민법주해/윤진수, 405면.

92) 그렇기에 실효를 너무 광범위하게 적용하게 되면 소멸시효 또는 제척기간제도의 의의가 몰각될 수 있다. 백태승, 474면.

93) Staudinger/Schmidt, (1995), §242, Rn.535, Rn.545f.

94) 제척기간의 기산점이 반드시 권리의 발생시여야 하는 것은 아니다. 김학동 (주58), 12면. 양창수, "유럽계약법원칙"의 소멸시효규정 — 우리 민법에의 시

형성권의 행사기간은 원칙적으로 형성권을 행사할 수 있던 때로부터 바로 진행한다고 해석해야 할 것이다. 이러한 해석이야말로 제척기간이 법률관계의 조속한 확정이라는 취지를 가진다는 것과 어울린다. 또한 소멸시효기간을 권리를 행사할 수 있던 때로부터 바로 진행하도록 하고 있는 우리 민법 제166조와도 어울린다.[95]

(4) 형성권을 행사한 결과 생긴 권리의 행사기간

여기까지에서 필자는 소멸시효론과 형성권론의 교차점에 서서 형성권의 행사기간과 법문언의 문제(2), 그리고 형성권에 속하는데 행사기간 규정이 없는 경우의 문제(3)를 다루었다. 이제 다루려는 것은 형성권을 행사한 결과 변동된 법적지위에 의거하여 권리가 생기는 경우 그 권리의 행사기간 문제이다. 여기서 소멸시효론은 다시 한 번 형성권론과 접하게 된다.

형성권이 행사된 결과 청구권이 생기는 경우 그 청구권은 형성권과 구별되어 청구권으로서의 소멸시효기간을 가진다. 그런데 그 청구권의 소멸시효기간의 기산점과 만료점을 놓고 견해가 대략 세 가지로 나뉜다. 이른바 다수설이라고 설명되는[96] 첫 번째 견해는, 형성권이 행사된 결과 청구권이 생긴다면 그 청구권은 형성권에 견련되어 있으므로 형성권의 제척기간과 청구권의 소멸시효기간을 연결시켜 생각해야 한다는 데서 출발한다. 이 견해에 따르면 청구권이 가지는 소멸시효기간의 기산점은

사를 덧붙여-, 서울대학교 법학 제44권 제4호, 2003, 121~122면은 비록 소멸시효에 대한 설명이기는 하지만 기산점 자체를 뒤로 미루는 것 혹은 진행개시의 정지(Anlaufshemmung)에 관한 아이디어를 제공하고 있다.

95) 우리 민법 제166조 [소멸시효의 기산점] ① 소멸시효는 권리를 행사할 수 있는 때로부터 진행한다. ② 부작위를 목적으로 하는 채권의 소멸시효는 위반행위를 한 때로부터 진행한다.

96) 박영규, 305면. 필자가 보기에 이 견해가 우리나라에서 여전히 다수설인지는 이제 확실하지 않다.

형성권을 행사할 수 있었던 때가 된다. 형성권을 행사할 수 있었던 때로
부터 청구권도 생길 수 있기 때문이다. 그리고 청구권이 가지는 소멸시
효기간의 만료점은 형성권이 가지는 제척기간의 만료점과 동일한 시점
이 된다. 형성권이 관여된 법률관계는 조속한 확정이 요구되는데, 이와
같은 요구는 형성권의 행사로 인해 생겨난 청구권을 둘러싼 법률관계에
도 미치기 때문이다.97) 이 견해의 바탕에는 형성권자가 의도하는 것은
형성권 자체라기보다, 형성권을 행사하면 생기는 권리를 행사함으로써
이루어지는 바에 있다는 생각이 자리한다.98) 예를 들어 해제를 둘러싼
법률관계의 핵심은 해제권 자체보다 해제권을 행사하면 생기는 원상회
복청구권의 현실화에 있다고 생각할 수도 있는 것이다. 이 견해의 장점
은 형성권 관련 법률관계의 시간적 측면을 전체적으로 해결할 수 있다
는 것이다. 그렇지만 형성권 자체의 제척기간이 그대로 형성권을 행사한
결과 생긴 권리의 소멸시효기간으로 되어야 할 필연성이 없다는 것이
문제이다. 두 번째 견해는, 첫 번째 견해와 마찬가지로, 형성권을 행사할
수 있었던 때로부터 청구권도 생길 수 있었던 것이므로 청구권의 소멸
시효기간은 형성권을 행사할 수 있었던 때로부터 진행한다고 한다. 그렇
지만 두 번째 견해는, 첫 번째 견해와는 다르게, 청구권이 형성권의 행사
에 의해 생긴다 해도 청구권은 청구권을 생기게 한 형성권은 아니므로
나름대로의 행사기간을 가진다고 본다.99) 청구권이 독자적인 소멸시효
기간을 가진다는 점에서 두 번째 견해는 바로 뒤에 소개할 세 번째 견해

---

97) 이근식, 형성권과 소멸시효, 법정 제20권 제9호, 1965, 9면; 곽윤직, 325면;
　　김증한/김학동, 516면. 그러나 김증한(주9), 64면은 두 번째와 세 번째 견해
　　를 절충한 것에 해당한다. 그리고 김학동 교수는 1997년에 제척기간에 관한
　　글을 쓰면서 읽기에 따라서는 두 번째 혹은 세 번째 견해에 속하는 것으로
　　파악되는 견해로 바꾸었다. 김학동(주58), 12면, 주9를 참조하라.
98) 김증한/김학동, 516면.
99) 김증한(주9), 64면은 예를 들어 정기행위의 이행지체로 인한 해제권의 경우
　　에는 두 번째 견해를, 보통의 이행지체로 인한 해제권의 경우에는 세 번째
　　견해를 취해 절충하고 있다.

와 공통적이지만, 두 번째 견해는 그 기산점이 형성권을 행사할 수 있었던 때이고, 세 번째 견해는 그 기산점이 실제로 형성권을 행사한 때라는 점이 다르다.[100] 두 번째 견해는 소멸시효기간의 기산점을 형성권을 행사할 수 있었던 때로 하여, 형성권자가 의도적으로 형성권 행사를 늦추어 청구권의 소멸시효기간을 사실상 연장시키는 편법을 막을 수 있다는 장점을 가진다. 그렇지만 이 두 번째 견해를 따르다 보면 형성권자가 아직 형성권을 행사하지 않아 실제로는 생기지 않은 상태에 머물러 있는 청구권의 소멸시효가 진행되는 것을 인정해야 하는 문제점을 만나게 된다. 세 번째 견해는, 청구권의 소멸시효기간은 그 청구권을 생기게 한 형성권이 실제로 행사된 때로부터 진행한다고 한다.[101] 세 번째 견해의 근거는, 청구권은 형성권을 행사한 이후에 생기는데, 첫 번째와 두 번째 견해처럼 형성권을 행사할 수 있던 때로부터 청구권의 소멸시효도 진행된다면 생기지도 않은 청구권의 소멸시효가 진행되고 있다는 결과를 가져와 불합리하므로, 형성권이 실제로 행사된 때로부터 진행되어야 한다는 것이다. 그러나 세 번째 견해는, 예를 들어 이행지체를 이유로 해제권을 행사할 수 있는 때로부터 상당한 시간이 지난 후 비로소 해제권이 행사되면 그 기간만큼 청구권의 소멸시효에 필요한 기간이 사실상 연장되는 셈이 된다는 문제점을 지적받는다. 그러나 이 세 번째 견해를 취하는 학자는, 소멸시효기간도 채권자의 자의에 의해 중단되어 연장될 수 있다는

---

100) 근래에 와서 여러 학자들이 청구권의 독자적인 소멸시효기간을 인정하는 견해로 바꾸었다. 그러나 그 경우 기산점으로 형성권을 행사할 수 있었던 때 또는 형성권을 실제로 행사한 때 중 어느 것을 취하는지가 명확하지 않다. 바로 다음의 주를 참조하라.

101) 김증한(주9), 64면; 이상태, 135면. 민법주해/윤진수, 428면은 두 번째 견해와 세 번째 견해 중 어느 것을 취하는지 명확하지는 않으나, 통설을 비판하면서 해제권을 행사했을 때부터 소멸시효가 진행한다는 판례를 인용하고 있는 점을 미루어 볼 때 세 번째 견해를 취한다고 추정된다. 김학동(주58), 12면도 민법주해/윤진수, 428면을 인용하고 있는 것으로 보아 세 번째 견해를 취한다고 추정된다.

점을 들어, 형성권자에 의해 자의적으로 기간의 연장이 초래되는 상황을 부득이 한 것으로 돌린다.[102]

이 세 가지 견해를 비교하건대, 형성권을 행사한 결과 생긴 청구권은 고유의 소멸시효기간을 가지되, 형성권을 행사한 때로부터 진행한다는 세 번째 견해가 상대적으로 설득력 있어 보인다. 세 번째 견해는 청구권에 독자적인 행사기간을 부여함으로써 형성권 자체와 그로부터 발생한 청구권은 다르다는 것을 반영해 준다는 점에서 첫 번째 견해보다 낫다. 그리고 비록 형성권자가 의도적으로 형성권 행사를 늦추어 청구권의 소멸시효기간을 사실상 연장시킬 수 있다는 문제점을 가지고 있기는 하지만, 그래도 발생하지도 않은 청구권을 시효로 소멸시키는 결과를 가져올 수도 있는 문제점을 가지는 두 번째 견해보다는 낫다고 하겠다.

3. 맺음말

앞에서 살펴본 바와 같이 소멸시효론과 형성권론은 여러 곳에서 교차하고 있다. 소멸시효와 제척기간이 제도적으로 상관되어 있기 때문이다. 그런데 우리 민법을 전제로 소멸시효와 제척기간을 논할 때면 우리는 여기저기서 조금은 매끄럽지 못한 부분들을 만나게 된다. 필자는 이 글을 통해 그 매끄럽지 못함이 우리 민법에 고유한 문제인지 아니면 두 제도 자체에 기인하는 일반적 문제인지를 규명한 후, 나름대로 적당한 이론구성을 시도하고자 했다. 결론적으로 그 매끄럽지 못함은 우리 민법상 소멸시효 관련 규정들이 매끄럽지 못함과 관련되어 있는 것으로 드러났다. 그렇다면 해결방안으로 관련 규정들을 고치는 것과 일관성 있는 이

---

102) 김증한(주9), 64면.

론체계를 수립해 적용하는 것 등을 생각해 볼 수 있을 것이다. 그래도 이 문제를 한 번 숙고해 본 입장에서 필자의 소견은, 어떤 방안을 택하든 우리 문제의 해결을 위해서는 먼저 법학적으로 '비슷함'이 '같음'에 가까운지 아니면 '다름'에 가까운지에 대한 판단을 확실히 하는 것이 필요하다는 것이다.

[민사법학 제29호 (2005.9) 3면 이하에 수록]

참고문헌

1. 국내문헌

강명선, 소멸시효 항변에 관한 고찰, 비교사법 제6권 제2호, 1999, 341~371면.

강인애, 조세채권의 제척기간과 소멸시효, 변호사-법률실무연구 제16권, 1986, 277~313면.

강현중, 형식적 형성소송에 관한 약간의 고찰, 저스티스 30/1, 1997.3, 98~106면.

_____, 민사소송법, 제5판, 박영사, 2002.

곽윤직, 민법총칙, 제7판, 박영사, 2002.

편집대표 곽윤직, 민법주해, 박영사, 1992~.

김기선, 시효제도의 검토, 재산법연구 제1권 제1호, 1984, 7~18면.

김도균, 법적 권리에 대한 연구(I), 서울대학교 법학 제43권 제4호, 2002, 171~228면.

편집대표 김상원, 주석 민사소송법, 제5판, 한국사법행정학회, 1997.

김상일, 항변(Einrede, Einwendung)과 항변권(Einrede), 비교사법 제8권 제1호(상)(통권14호), 한국비교사법학회, 2001, 121~174면.

김영희, 독일 민법학상 형성권에 관한 연구, 서울대학교 대학원 법학과 박사학위논문, 2003.

_____, 형성권 논의의 의미, 비교사법 제11권 제4호, 2004, 1~37면.

_____, 권리 행사의 시간적 제한에 관한 일 고찰, 민사법학 제29호, 2005, 3~41면.

김준호, 형성권과 제척기간 (판례해설-대판 1992.7.28, 91다44766·44773), 사법행정 386, 1993.2, 70~73면.

김증한, 소멸시효 완성의 효과, 서울대학교 법학 제1권 제2호, 1959, 249~292면.

_____, 권리의 개념과 분류에 관한 약간의 고찰, 서울대학교 Fides 제12권 제3호, 1966, 6~14면.

_____, 소멸시효론, 서울대학교 대학원 법학과 박사학위논문, 1967.8.

_____, 형성권과 제척기간, (구) 법정, 제23권 제1·2호, 제3호~제8호 (제211-217호), 1968.1, 3~8.

_____, 민법총칙, 신고, 박영사, 1989(1983).

김증한/김학동, 민법총칙, 제9판, 박영사, 1995.

김학동, 실효의 원칙(I)/(II), 판례월보 152/153, 1983, 12~26면/10~21면.

_____, 소멸시효에 관한 입법론적 고찰, 민사법학 제11·12호, 1995, 61~80면.

_____, (판례연구) 형성권에 관한 제척기간, 판례월보 322, 1997.7, 7~13면.

김형석 역/프란츠 비아커, 판덱텐 법학과 산업 혁명 (Franz Wieacker, Pandektenwissenschaft und industrielle Revolution, JJ 9, 1968/1969, SS.1-28), 서울대학교 법학 제47권 제1호, 2006, 341~367면.

민일영, 독일의 채권자 취소 제도, 재판자료 제48집, 외국사법연수론집[8], 법원행정처, 1989, 5~30면.

박영규, 사법상의 권리행사기간－소멸시효기간과 제척기간을 둘러싼 몇 가지 쟁점들－, 민사법학 제18호, 한국민사법학회, 2000, 289~321면.

백태승, 실효의 원칙에 관한 판례의 태도, 현대사회와 법의 발달 (균재 양승두교수 화갑기념 논문집 (II)), 홍문사, 1994, 463~475면.

서   민, 계약인수, 민법학논총 (후암 곽윤직교수 화갑기념 논문집), 박영사, 1985, 393~418면.

서봉석, 소멸시효의 본질과 민법체계상의 부조화에 대한 고찰, 사법행정 제43권 제6호, 2002, 5~17면.

송상현, 민사소송법, 신정3판, 박영사, 2002.

심헌섭 역/한스 켈젠, 법의 효력과 실효성(Hans Kelsen, Geltung und Wirksamkeit des Rechts, aus: Hans Kelsens stste Aktualiät, 2003, SS.5-21), 서울대학교 법학 제44권 제4호, 2003, 364~385면.

안법영, 개정 독일 매매법의 개관, 독일 채권법의 현대화, 법문사, 2003, 59~96면.

양창수, 독일 부당이득이론의 역사적 전개, 민법학논총 (후암 곽윤직교수 화갑기념 논문집), 박영사, 1985, 582~601면.

_____, 민법안에 대한 국회의 심의(II), 민법연구 제3권, 박영사, 1995, 33~85면.

_____, 매매예약완결권의 제척기간의 기산점, 민법연구 제4권, 박영사, 1997, 260~278면.

_____, "유럽계약법원칙"의 소멸시효규정－우리 민법에의 시사를 덧붙여－, 서울대학교 법학 제44권 제4호, 2003, 114~140면.

양창수 역/사비니, 「현대 로마법 체계」, 서언, 서울대학교 법학 제36권 제3·4호, 1995, 172~189면.

윤기택, 제척기간을 둘러싼 몇 가지 쟁점들에 관한 연구, 청주대학교 법학논집 제19집, 2003, 91~114면.

윤진수, 민법주해 [III], 총칙(3), 제7장 소멸시효, 박영사, 1992, 386~559면.

_____, 소멸시효 완성의 효과, 한국민법이론의 발전(I), 박영사, 1999, 184~211면.

이강국, 납세고지처분의 취소와 소멸시효의 중단, 한국조세연구 제6권, 1990, 323~341면.

이근식, 형성권과 소멸시효, 법정 제20권 제9호, 1965.9, 7~9면.

이상태, 제척기간의 본질에 관한 연구, 저스티스 72, 2003/4, 107~137면.

이시윤, 신민사소송법, 박영사, 2002.

이영섭, 형성권의 행사와 항변, 고시계 12/10, 1967.10, 24~28면.

이영준, 한국민법론 총칙편, 박영사, 2003.

이은영, 민법총칙, 제3판, 박영사, 2004.

이창희, 세법강의, 박영사, 2004.

이철송, 부과권의 제척기간과 징수권의 소멸시효, 세무사 제2권 제12호, 1984, 15~21면.

_____, 어음 · 수표법, 제6판, 박영사, 2004.

장석조, 소멸시효 항변의 소송상 취급, 민사재판의 제문제 제10권, 2000, 667~715면.

전정구, 구국세기본법하에서의 조세의 부과 및 징수권의 소멸시효와 시효중단사유, 대한변호사협회지 제110호, 1985, 73~77면.

정찬형, 어음 · 수표법강의, 제5판, 박영사, 2004.

조미경, 가족법상의 법률행위의 특수성, 법률행위의 史的 전개와 과제 (이호정교수 화갑기념 논문집), 박영사, 1998, 351~376면.

조상혁, 형성판결의 효력 서설, 재산법연구 제21권 제2호, 2005, 405~436면.

주기종, 백지보충권의 성립이론에 관한 검토, 청주대 법학논집 제6집, 1992, 161~192면.

최병조, 로마법강의, 박영사, 1999.

_____, D.18.1.6.1 (Pomp.9 ad Sab.)의 釋義-로마법상 매매실효약관(D.18.3)의 법리-, 현대민사법연구 (일헌 최병욱교수 정년기념 논문집), 법문사, 2002, 613~640면.

최준선, 백지어음 보충권의 제척기간, 비교사법 제9권 제2호 (통권 17호), 2002, 49~79면.

하경효, 소비자 보호법의 통합수용, 독일 채권법의 현대화, 법문사, 2003, 135~158면.

한만수, 국세부과권과 국세징수권의 기간 제한, 세무사 제5권 제1호(제44호), 1987, 69~73면.

현승종, 로마법, 중판, 일조각, 1987.

현승종/조규창, 로마법, 박영사, 1996.

＿＿＿＿＿, 게르만법, 제3판, 박영사, 2001.

호문혁, 민법주해[Ⅷ], 채권(I), 전론[채권과 청구권의 관계], 박영사, 1995, 35~55면.

＿＿＿, 19세기 독일에 있어서의 청구권 개념의 생성과 변천, 민사소송법연구(I), 법문사, 1998, 103~121면.

＿＿＿, 민사소송법, 제2판, 법문사, 2002.

황적인, 김증한 교수의 민법학-그의 주장과 영향-(I)/(II), 사법연구 제4집/제5집, 청헌법률문화재단, 청림출판/청헌법학, 1999/2000, 1~14면/1~14면.

2. 구미어문헌

Abraham, Paul, Emil Seckel: Eine Bio-Bibliographie, 1924.

Adomeit, Klaus, Gestaltungsrechte, Rechtsgeschäfte, Ansprüche, 1969.

Becker, Michael, Typologie und Probleme der (handelsrechtlichen) Gestaltungsklagen unter besonderer Berücksichtigung der GmbH-rechtlichen Auflösungsklage (§61 GmbHG), ZZP 97, 1984, SS.314-337.

＿＿＿＿＿＿, Gestaltungsrecht und Gestaltungsgrund, AcP 188, 1988, SS.24-68.

Bekker, Ernst Immanuel, Die Aktionen des römischen Privatrechts, Bd.I/Bd.II, 1871/1873.

＿＿＿＿＿＿＿＿, System des heutigen Privatrechts, Bd.I/Bd.II, 1886/1889.

Blomeyer, Karl, Arrest und einstweilige Verfügung, ZZP 65, 1952, SS.52-66.

Bötticher, Eduard, Besinnung auf das Gestaltungsrecht und das Gestaltungsklagerecht, FS f. Hans Dölle, Bd.I, 1963, SS.41-77.

＿＿＿＿＿, Gestaltungsrecht und Unterwerfung im Privatrecht, (Vortrag gehalten vor der Berliner Juristischen Gesellschaft am 8.Nov.1963), 1964.

＿＿＿＿＿, Literatur (Klaus Adomeit, Gestaltungsrechte, Rechtsgeschäfte,

Ansprüche, 1969), ZZP 83, 1970, SS.338-341.

Brinz, Alois, Lehrbuch der Pandekten, Bd.I, 1 Aufl., 1857; 2 Aufl., 1873.

Brox, Hans, Der Schutz der Rechte Dritter bei zivilgerichterlichen Gestaltungsurteilen, FamRZ, 1963, SS.392-398.

Bruns, Rudolf, "Funktionaler" und "instrumentaler" Gehalt der Gestaltungsrechte und Gestaltungsklagerechte; Zu Eduard Bötticher: "Gestaltungsrecht und Unterwerfung im Privatrecht", ZZP 78, 1965, SS.264-286.

Bucher, Eugen, Das subjektive Recht als Normsetzungsbefugnis, 1965.

Bülow, Oskar, Klage und Urteil, ZZP 31, 1903, SS.191-270.

Bydlinski, Peter, Die Übertragung von Gestaltungsrechten, 1986.

Crome, Carl, System des deutschen Bürgerlichen Rechts, Bd.I, Einleitung und Allgemeiner Theil, 1900.

Dölle, Hans, Juristische Entdeckungen, Verhandlungen des 42sten DJT in Düsseldorf 1957, Bd.II, Teil B, Festvortrag, 1958, SS.B1-B22.

_____, Zum Wesen der Gestaltungsklagerechte, FS f. Eduard Bötticher, 1969, SS.93-99.

Dörner, Heinrich, Dynamische Relativität: Der Übergang vertraglicher Rechte und Pflichten, 1985.

Eckart, Ernst, Die Abtretbarkeit der Gestaltungsrechts, 1930.

Endemann, Wilhelm, Der deutsche Civilprozess, Bd.III, 1879.

Enneccerus, Ludwig, Rechtsgeschäft, Bedingung, und Anfangstermin, 1889.

_____, Lehrbuch des Bürgerlichen Rechts, Allgemeiner Teil des Bürgerlichen Rechts, 3 Aufl., 1908.

Enneccerus, Ludwig/ Nipperdey, Hans Carl, Lehrbuch des Bürgerlichen Rechts, Allgemeiner Tiel des Bürgerlichen Rechts, 14 Aufl./15 Aufl., 1952/1960.

Fenkart, Josef, Wesen und Ausübung der Gestaltungsrechte im schweizerischen Privatrecht, 1925.

Flume, Werner, Allgemeiner Teil des Bürgerlichen Rechts, Bd.II, Das Rechtsgeschäft, 4 Aufl., 1992.

Forkel, Hans, Literatur (Peter Bydlinski, Die Übertragung von Gestaltungsrechten, 1986), AcP 189, 1989, SS.401-402.

Gaul, Hans Friedhelm, Randbemerkungen zum Wesen der Ehelichkeitsanfechtung, FamRZ, 1963, SS.630-635.

Genzmer, Erich, Emil Seckel, SZ 46, 1926, SS.216-263.

Gernhuber, Joachim, Synallagma und Zession, FS f. Raiser, 1974, SS.57-98.

Gernhuber, Joachim/ Coester-Waltjen, Dagmar, Familienrecht, 4 Aufl., 1994.

Goldschmidt, James, Prozess als Rechtslage, 1925.

Gottgetreu, Stefan, Gestaltungsrechte als Vollstreckungsgegenstände, 2001.

Grawein, Alexander, Verjährung und gesetzliche Befristung, 1880.

Grunewald, Barbara, Numerus clausus der Gestaltungsklagen und Vertragsfreiheit, ZZP 101, 1988, SS.152-161.

Habscheid, Walter J., Der Anspruch auf Rechtspflege, ZZP 67, 1954, SS.188-199.

Harder, Manfred, Die historische Entwicklung der Anfechtbarkeit von Willenserklärungen, AcP 173, 1973, SS.209-226.

Hattenhauer, Christian, Zur Widerruflichkeit einer Anfechtungserklärung - Begriffliche Befangenheit in der Lehre vom Gestaltungsrecht, ZEuP, 2003, SS.398-417.

Hellwig, Konrad, Verträge auf Leistung an Dritte, 1899.

_____, Anspruch und Klagerecht, 1900.

_____, Lehrbuch des Deutschen Civilprozeßrechts, Bd.I, 1903.

Hohfeld, Wesley Newcomb, Some Fundamental Legal Conceptions as Applied in Judicial Reasoning, Yale Law Journal, Vol.23, 1913, SS.16-59.

Hölder, Eduard, Über Ansprüche und Einreden, AcP 93, 1902, SS.1-130.

Hueck, Alfred, Gestaltungsklagen im Recht der Handelgesellschaftes, Recht im Wandel(FS 150 Jahre Carl Heymanns Verlag), 1965, SS.287-306.

Immerwahr, Walter, Die Kündigung, historisch und systematisch dargestellt, 1898.

Jahr, Günther, Die Einrede des bürgerlichen Rechts, JuS, 1964, SS.125-132; SS.218-224; SS.293-305.

Jauernig, Othmar, Zivilprozeßrecht, 27 Aufl., 2002.

Jauernig/Bearbeiter, Bürgerliches Gesetzbuch, 9 Aufl., 1999.

Jellinek, Georg, System der subjektiven öffentlichen Rechte, 1 Aufl., 1892.

Jooss, Gerhard, Gestaltungshindernisse und Gestaltungsrechte, 1967.

Joussen, Jacob, Das Gestaltungsrecht des Dritten nach §317 BGB, AcP, 2003, SS.429-463.

Jörs, Kunkel & Wenger/ Honsell, Mayer-Maly & Selb, Römisches Recht, 4 Aufl., 1987.

Kaiser, Dagmar, Die Rückabwicklung gegenseitiger Verträge wegen Nicht-und

Schlechterfüllung nach BGB, 2000.

Kaser, Max, Das Römische Privatrecht, 2 Aufl., Bd.I/Bd.II, 1971/1975.

Kelsen, Hans, Reine Rechtslehre, 1934.

Kisch, Wilhelm, Beitrage zur Urteilslehre, 1903.

Koch, Harald, Die Ökonomie der Gestaltungsrechte, FS f. Zweigert 70 Geb., 1981, SS.851-877.

Kühne, Eberhard, Die Übertagbarkeit von Gestaltungsrechten, 1929.

Larenz, Karl, Zur Struktur "Subjektiver Rechte", FG f. Johanes Sontis, 1977, SS.129-148.

_____, Lehrbuch des Schuldrecht I(Bd.I), 14 Aufl., 1987.

_____, Allgemeiner Teil des Bürgerlichen Rechts(AT), 7 Aufl., 1989.

Larenz, Karl/ Wolf, Manfred, Allgemeiner Teil des Bürgerlichen Rechts, 8 Aufl./9 Aufl., 1997/2004.

Lenel, Otto, Über Ursprung und Wirkung der Exceptionen, 1876.

Lent, Friedrich, Die Notwendigkeit einer Begründung bei Ausübung von Gestaltungsrechten, AcP 152, 1952/1953, SS.401-419.

Leser, Hans Georg, Der Rücktritt vom Vertrag, 1975.

Leverenz, Kent, Die Gestaltungsrechte des Bürgerlichen Rechts, Jura, 1996/1, SS.1-9.

Loewenthal, Herbert, Der Übergang der Gestaltungsrechte unter Lebenden und von Todes wegen, 1932.

Lüke, Gerhard, Zum zivilprozessualen Klagensystem, JuS, 1969, SS.301-307.

Mattei, Ugo, Why the wind changed: Intellectual leadership in western law, American Journal of Comparative Law, Vol.42, 1994, pp.195-218.

Mattheus, Daniela, Schuldrechtsmodernisierung 2001/2002 — Die Neuordnung des allgemeinen Leistungsstörungsrechts, JuS, 2002/3, SS.209-219.

Mayer-Maly, Theo, Zur arbeitsrechtlichen Bedeutung der Lehre vom Gestaltungsrecht (= Literatur, Eduard Bötticher, Gestaltungsrecht und Unterwerfung im Privatrecht, 1964), RdA, 1965, SS.361-363.

Medicus, Dieter, Allgemeiner Teil des Bürgerlichen Rechts, 8 Aufl., 2002.

_____, Schuldrecht I(Allgem. Teil), 13 Aufl., 2002.

_____, Schuldrecht II(Besond. Teil), 11 Aufl., 2002.

Mugdan, Benno, Die Gesamten Materialen zum BGB für das Deutsche Reich, 1979 (1899).

MünchKomm/Bearbeiter, Münchener Kommentar zum Bürgerlichen Gesetzbuch, 3/4 Aufl., 1994~.

MünchKommZPO/Bearbeiter, Münchener Kommentar zur Zivilprozessordnung, 1992~.

Niese, Werner, Doppelfunktionelle ProzdBhardlungen, 1950.

Pieper, Helmut, Vertragsübernahme und Vertragsbeitritt, 1963.

Planck, Gottlieb, Planck's Kommentar zum Bürgerlichen Gesetzbuch, 4 Aufl., 1913~ 1914.

Raiser, Ludwig, Der Stand der Lehre vom subjektiven Recht im Deutschen Zivilrecht, JZ, 1,961, SS.465-473.

von Rechtenstamm, Emil Schrutka, Literatur (Adolf Wach, Der Feststellungsanspruch — Ein Beitrag zur Lehre vom Rechtsschutzanspruch, FG f. Windscheid, 1889(1888)), GrünhutsZ 16, 1889, SS.617-619.

Regula, Sven/ Kannowski, Bernd, Nochmals: UN-Kaufrecht oder BGB? Erwägungen zur Rechtswahl aufgrund einer vergleichenden Betrachtung, IHR, 2004/2, SS.45-54.

Reiner, Günter, Der verbraucherschützende Widerruf im Recht der Willenserklärungen, AcP 203, 2003, SS.1-45.

Richter, Walter, Studien zur Geschichte der Gestaltungsrechte des deutschen bürgerlichen Rechts, 1939.

Rosenberg, Leo/ Schwab, Karl Heinz/ Gottwald, Peter, Zivilprozessrecht, 15 Aufl., 1993.

Roth, Herbert, Einrede des Bürgerlichen Rechts, 1988.

von Savigny, Friedrich Carl, System des Heutigen Römischen Rechts, 1840~1849.

Schellhammer, Kurt, Zivilprozess, 6 Aufl., 1994.

Schlochoff, Wolfgang, Die Gestaltungsrechte und ihre Übertragbarkeit, 1933.

Schlosser, Hans, Grundzüge der neueren Privatrechtsgeschichte, 3 Aufl., 1979.

Schlosser, Peter, Gestaltungsklage und Gestaltungsurteile, 1966.

Schmidt, Jürgen, "Actio", "Anspruch", "Forderung", FS f. Günther Jahr, 70 Geb., 1993, SS.401-417.

Schmidt, Karsten, Grundfälle zum Gestaltungprozeß, JuS, 1986/1, SS.35-41.

Schönke, Adolf/ Schröder, Horst/ Niese, Werner, Lehrbuch des Zivilprozessrechts, 1956.

Schubert, Werner ed., Materialen zur Entstehungsgeschichte des BGB, 1978.

Schwab, Martin, Das neue Schuldrecht im Überblick, JuS, 2002/1, SS.1-8.

Schwenzer, Ingeborg, Zession und sekundäre Gläubigerrechte, AcP 182, 1982, SS.214-253.

Seckel, Emil, Die Gestaltungsrechte des bürgerlichen Rechts, FG f. Richard Koch, 1903, SS.205-253.

Seetzen, Uwe, Sekundäre Gläubigerrechte nach Abtretung des Hauptanspruchs aus einem gegenseitigen Vertrag, AcP 169, 1969, SS.352-371.

Soergel/Bearbeiter, Bürgerliches Gesetzbuch, Kohlhammer-Kommentar, 13 Aufl., 1998~.

Söllner, Alfred, Literatur (Eduard Bötticher, Gestaltungsrecht und Unterwerfung im Privatrecht, 1964), AcP 164, 1964, SS.378-387.

_____, Literatur (Klaus Adomeit, Gestaltungsrechte, Rechtsgeschäfte, Ansprüche, 1969), AcP 170, 1970, SS.76-78.

Spiro, Karl, Die Begrenzung privater Rechte durch Verjährungs-, Verwirkungs-, und Fatalfristen, 2 Bde., 1975.

Staab, Helmut, Gestaltungsklage und Gestaltungsklagerecht im Zivilprozeß, 1967.

Starke, Klaus-Peter, Rückgängigmachung ausgeübter Gestaltungsrechte, 1985.

Staudinger/Bearbeiter, Staudinger's Kommentar zum Bürgerlichen Gesetzbuch, 5/6 Aufl., 1910~; 13 Aufl., 1999~.

Steffen, Roland, Selbständige Gestaltungsrechte?, 1966.

Stein/Jonas/Bearbeiter, Kommentar zur Zivilprozeßordnung, 21 Aufl., 1993~.

Steinbeck, Anja Verena, Die Übertragbarkeit von Gestaltungsrechten, 1992.

Steiner, Rolf, Das Gestaltungsrecht, 1984.

Tils, Wilhelm, Die Abtretbarkeit von Gestaltungsrecht, 1933.

Thon, August, Rechtsnorm und subjektives Recht, 1878.

von Tuhr, Andreas, Der Allgemeine Teil des Deutschen Bürgerlichen Rechts, Bd.I/ Bd.II-1/Bd.II-2, 1910/1914/1918.

Wach, Adolf, Handbuch des deutschen Civilprozessrechts, Bd.I, 1885.

_____, Der Feststellungsanspruch-Ein Beitrag zur Lehre vom Rechtsschutzanspruch, FG f. Bernhard Windscheid, 1888), 1889.

Waltermann, Franz-Josef, Die Übertragbarkeit von Gestaltungsrechten im Rahmen von Geschäftsbedingungen, 1968.

Wieacker, Franz, Privatrechtsgeschichte der Neuzeit, 2 Aufl., 1967.

Windscheid, Bernhard, Die Actio des römischen Civilrechts, 1856.

_____, Lehrbuch des Pandektenrechts, Bd.I, 2 Aufl., 1867; 5 Aufl., 1879; 6 Aufl., 1887.

Windscheid, Bernhard/ Kipp, Theodor, Lehrbuch des Pandektenrechts, Bd.I, 9 Aufl., 1906[원칙적으로 Windscheid/Kipp으로 인용; 그러나 Windscheid 단독으로 서술한 이전 판과 비교하는 경우에는 Windscheid, 9 Aufl.로 인용하기도 함].

Wlassak, Moriz, Der Ursprung der römischen Einrede, 1910.

Zitelmann, Ernst, Das Recht des Bürgerlichen Gesetzbuchs, Bd.I, Allgemeiner Teil, 1900.

_____, Internationales Privatrecht(IPR), Bd.II, 1912(1898).

Zöllner, Wolfgang, Materielles Recht und Prozeßrecht, AcP 190, 1990, SS.471-495.

3. 일본어문헌

橋本恭宏, ドイツにおける除斥期間論, 法律時報 第55券 第3號, 1983, 21-24頁.

本田純一, 形成權概念の意味と機能, ジュリスト 增刊 法律學の爭點 3-1, 1985, 12-13頁.

三藤邦彦, 形成權と消滅時效, ジュリスト 增刊 法律學の爭點 3-1, 1985, 78-83頁.

松岡久和, 民法566條3項による權利行使期間制限の趣旨, 民商法雜誌 第109券 第1號, 1993, 105-118頁.

松久三四彦, 時效(2)－わが民法における權利の期間制限, 法學敎室 第108號, 1989, 53-58頁.

永田眞三郞, 權利行使の期間制限, 民商法雜誌 創刊50周年記念論集 1: 判例における法理論の展開, 臨時增刊 第93券 第1號, 1986, 59-88頁.

林幸司, 詐害行爲取消權の長期消滅規定と除斥期間, 法律時報 第72券 第7號, 2000, 35-39頁.

中舍寬樹, 除斥期間と消滅時效の區別基準, 法律時報 第72券 第7號, 2000, 17-23頁.

中川利彦, 註解 判例民法, 第1編 總則, 第6章 時效, 第3節 消滅時效, 第167條 債權·財產權の消滅時效, 靑林書院, 1994, 703-713頁.

川島武宜, 時效及び除斥期間に關する一考察, 民商法雜誌 第11券 第5號, 1940,

　　　　719-743頁.

椿久美子, 法律行爲取消權の長期消滅規定と除斥期間, 法律時報　第72券　第7
　　　　號, 2000, 28-34頁.

椿壽夫, ≪時效期間と除斥期間－二重期間規定論≫序說, 法律時報　第55券　第
　　　　3號, 1983, 8-13頁.

_____, 除斥期間論にする一つの視點, 法律時報　第72券　第7號, 2000, 4-8頁.

_____, 除斥期間論の展開, 法律時報　第72券　第11號, 2000, 4-7頁.

_____, 除斥期間の一義性, 法律時報　第72券　第11號, 2000, 49-52頁.

찾아보기

김 영 희(金 榮 喜)

서울대학교 법과대학 졸업
서울대학교 대학원 법학과 졸업 (법학석사, 법학박사)
Harvard Law School (LL.M.)
현 연세대학교 법과대학 조교수

<주요 논저>

소멸시효에 관한 역사적 고찰 (2005)
독일 민법학상 형성권에 관한 연구 (2003)
A Guide to Korean Antitrust Law (2002)
Introduction to Korean Legal Materials (2002)

형성권 연구
값 16,000원

| 2007년 8월 1일 | 초판 인쇄 |
| 2007년 8월 10일 | 초판 발행 |

저　　자 : 김 영 희
발 행 인 : 한 정 희
발 행 처 : 경인문화사
편　　집 : 김 소 라
서울특별시 마포구 마포동 324-3
전화 : 718-4831~2, 팩스 : 703-9711
이메일 : kyunginp@chol.com
홈페이지 : http://www.kyunginp.co.kr
: 한국학서적.kr
등록번호 : 제10-18호(1973. 11. 8)

ISBN : 978-89-499-0503-7　94360